岭南广告学派丛书
数字营销传播研究系列编委会

岭南广告学派丛书之
数字营销传播研究系列

Brand
Intelligence

智慧的品牌

数字营销传播金奖案例2017

谷 虹 主编

暨南大学出版社
JINAN UNIVERSITY PRESS

中国·广州

图书在版编目（CIP）数据

智慧的品牌：数字营销传播金奖案例. 2017/谷虹主编. —广州：暨南大学出版社，2018.12
（岭南广告学派丛书）
ISBN 978 - 7 - 5668 - 1433 - 3

Ⅰ. ①智… Ⅱ. ①谷… Ⅲ. ①网络营销—品牌营销—案例—2017
Ⅳ. ①F713. 365. 2

中国版本图书馆 CIP 数据核字（2018）第 284378 号

智慧的品牌：数字营销传播金奖案例 2017
ZHIHUI DE PINPAI：SHUZI YINGXIAO CHUANBO JINJIANG ANLI 2017
主　编：谷虹
···

出 版 人：徐义雄
策划编辑：冯　琳
责任编辑：姜琴月
责任校对：詹建林　刘雨婷
责任印制：汤慧君　周一丹

出版发行：暨南大学出版社（510630）
电　　话：总编室（8620）85221601
　　　　　营销部（8620）85225284　85228291　85228292（邮购）
传　　真：（8620）85221583（办公室）　85223774（营销部）
网　　址：http：//www. jnupress. com
排　　版：广州尚文数码科技有限公司
印　　刷：广州市穗彩印务有限公司
开　　本：787mm×1092mm　1/16
印　　张：19. 5
字　　数：345 千
版　　次：2018 年 12 月第 1 版
印　　次：2018 年 12 月第 1 次
定　　价：60. 00 元

（暨大版图书如有印装质量问题，请与出版社总编室联系调换）

"岭南广告学派丛书" 总序
时代孕育梦想，责任催生行动

　　创建岭南广告学派——这是一位德高望重的广告传奇人物的梦想，也是几代广东广告人的共同期待，更是岭南广告学者的责任与使命！

　　2015 年 3 月 6 日傍晚，一个令人震惊的消息在微信朋友圈迅速传开，人们将信将疑，但最后不得不面对这一残酷的现实：被尊为"中国广告界教父"的广东黑马广告有限公司董事长张小平先生（即黑马大叔）与世长辞。"跨界奇人，如今真臻化境；脱缰黑马，从此任性天堂。"（《羊城晚报》标题）时过两年多，黑马大叔的音容笑貌依然历历在目，谆谆嘱托依然在我们耳边回响。在去世前的几年，他曾在多种场合提出创建岭南广告学派。在 2014 年召开的第二届数字营销传播研究与应用国际研讨会暨大广告专业创办二十周年庆典大会上，他特别强调广东广告学界应大胆创立"岭南广告学派"，形成自己的研究特色。为完成黑马大叔的生前愿望，秉承其敬畏专业、热心公益的"黑马精神"，广州市广告行业协会学术委员会常务委员会议决定，整合广州各高校广告学研究的力量，出版"岭南广告学派丛书"。

　　众所周知，在中华文化的璀璨星空中岭南文化独放异彩，熠熠生辉。岭南文化具有独特的精神气质：开放包容、敢为人先、求真务实等。其中岭南画派更以其独树一帜的画法成为中国美术史上的瑰丽宝石，被誉为"中国传统国画中的革命派"。在岭南文化的浸润之下，改革开放后的广东广告业也呈现出勃勃生机，一度成为中国广告界的排头兵和生力军，创造了当代中国广告史上的诸多奇迹：在国内最早导入 CI 理论与实务，报纸广告量曾居全国之首，全国最早创办大型日报的广告版，各类广告大奖的获奖数量与质量在国内名列前茅，中国广告第一股（省广股份）成功上市，国内第一家本土 4A 协会（广州市广告协会综合性广告代理公司委员会）在羊城诞生等。随着数字化时代的来临，广东广告界加快了数字化转型的步伐，一些数字营销公司也在迅速成长，蔚为壮观。

在广告学界，1985 年暨南大学傅汉章教授等冒着被某些极左人士批判的风险，出版《广告学》一书，在全国产生了广泛影响。20 世纪 90 年代中山大学市场营销学专家卢泰宏教授等出版《广告创意 100》，一度成为炙手可热的畅销书。1997 年暨南大学传播学专家吴文虎教授出版《广告的符号世界》，这是国内首次运用符号学理论研究广告的专著。近年来广东广告学者也紧跟信息革命的大潮，开始进行将研究领域转向数字化时代广告的转型、变革与升级。在这过程中，一批颇有影响力的著作涌现出来，如华南理工大学段淳林教授的《整合品牌传播——从 IMC 到 IBC 理论建构》，深圳大学吴予敏教授的《广告学研究专题导引》，暨南大学星亮教授的《演进与诠释：营销传播学理论演进研究》、阳翼教授的《数字营销》、谷虹副教授的《品牌智能：数字营销传播的核心理念与实战指南》等。广东各相关高校的广告教育也各具特色、精彩纷呈。1989 年深圳大学在广东率先创建广告学本科专业，在教学上倡导"从作业到作品、从作品到产品"的实战理念，教学成果丰硕。2011 年暨南大学成功申报新闻传播学一级学科博士点，在华南地区首设广告学专业博士点，在本、硕、博的人才培养上侧重于数字营销传播的实践和研究，曾培养出戛纳国际创意节（原名"戛纳国际广告节"）金奖和银奖得主。华南理工大学广告学专业则侧重品牌传播方向，注重产学研结合和文理交融，其毕业生颇受大型企业的欢迎。中山大学在媒体创意、新媒体传播和公共关系的教学上具有强劲的实力，逐步形成"以通识教育为基础、以创意教育为中心、以实践教学为重点"的教学特色。广州美术学院依托国家广告产业园，将校外著名企业引进校园，探索出人才培养的新路径。广东轻工职业技术学院近些年异军突起，被列入国家示范性高职院校建设单位，其学生在各类广告赛事中屡获大奖，形成了著名的"广轻现象"。此外，广州大学广告学专业围绕"培养新媒体广告人才"这一定位，在本科生和硕士研究生教学上推出新媒体广告人才的"1 + 2 + 3"校企协同培育模式，推进广东省教学质量工程——卓越广告人才培养计划的实施，注重与广州企业的产学研合作，服务本地经济；广东外语外贸大学借助外语优势培养国际化广告人才；华南农业大学的黑天工作室形成了独特的教学模式，取得了可观的成果；广东财经大学广告学专业则以经济学科为依托，培养广告策划、设计与经营管理人才等。

总之，广东广告业界的实践探索和广告学界的研究与教学为岭南广告学派的建立奠定了良好的基础。

岭南广告学派旨在弘扬岭南文化的精神气质，在广告研究领域努力形成自己的特色，追逐岭南广告人的学术梦想。岭南广告学派至少应具有如下三个特点：

首先是前沿性。岭南地处改革开放的前沿阵地，历代变革之思想与改革之行动大都源于广东，所以在广告学术研究上亦应如此。面对经济的转型、媒体的剧变和市场的跌宕，中国广告的未来将走向何方？对此岭南广告学派必须有与时俱进、新颖独到、高瞻远瞩的理论回应。

其次是务实性。求真务实，不慕虚名，不从理论到理论，不从概念到概念，这是岭南文化的优良传统，理应成为岭南广告学派又一重要的价值取向。目前国内有关广告学的研究主要有四种范式，一是从广告实务中归纳总结广告运作的原理和工具，因其大都是广告从业者对经验的凝练和提升，此可谓经验式的研究；二是运用经济学、社会学、心理学和传播学的研究方法，对广告学的各类微观问题进行深入细致的定量研究，提出改进和优化现有广告的建议，此可谓实证式的研究；三是以开阔的视野、敏锐的洞察、充分的理据，从宏观上总结广告演进和发展的趋势，此可谓引领式的研究；四是从文化批判的角度反思广告的负面效应及其根源，并对广告如何健康、有序和规范地发展提出建言，此可谓批判式的研究。无论哪一种范式，其研究终归都是为广告实践提供实实在在的指导和帮助。

最后是跨界性。这是岭南文化的开放包容性对岭南广告研究的一种应然要求。黑马大叔本人就被誉为"跨界艺术家"，他活跃于广告界、艺术界和慈善界，成绩斐然。2008年蓝色创意集团编写的《跨界》一书出版，该书认为"跨界不只是一种行为，更是一种思维方式"。岭南广告学派的跨界性表现在：营销与传播的融合、人文和技术的对接、数据分析和创意设计的联姻、业界与学界的互动、本土和国际的交融、艺术和科学的协同等。

鉴于广东各高校在广告学研究方面的不同特色，"岭南广告学派丛书"中的著作既要有统一的学术追求，又需有不同的研究旨趣，因此本丛书将从不同的研究系列展开，如数字营销传播研究系列、品牌传播研究系列、广告文化研究系列、设计创意研究系列、应用执行研究系列等。

黑马大叔曾说："活着，能做点事，幸甚！活着，能为人做点事，缘分！活着，能为人类做点事，本分！"让我们以此共勉，共同追随黑马大叔的梦想，共同担当时代的重任，共同见证岭南广告学派的荣耀！

杨先顺
2017 年 9 月于暨南园

前言
数字营销传播为品牌注入智慧基因

大约 6 亿年前，绝大多数无脊椎动物在短短 2 000 多万年的时间内"同时""突然"出现了，这被古生物学家称为"寒武纪生命大爆发"。学者们认为，是地球温度不断升高引发地表地貌和气候环境变迁、生物繁衍和进化加速等一系列连锁反应，最终出现了生命大爆发。

事实上，品牌今天所处的时代与寒武纪并无二致。

一场数字营销传播技术的完美风暴正在拉开序幕：物联网、云计算、大数据、增强现实、体感互动、位置定位、社交网络、UGC（用户原创内容）、RTB（实时竞价）、HTML5、3D（三维）打印、全息影像、眼球识别……这是一个由信息革命带来营销传播环境变迁、商业生态演化的大变革时代，也是品牌向生命形态进化的关键时刻。只有最敏锐的人才会察觉到：一个全新的品牌时代即将来临。

品牌生命大爆发

如果某个实体表现出以下任何一种特性，它就具备自主性：自我修复、自我改进、自我维护、自我控制。就品牌而言，社交媒体赋予了它自我修复的能力，UGC 赋予了它自我改进的能力。大数据、云计算使品牌监控的自动化、智能化成为可能，这是自我维护的典型表现。RTB 精准投放、位置定位、物联网又为品牌的自我控制提供了基础。

营销传播的历史必将被改写。营销传播的目的不再是为品牌做推广，也不是管理品牌和创意，因为事实上你已经无法管理甚至不可能主导。在这种情况下，最明智的选择是把生命的基因注入品牌，赋予品牌以智能和智慧，让品牌像人一样会交流、会学习、会成长、会创造，有情感、有喜恶、有关系，让品牌以有温度的生命的形态与消费者共存共生。

品牌从原始的前智能阶段进化到高级的智能阶段，从无生命的物化形态进化到有生命的有机形态——这无疑是一个激动人心的时代，却又是一个残酷无情的时代。正如自然界的优胜劣汰、适者生存，品牌的进化是一个自然选择的过程：无论过去多么辉煌，无论历史多么悠久，大批不能进化为智能品牌的原始品牌将在市场上消亡，取而代之的是一批具有生命特质和智慧基因的品牌，它们会快速成长、壮大，从而统治整个市场。

未来将是"智慧的品牌"的时代。

智慧的品牌

当营销传播中的品牌超越了简单具象的商标、口号、行为规范，超越了复杂抽象的精神、价值观、情感和关系之后，真正具备智能、智慧和生命力的品牌是什么样的呢？

要描述未来世界中的品牌和数字营销传播，无疑需要具备一定的想象力。

智慧的品牌将是技术的，也是生命的。一旦品牌的智能系统被启动，它的生命基因将由此被激发，从而开启从纯技术形态向技术与生命共生形态演进的伟大历程。

智慧的品牌好比由存储在亿万普通消费者头脑中的离散的、非记忆的碎片汇总起来而从中涌现的事物。这些关于品牌的"半意识碎片"没有集中和固定的位置，它们随机分布在大众的大脑中。品牌的每一次亮相或呈现，在空间与空间之间会有所不同，在上一次与下一次之间也会有所不同。简而言之，品牌是半意识碎片在社会大众头脑中的分布式存在，任何人都可以改造它，却没有人可以完全控制它。当品牌进化到与人类协同共生的阶段，品牌将获得永生。

智慧的品牌是一个连接生产力和消费力的智能系统，海量供需信息通过品牌智能系统实现实时匹配、交换、调适，生产能力与消费需求互为因果、往复循环。从这个意义上说，未来的品牌就是社会经济的总开关，它以高超的智慧、嵌入生命的独特方式实施对人与物，以及所有社会资源的调度。

智慧的品牌将从创意策划、品牌咨询等专业精英的头脑中挣脱出来，成为可以自我管理、修复、成长的自主生命形态。如果真的到了那个时候，营销策划和创意人员还能够做些什么呢？对营销策划和创意人员来说，以前是操纵人偶，现在却有能力去唤醒一头神兽——尽管可能会失去对它的控制，但这难道不是一件很酷的事情吗？人和神兽的关系也许并没有想象中那么糟糕，不过人类确实应该学会后退一步，与品牌协同管理，而非全盘操控。

正如生命的进化是一个连续跳跃的过程一样，品牌生命的进化有 3 个相互关联但具有显著差异的发展阶段，它使我们得以清晰地了解前智能品牌向智能品牌发展的演进路线。

品牌智能源于万物联结

品牌智能是指信息技术赋予品牌的生命特质和智慧基因，它为数字营销传播的理念和实践带来了全新的维度和空间。

品牌的生命特质和智慧基因来自哪里？来自未来的联结。

一种联结是人与人的联结，通过尽可能多的方式将每个人与除他自身之外的所有人联结起来。另一种联结是客观世界和机器的联结，它的实现依靠的是无处不在的传感网络和数目庞大的机器。在此，无论是人类、机器还是世间万物，都是节点，都能产生信号。

未来的联结是由所有的人类智能及所有的人工智能联结在一起所形成的活跃的杂合体，它是一种泛智能。语义互联网是指人类的联结活动能被机器识别（反之亦然），这样两个网络之间就可以协作。人类的思想、动作、记忆都能进行机器解码并重新组织，而机器的联结行为也能被人类所理解。这就是 Web 3.0 或者未来网络应该具备的特性。

智能品牌正是语义互联网的产物。智能品牌所触发的一切广告活动将与我们今天所谓的广告有本质的区别。《互联网周刊》的主编姜奇平先生曾生动地描述了未来广告的图景：你走在大街上，低头系鞋带，发现鞋带断了，这时脚前的砖突然亮了，上面显示你右前方 50 米的第一个柜台有匹配你这双鞋的鞋带。

实际上，语义网会使每个网页都成为这样一块智能的广告砖，它会根据每个人手机私有云上独一无二的数据计算结果。当你打开手机 Check in（登入），开放咖啡数据 0.001 秒就会有某个咖啡智能品牌告诉你：我知道你，你是我们的常客；你今天下午要开个会，而今晨 5 点才睡觉，需要 2 袋特浓咖啡……这是一则只属于你的广告。让同一个产品的广告对每个人的内容和意义都不一样，这个超级难题在语义网下只花 0.000 001 度电的成本就轻松实现了。未来广告的核心变化方向，是从现在每个人看同样内容的广告演化为每个人看独一无二的专属内容的广告。语义网之所以重要，就在于它使内容从"死"的（无标记的）变为"活"的

（有标记的），从难以加工出有意义的（非智慧的）变为容易加工出有意义的（智慧的）。

品牌智能 1.0

品牌智能 1.0 的核心可归结为"生命特质"，目的是为品牌注入具有生命力的活性特质，使品牌像人类一样具备基本的生理机能和生物属性，是品牌的人性化阶段。形象地说，品牌智能 1.0 就是智能品牌的婴幼儿期，能跑会笑，可以进行简单的互动和反馈。

与品牌的交互怎么可能产生与人类一样的感知呢？在信息技术的世界里，没有什么是不可能的。一家企业的实验室为一群 7 岁的孩子植入虚拟记忆，让他们相信自己曾与海豚一起游泳——这些孩子甚至能回忆出浑身湿透的场景。新加坡的艾德利恩·切克将爱情与机器人结合，设计了"热吻信使"设备，这是一对用来远程接吻的塑料嘴唇，可根据你和恋人的嘴唇预先成型、匹配，并通过互联网激活。这种设备能够将虚拟的交互行为转换为活色生香的真实体验。在日本，一名男性与一个性感撩人的虚拟形象结了婚。

今天，技术赋予我们许多新的交互和感知能力：我们能够改变对现实的感知，构建多重自我表征，与虚拟代理和机器人建立关系。利用这些技术，品牌可以成为有血有肉的"人"。

品牌智能 2.0

品牌智能 2.0 的核心可归结为"社会属性"，目的是赋予品牌以情感、记忆、身份、角色，使品牌进入特定消费者的朋友圈和社会网络，是品牌的社会化阶段。形象地说，品牌智能 2.0 就是智能品牌的青少年时期，开始学着与他人交往，融入社会，建立关系。从这个时候开始，品牌作为一个社会人的特质将不断丰满，它与每一个人的交互都具有特殊的意义，它的社会性格正在逐步养成。

品牌可以以人的角色与消费者成为真正的朋友吗？消费者会向品牌透露心声、与品牌无所不谈吗？这些设想不是想象，而是已经发生的现实。在品牌社会化方面，杜蕾斯比其他人走得更远。"小杜杜"不仅是杜蕾斯微博和微信的昵称，还是杜蕾斯品牌的人格化身。这边厢，"小杜杜"在微博上充满趣味和幽默感地嬉笑怒骂；那边厢，"小杜杜"在微信平台开展了有趣的"午夜陪聊"服务，即便在午夜 2 点，它都可以陪你"谈性说爱"。杜蕾斯的社会化营销团队无疑是出色的，然而面对成千上万的消费者一周 7 天、一天 24 小时的聊天需求和个性化互动，

100% 真人一对一的应对并非长久之计。因此，我们所谓的"品牌人性化"，并非真人团队的一对一服务，而是以人工智能、语义分析、大数据技术为支撑，为品牌打造专属的智能交互机器人。

事实上，人工智能技术的发展远比我们所知道的要先进得多。早在 20 世纪 60 年代，麻省理工学院研究项目的受试者们就曾满怀热情地向四四方方的二进制聊天机器人伊莉莎吐露心迹。他们相信，自己是在与一个真正的人交流。计算机科学的创始人、英国数学家艾伦·图灵预言，到 2000 年，计算机能够在 5 分钟的谈话之后愚弄 30% 的人类评委。在过去 20 年里的每一年，人工智能群体都要举办一场最令人期待也最富争议的盛大集会——名为"图灵测试"的竞赛。2008 年在英格兰雷丁举办的该竞赛中，最优秀的程序仅以 1 票之差惜败，12 名评审 5 次判断计算机程序比人类卧底更有"人味"。而在这 5 次中，评审们有 3 次被一套名为"艾尔伯特"的程序愚弄。该程序来自一家名为"人工解决方案"（Artificial Solution）的商用聊天机器人技术公司。要是"艾尔伯特"能再多"骗"成功 1 次，就能蒙蔽那年 12 名评委里的 33%，超过图灵设下的 30% 的标准，进而创造历史。"艾尔伯特"夺下洛伯纳大奖的消息传开之后，该公司决定将"艾尔伯特"的软件优先应用于商业领域，所以不再参加 2009 年的比赛了。

人工智能的发展到今天都未能完全实现艾伦·图灵的预言。不过，在某种意义上，精灵已经离开魔瓶，再也没有回头路了。可以想象，未来的某一天，你也许会和一个品牌机器人成为无所不谈的挚友。

品牌智能 3.0

品牌智能 3.0 的核心可归结为"协同进化"，通过信息和数据技术赋予品牌高级生命体独有的智慧，让品牌会学习、懂思考，能创造性地解决问题，可以自我修复、成长甚至繁衍。形象地说，品牌智能 3.0 就是智能品牌的成年时期，它已经具备成熟的智慧、自我意识和自主能力。

品牌的智慧、自我意识和自主能力来自哪里？就来自人类自己。因为，到那个时候，品牌就是我们自己，是我们塑造了自己的品牌。品牌给我们提供了创造的空间和可能性，我们参与、投入、付出，并收获满满的成就感。任何一个品牌都将具备开放的 API（应用程序编程接口），广泛的人类智慧得以在品牌智能系统中汇聚，涌现出超乎想象的智慧。品牌的智慧，正是大规模协作、海量信息聚合、全球性的结构和巨大的实时社会互动的结果。

这时，人类与智能品牌这类崭新的生命体，将建立一种共存共生、协同进化的全新关系。也就是说，我们在一定程度上将"放牧"智能品牌，让它野蛮生长，让它为我们服务。成熟阶段的智能品牌已经具有足够的智慧和能力来管理社会资源，为人类提供自动的、便捷的服务，它就像我们每个人的专属管家一样，甚至比我们自己更懂得我们到底需要什么。

另外，我们也将对智能品牌实施少量的干预和人为控制。正如维基百科，它一方面代表了自下而上的蜂群思维、分散化和无编辑知识的顶点及失控的善果，另一方面也代表了自上而下隐秘而精致控制的结果，品牌生命体的智慧来自人类大众，但也少不了精英和专业人士的作用——我们往往只注意到前者，而忽视了后者。专业性就像维生素，不需要太多，却不能没有。3.0 阶段的智能品牌，将是专业与大众的杂交造物，它们会有一个点对点时代的强大根源，嫁接在高度精致的控制功能之下。用户制造内容和众包创新结实、稳固的基础将激发少许领导的敏捷性，100% 由聪明流氓出演或聪明精英出演的戏剧将非常罕见。

在《奇点临近》（The Singularity is Near）一书中，雷·库兹韦尔提出了大胆的设想：某一天，我们造出了比我们自己还聪明的机器，机器又造出了比它自己还聪明的机器，如此周而复始，整件事就以指数加速度朝着大规模、深不可测的"超智能"的方向发展了。在他看来，这一刻会成为技术的狂欢，人类可以把意识上传到互联网，在精神上进入电子世界，进入永恒不朽的"来生"。从这个意义上说，智慧的品牌一旦进入成熟的智慧阶段，将在电子世界获得永生。

品牌的 8 种智能

认清方向，不忘来路。不可否认的是，我们正处于品牌生命的初始化阶段，品牌智能正在加速进化，各种可能性正在眼前展现，一切都是崭新的。从目前来看，品牌智能已经在 8 个重要领域初现端倪。

- 品牌的交互展示智能：为品牌注入多媒体表达、交互感应和情感体验，让品牌具备与消费者交流、互动的能力。
- 品牌的游戏玩乐智能：为品牌引入游戏思维，用游戏机制全面再造品牌体验和营销传播活动，让品牌变得更有趣、更好玩，让消费者通过深度参与，在与品牌的玩乐中收获自由、单纯与快乐。
- 品牌的移动定位智能：借助移动互联网和定位技术，赋予品牌运动机能及情境关联需求分析的能力，使品牌与消费者的每一次接触都能够做到随时随地、应需而生、因你而变。
- 品牌的搜索应答智能：依托搜索引擎核心技术，向有明确需求或有意向的消费者有针对性地呈现品牌的相关信息，使品牌具备基于需求的响应能力。

- 品牌的社交情感智能：借助各种社交媒体和社交网络应用，品牌以人的角色融入消费者的社交圈子，以人的方式与消费者互动交流，赋予品牌以社会交往和编织关系网络的能力，更进一步，使品牌作为平台为消费者的社会交往提供聚合点。

- 品牌的电子商务智能：以电子商务渠道体系的搭建为契机，倒逼传统产业包含产品研发、生产方式、运作机制、管理架构、营销模式在内的整个商业系统实施改革，赋予品牌信息时代的商务运营智能，最终实现从 B2B2C（供应商对企业、企业对消费者的一种电子购物平台模式）到 C2B2B（消费者对企业、企业对供应商的一种全新电子购物平台模式）的转向的由消费者驱动的反向价值驱动。

- 品牌的内容共生智能：把有关商业、品牌、产品、服务的信息包装成消费者喜闻乐见的网络内容，或者让这些信息本身具备病毒传播的属性，依靠消费者的主动转发和传播产生广泛、深入的影响力。

- 品牌的协同创新智能：为品牌赋予一种可供无限开发利用的工具价值、一种可供加工创造的产品元素、一个可供讨论的话题或者一个可供围观参与的事件，甚至把产品研发和品牌再造的主动权交到消费者手上，使品牌成为一个开放的 API，让品牌具备与消费者协同进化、共同成长的能力。

用案例记录智慧品牌的成长历程

关于品牌智能的系统理论和运作实务，在我所著的《品牌智能：数字营销传播的核心理念与实战指南》（电子工业出版社 2015 年版）中已有充分的介绍。

在《品牌智能：数字营销传播的核心理念与实战指南》出版后，我收到大量读者的反馈：他们希望看到更多的案例——那些能够把品牌智能 1.0、2.0、3.0 逐步实现的真实案例，以及能够把未来智慧品牌的 8 种智能形象勾勒出来的真实案例。

是的，人们都喜欢看到鲜活的案例。如果你是营销或广告界的专业人士，你一定希望看到更多案例，以了解可以如何帮助企业运用数字技术改造或者培育自己的智慧品牌。如果你是为大公司效力的品牌主管，那么案例研究可以帮助你说服总裁、董事会或者老板，让他们看到数字营销及你的部门的潜力。如果你还是一名学校学生，那么一套紧贴时代、体例简明、信息丰富、点评到位的案例集将是最好的学习材料。如果你是相关专业的教师，那么，我们想要用亲身实践告诉你：案例比理论更有说服力，更重要的是，学生会因此爱上你的课。我们更希望用更多真实的案例告诉读者：品牌智能不是科幻小说，智慧的品牌就在当下。

于是，从 2015 年起，我跟我的团队开始了品牌智能案例的搜集、筛选、分析与整理的系统工作，先后出版了《智慧的品牌：数字营销传播金奖案例（2015）》《智慧的品牌：数字营销传播金奖案例（2016）》。今年，这项工作还在持续，我们从 2016 年度国际、国内广告营销类最重要奖项的金奖案例中精心遴选出了最成功、最具代表性的数字营销传播案例。这些最重要的奖项包括：戛纳国际创意节奖、One Show 国际广告奖、克里奥国际广告奖、伦敦国际广告奖、中国广告长城奖、大中华艾菲奖、金投赏、虎啸奖、金鼠标等。这些奖项中的金奖案例，集中反映了当前世界品牌智能发展的最高水准。

当然，这些案例是根据我们的主观想法从大批金奖案例中挑选出来的，所以难免受到个人喜好的影响。读者在阅读案例时最好将之与其他没有收进本书的案例相比较，因为也许有些案例更具参考价值，但是我们没有发现。如果你发现了，希望你能够告诉我们。

我们考虑了很久要不要给这些案例打分或者评级，如按照某种标准做成一个榜单，或许这样对于读者来说会更有价值。但是，基于以下几点考虑，我们暂时没有这样做。第一，对评级或排序的标准，我们还在摸索、讨论和反复调整过程中。第二，依据一年的案例表现就对品牌进行评判，未免操之过急。第三，希望本书的出版能够让我们得到更多案例执行过程中未被公开的细节，并由此获得评估案例的完整视角。

我们希望，《智慧的品牌：数字营销传播金奖案例 2017》不是一本书，而将是一个会成长的案例库——无论是覆盖面还是纵深度上。我们希望在接下来的每一年都重复这样的工作，直到有一天，足够丰富的案例研究能够支撑我们推出一个让人信服的"智慧的品牌"榜单。我们希望用这种形式记录智慧的品牌的成长历程，用以嘉奖那些在数字网络时代不忘初心、拥抱变化的伟大的品牌。

我们如何选择案例？

在数以万计的案例中进行选择可不是件容易的事情。

首先，我们从国内、国际最重要的营销广告奖项中找到与数字营销传播相关的子类别（由于数字技术发展太快，这些类别的名称每年都在调整，每年都有新增设的类别）。然后，我们把这些子类别中的金奖案例的全部资料整理出来，包括所有能够找到的任何形式的资料。这要感谢我的所有本科生和研究生，没有他们的辛勤工作，在这么短的时间内无法完成如此艰巨的工作。接着，我们逐一对这些案例进行展演、讨论、对比、分析及研判，这耗费了我们将近半年的集体学习时间，这是我们的第一次编辑整理。我们在几百个金奖案例里面，遴选出了本书中的这100个，我的研究生李轶凡、颜佳钰、叶梦颖、李喻、杨蕊青、洪光平、陈宛琳、石鑫对这些案例的资料进行了第二次编辑整理。最后，我对这些案例进行了最终的调整、润色和审校，完成了第三次编辑整理。在整个过程中，特别是李轶凡、颜佳钰、叶梦颖和李喻，做了大量重要的协助工作。

对案例的筛选，我们遵循以下规则。

- 对现实挑战的创新。我们希望选出一些真正解决了实际问题的案例。如果说这些方案是医治品牌病症的特效药，那么，我们还希望这是一种人们从未见过的新药。
- 对人性的深刻洞察。科技想要什么？凯文·凯利说，科技想要拥抱生命，它想要进化，想要秩序，想要充满神奇、充满活力的未来。没错，科技的终极追求植根于我们最原始的人性。只有人性，才是一切品牌、一切营销传播活动的起点和终点。
- 对数字技术的巧妙运用。我们最终想看到的是品牌应用数字技术不断拓宽创意领域的界限，甚至为创意带来新的纬度、新的空间及新的可能性，而不是仅仅为了向同行炫耀——瞧，我用上了最高水准的技术。
- 各种形式的有效的投资回报。很多人都认为互联网是一种可量化、可精确计算每一次点击的投资回报率的营销传播工具，所以，应该完全根据数字报表来衡量、评估数字营销传播的每一次投资。而正因为如此，我们也常常看到国内外大奖的评奖视频的最后，难免充斥着数据罗列铺陈的桥段。且不论这些数据的真伪（我的很多学生在搜集资料并进行比对的过程中发现了诸多可疑的迹象，而且不在少数），除了投资回报率，我们还应该看到这些鲜活的案例给品牌注入了哪些新的生命活力和影响。
- 诚意的出品和完美的执行。这也是一个我们无法量化的元素，因为它涉及潜意识层面的心里感受，涉及这些优秀的案例背后每个一线专业人士的诚意付出，而这些恰恰是它们最打动我们的地方。

我们如何呈现案例

每一个案例都是鲜活的、立体的、动态的。我们不仅希望呈现个案丰富的创意元素和执行细节，更希望探寻案例中的问题洞察和策略逻辑；我们不仅希望呈现案例的显著效果和市场评价，更希望探讨个案之于全体的创新点和局限性。此外，我们还希望为读者提供更多的可供深入学习和思考的线索，包括代理公司、技术背景、相关视频音频及网页作品。

由此，我们设计了这样一个案例分析框架。

- **标签**：个案主要涉及的领域关键字，既包括品牌智能成熟的 8 个领域，也包括成长中新涌现的应用领域。
- **案例卡片**：个案情况简介，包含案例名称、广告主、主创公司、获奖情况及案例总结视频（二维码）。
- **背景与挑战**：品牌、产品、服务在该类别市场中当时所处的位置、遭遇的困境及面临的挑战，涉及行业状况、竞争环境、公司情况、目标消费群等。
- **目标与洞察**：广告主希望该营销传播、广告运动达到的目标，包括品牌关系、品类习惯、产品销售、公共关系等层面需要改善或提升的具体目标。代理机构从行业演进、技术革新、社会文化、族群心理及消费者行为等诸多视角切入，所获得的信息与机遇。
- **策略与创意**：促使整个营销传播、广告运动获得成功的核心策略与创意。包含主题、主要的活动、主要的创意形式等。
- **执行与表现**：各种渠道、载体上呈现的广告创意作品，线上/线下互动活动，跨媒介传播展现，以及各种创新的传播形式。
- **效果与评价**：使用定性、定量和行为指标或者其他测量工具，以数据、文字、图标等方式展现该营销传播、广告运动达到的实际效果，以及来自广告主、专业媒体、专家的评价。
- **分析与反思**：该案例所体现出来的具有普遍意义的创新之处及有待完善和提高的地方，可供同业者参考学习。

通过这些案例研究，让我们看到无限的可能性，而且让我们真切地感受到，智慧的品牌正在孕育、诞生、成长，我们庆幸自己能够记录和见证这个伟大的时刻。

我主讲的在线开放课程《数字营销：走近智慧的品牌》，经过 3 年的运营，已经获批为首批国家级精品在线开放课程，并在中国大学 MOOC（慕课）平台、清华大学学堂在线，每年春、秋两季开课，全程免费参与。

这些案例只是更大规模的讨论、学习和成长的起点而已。我们真诚地希望并向正在看这本书的你发出邀请：加入进来吧——通过各种形式。

谷 虹
2018 年 7 月

目　录

第六章　电子商务

第七章　内容共生

第八章　协同创新

第一章　交互展示

001 宜家
用手机好好吃饭

标签：事件营销、概念商品

案例卡片

案例名称：宜家：用手机好好吃饭
广 告 主：宜家家居股份有限公司
主创公司：台北奥美广告股份有限公司
获奖情况：2016 艾菲奖—家电与家居用品类—金奖

背景与挑战

近年来，全球零售业增长速度普遍放缓，中国零售业更是在成本增长、电商冲击等大环境下转向低迷。在零售业低迷的环境下，宜家的定位已不只是做家具产业的巨头，而是希望转变为聚客能力更强的集餐饮、购物、娱乐为一体的购物中心。宜家注意到美食和烹饪在中国人生活中的分量——吃饭不仅是生理需要，更是情感沟通的载体和方式，因此以情感需求为出发点，进行了一系列的营销活动。

目标与洞察

宜家希望通过食物引发更多人对家庭关系的关注，以及引导人们进行社交。为了了解中国家庭的烹饪与用餐习惯，宜家走访了我国五大城市。通过倾听和分析消费者对日常生活的描述，宜家总结了不同生活状态的家庭的烹饪与用餐习惯，并从中发现了中国家庭对于厨房及餐厅的重视和需求。

宜家发现，台湾人不擅长情感表达，但喜欢通过吃来联络感情，而手机却成为现代餐桌气氛的杀手。大家同在一桌吃饭，目光却各自锁在眼前的荧幕，热络的对话越来越少，用餐气氛越来越冷淡，就像那句网络调侃，"世界上最遥远的距离不是你坐在咖啡店里喝咖啡，我坐在烧烤店里撸串，而是我坐在你对面，你却在玩手机"。基于这样的洞察，宜家设计了一张独一无二的"好好吃饭桌"，唯有将手机放在桌上，才能启动电能给锅加热，将吃饭时玩手机的问题巧妙化解。

策略与创意

"好好吃饭桌"这个概念产品关注人的情感诉求，巧妙地化解了科技与生活的冲突。它的灵感来自宜家的线下调研，它敏锐地捕捉到手机对人们聚餐氛围的破坏效果，也巧妙地用技术化解了此弊病。宜家采取线上广告搭配线下体验的宣传策略，先以 TVC（电视广告影片）在网上扩散"好好吃饭桌"的创意广告，积聚了一定人气之后开展线下活动，并以拍摄记录活动现场顾客的自然反应和体验评价，制作成反馈视频，在网上引发新一轮的传播，持续扩大活动的社会影响力。总体而言，宜家就"好好吃饭桌"进行了一次成功的事件营销，在目标消费群体中以及各大媒体平台形成热烈讨论，达到了显著的宣传效果。

执行与表现

1. 推出首支预热 TVC，引起社会热议

宜家首先推出了一支 33 秒的 TVC 广告作为预热，广告夸张地再现人们吃饭前刷手机的情景，从而凸显"好好吃饭桌"的功能；"用心，让家更有味道"的广告主题则展现了宜家此次活动的核心主张。

好好吃饭 讓家更有味道
Being Together, More Taste at Home

2．在社交媒体上传播分享，话题进一步发酵

TVC 推出后便在各社交网站上引发广泛的讨论，网友们纷纷转发相关话题帖并表示想要这款桌子，Facebook 上宜家粉丝团的账号互动率更是达到了史上最高。

3．打造实际产品，在社群上开放预约

经过四周时间 TVC 的热度积聚，宜家终于在社群上开放"好好吃饭桌"的预约体验机会，消费者争相预约体验机会。消费者体验时的自然反应也被摄录下来，被剪辑成第二个宣传视频，引发第二轮传播的高潮。（扫码观看视频）

效果与评价

- 获得了很大的参与量、话题量："好好吃饭桌"的推广成为台湾宜家史上最受欢迎的营销活动，广告视频在 Facebook 创下 62 万点击量，宜家台湾官方粉丝团的互动率也创新高。
- 到店人流量和销量增长：传播活动刷新了宜家的后测记录，消费者喜爱程度最高，达到了 90%。来客数增长 8.3%，许多厨房、厨具、用餐相关家具家饰均有双位数的业绩突破。

分析与反思

赞点

- 反其道而行之的创意。宜家用"黑科技"来"返璞归真"，在手机成为餐桌氛围杀手的时候，偏偏设计出离不开手机的餐桌。利用网络事件营销的逆向性，达到迅速吸引消费者关注的目的。
- 对本土消费者情感需求的精准把握。这次"好好吃饭桌"推广活动是消费者研究的成果之一，它抓住了台湾消费者不擅长情感表达、喜欢通过聚餐来联络感情的特点，充分迎合消费者的情感诉求。
- 借实验性广告推动病毒传播①。宜家邀请消费者来店体验商品，并用

---

① "病毒传播"指在互联网上利用公众的积极性和人际关系网络让信息像病毒一样广泛、快速地传播与扩散。后文中的"病毒视频""病毒（式）营销"等均属此范畴。

镜头记录下消费者的真实反应，将其制作成视频，在社交媒体上产生新一轮关注热潮。以普通消费者作为实验对象，使得整个过程更真实，更有说服力，从而更加成功地实现了宜家品牌推广、与消费者交流乃至产生情感共鸣的目的。

弹点

- 活动辐射的范围不广。该活动只在中国台湾地区试水，取得良好反响后并没有把试点范围扩大到中国其他城市。
- 宣传方式单一。这起营销活动采用的是视频形式，包括一支 TVC 广告以及一个消费者体验视频，而缺乏海报、LED（发光二极管）屏幕宣传、消费者互动游戏等多元的宣传品或宣传工具。

002 联合利华 家乐春节篇

标签：社交网络、B2B

案例名称： 联合利华：家乐春节篇

广 告 主： 联合利华（中国）有限公司

主创公司： 安索帕中国

获奖情况： 2016 大中华区艾菲奖—媒体类—金奖
2016 金投赏—社交媒体营销—铜奖

案例卡片

背景与挑战

作为联合利华旗下的知名餐饮品牌，"联合利华饮食策划"一直深耕于中国餐饮业市场，为各类餐饮饭店带来专业化的调味解决方案。面对中国 500 万～600 万家餐饮企业的庞大市场，联合利华饮食策划一直在思考如何进行有效深入的市场渗透，建立品牌领导地位。

为了解决这一难题，联合利华饮食策划在 2016 新年伊始推出与厨师人群有关的品牌情感沟通，以期用更直接的方式吸引目标客群。

目标与洞察

团圆是春节永恒的主题，但在这万家欢聚共享美味的时刻，厨师们却在厨房忙得热火朝天。对他们而言，与家人团聚、吃口家乡菜都是种奢望。于是，安索帕携手联合利华饮食策划，借助中国新年这一特殊时段，打造了"团圆年味，怎能少了你一位"春节社交营销活动，让身处异乡的厨师们也能品尝团圆滋味，感受来自家的温暖，从而巩固品牌与厨师群体的情感联结。

策略与创意

为了更好地将品牌影响力渗透至厨师群体，联合利华分别进行了三大活动攻势。在 2015 年 11 月至 12 月的第一阶段借助产品包装的更新，以"千万团圆金"的利好，吸引厨师；在 12 月底至 2016 年 1 月的第二阶段，通过 H5 与病毒视频传播，与目标人群产生共鸣；在 2016 年 1 月至 2 月的第三阶段，在社交平台推送"语言祝福"H5，同时开展限时抢红包活动，通过鼓励目标受众参与、分享，借助关键时间点将互动推向高潮，从而深化用户的情感连接。

执行与表现

1. H5 预热

在活动的第一阶段，以"千万团圆金"H5 邀请厨师群体主动寻找家乐产品包装上的兑换码，通过兑换平台轻松获取手机话费、Q 币、金条等诚意好礼，为其创造更多与家人交流的机会，并鼓励用户在朋友圈分享活动信息。

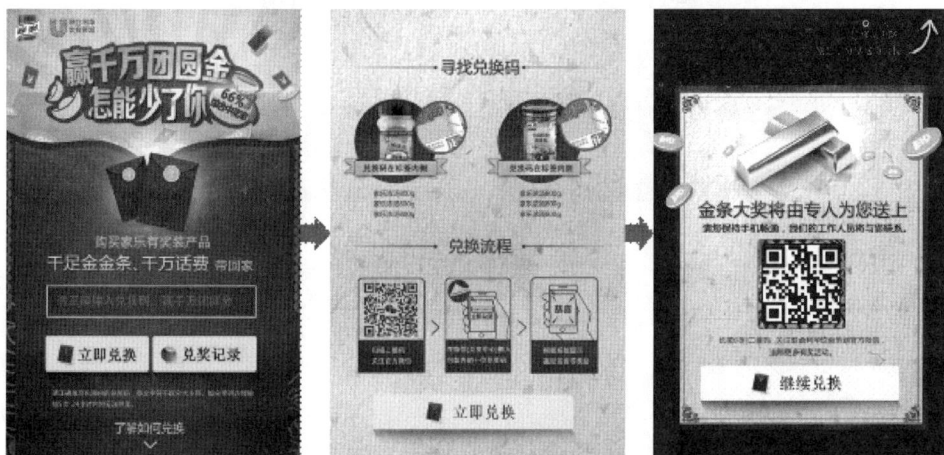

2. 感人视频引起情绪共鸣

围绕"团圆年味，怎能少了你一位"的活动主题，《心在一起》感人视频在第二阶段上线，以厨师群体感同身受的思家情怀提升厨师用户的参与度和与品牌的情感联结度。

3. 家乡话 H5 戳中思乡情结

最能寄托团圆深情的，莫过于家乡菜和家人的话语。安索帕为活动打造了涵盖全国 34 个省级行政区的家乡方言、汇集 34 道特色家乡菜的温情 H5。用户只需选择家乡所在地，启动"回家看看"按钮，就能收到一段仿佛来自家人的"真声家乡话"和一道热腾腾的"特色家乡菜"，感受回家团圆般的关怀。

4. 深化用户的情感连接

在活动的第三阶段，进一步深化与目标群体的情感交流，以互动 H5 页面邀请厨师给亲友送上心意满满的年夜大菜，并附上语音红包表达诚挚心意。

红烧肉　　　　　　　　　　红烧肉

效果与评价

- 获得了很大的参与量、话题量：活动开展至今已为品牌迅速吸引了大量精准活跃的粉丝，令粉丝数量突破百万。同时，品牌在微信平台也实现了良好的沟通效果，创造了单条微信推送阅读量突破 30 万的惊人纪录。
- 联合利华品牌传播突破：丰富了广告主联合利华的数字营销战略，使之成为第一个在微信朋友圈发布原生态广告的 B2B 品牌。

分析与反思

赞点

- 对春节核心"团聚"的深刻洞察。春节的核心即团聚,对不能回家过年的厨师而言,怎么样才能和家里人更近距离地在春节"团聚"是他们的一大需求。在广告内容上,以"团聚"为核心,深刻地结合了中国市场的特殊性。
- 投放平台及其数据的充分利用。本次联合利华饮食策划的春节沟通协同腾讯大数据平台和安索帕进行深度合作,深入了解厨师人群的网络数字行为,通过数字行为等诸多信息进行人群标签,实现精准定位的广告投放。
- 活动预热及其后期的充分互动。从年末的品牌新形象,到元宵节结束后的收尾,整个广告的投放周期长达 3 个月。而这 3 个月不同阶段对应着不同的活动。

弹点

- 线下活动开展较少,仅局限线上传播。本次春节活动更多围绕微信 H5 和腾讯视频传播,线下活动较少,无法让用户更加真切体会到联合利华的品牌产品,在传播期后容易被遗忘,从而减弱线上传播的影响力。
- 品牌露出较少。无法让普通用户了解到联合利华饮食策划的主打产品,容易与洗护产品相混淆,降低品牌转化率,受到用户遗忘。

技术卡片

H5 是一系列制作网页互动效果的技术集合,即移动端的 web 页面。而 H5 游戏,可以看作是移动端的 web 游戏,无须下载软件即可体验,这就是 H5 在传播上的优势。在技术方面,利用 H5 开发移动小游戏的门槛更低,所需时间更少。可以像写网页一样写游戏,无须太多的额外学习,而且有大量文档与插件可用。

003 C&A
Changing Room

标签：互动展示、优惠券营销

案例卡片

案例名称： C&A：Changing Room
广 告 主： C&A
主创公司： 北京电通广告有限公司
获奖情况： 2016 中国广告长城奖—互动创意类—全场大奖
2016 中国广告长城奖—公益类—金奖
2016 亚太广告节—促销类—银奖

背景与挑战

随着经济的快速增长，中国消费者的购买力水平也突飞猛进，年末促销季的购买力度尤其强劲。C&A 作为一个国际性服饰品牌，希望为那些买不起冬衣的中国贫困山区的孩子们送去一份温暖。

目标与洞察

C&A 希望通过此次活动增加销售业绩的同时提升品牌的好感度，传递爱和人文情怀，深化体验，提高品牌形象，增强受众的品牌认同感。

C&A 直接向贫困山区捐赠存在到达不及时、真实性不明的问题，但是通过创意进行公益活动时，消费者很有可能会主动为贫困山区的孩子进行捐赠。

策略与创意

Changing Room 利用互动数字技术让人们在商店内消费时以轻松愉悦的方式参与到慈善捐助中来，将他们的爱心送给那些需要帮助的孩子。在促销打折季期间，C&A 在店内设立特殊的试衣间 "Changing Room"。在这个试衣间中，消费者不仅仅能更换衣服，而且能改变一些孩子的生活。在这间特殊的试衣间中，当消费者将衣服挂在挂钩上时，会激活显示需要被捐赠对象画面的 LED 屏幕，消费者可以通过选择捐赠自己折扣额度的方式轻松实现捐赠。

执行与表现

1. 互动展示，引起消费者情感共鸣

当消费者进入试衣间，将衣物挂上衣架后，通过重力感应，LED屏会被触动。此时屏幕上显示的是身着暖衣、躺在舒适大床上熟睡的孩子。当消费者从衣架上取走衣物，屏幕上原本大床上身着暖衣的孩子就会消失，取而代之的是睡在冰冷环境中衣着单薄的孩子，此时屏幕上出现提示："轻轻一挂，予他温暖"。

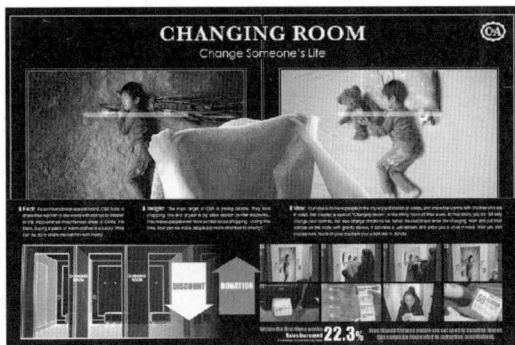

2. 自愿捐款，为贫困山区孩子献上爱心

扫描衣服上的价格牌，旁边的打印机将会自动打印出一系列不同折扣程度的打折券，消费者可以自行选择，在结账时捐出相应的折扣金额给孩子，即选择的折扣越低，捐款越多。

OUR MISSION
帮助贫困儿童
实现一份温暖的愿望

在中国的贫困山区生活着260万儿童，买一件衣服对他们而言是一种奢望。

对贫困山区的孩子而言，买衣服这一简单却又难以实现的愿望，现在只需一点小小的折扣就能帮他们实现。这个冬季，让温暖不打折，C&A与您一起帮助贫困儿童慈善捐赠活动正在进行中……

效果与评价

- 获得了很大的参与量，活动仅举办了3周，就有近3 000人参与了捐赠。
- 与活动举办前3周的销量相比，活动举办3周后，门店的销售增长了22.3%。
- 消费者积极参与到活动中，成功募集了大量捐款。

分析与反思

赞点

- 实现效益与公益的双赢。C&A 在制定公益营销战略目标的时候从符合自身利益的角度出发，结合公益事业中贫困山区儿童的温暖问题，选择与自身品牌最接近又能引起消费者共鸣的主题，实现了提高慈善捐赠活动的参与度和销量增长的双赢目标。
- 利用互动数字技术激发消费者同情心。基于对消费者情感的精准把握，通过互动数字技术展现山区孩子"有衣穿"与"无衣穿"的状态，在视觉上形成强烈反差，激发消费者对山区孩子的同情心，进而引发后续捐款。
- 利用品牌自有门店资源，与消费者场景紧密结合。通过在试衣间试衣服这一来到门店原本就要进行的行为，让消费者在没有任何额外负担的情况下实现对营销活动的参与。这一体验过程有效地将门店变成品牌在现实生活中与消费者建立情感联系的重要空间。

弹点

- 活动周期过短。Changing Room 活动周期仅有一个月，使得参与体验的消费者非常有限。
- 参与范围局限性大。就门店数量而言，只有 C&A 上海正大广场门店这一家店可以体验此活动。但消费者毕竟存在惰性，哪怕热衷于参与公益活动，也不会为此特地去这一家店。

004 可口可乐
冰柜戏拍

标签：互动广告、社交网络

案例卡片

案例名称：	可口可乐：冰柜戏拍
广 告 主：	可口可乐（中国）有限公司
主创公司：	安索帕中国
获奖情况：	2016 金投赏—代理公司组户外及媒体环境类—金奖
	2016 One Show—平面及户外平面—铜奖

背景与挑战

为了让年轻人"分享可口可乐"，2013 年和 2014 年可口可乐依次推出了"昵称瓶"和"歌词瓶"两个夏季营销主题，都获得了巨大的成功。在延续之前的创意基础上，如何唤醒消费者的新鲜感，激起他们的参与热情，将活动推向新的高潮？本次活动主要针对一线城市，让身处富含资讯的环境中的目标受众感受到活动的新鲜有趣，激发他们的分享动力，并推出一支大片级的特效广告，与当时最热门的电影《侏罗纪公园》结合，极富玩味。

目标与洞察

夏季是饮料销售的旺季，为了呼应 2015 年夏季营销主题"分享让夏天更有趣"，同时迎合该年推出的特效广告，可口可乐利用线下互动装置，不仅在产品包装上做文章，更将购买产品的过程改造得足够有趣，让年轻人也来感受大戏，让消费者体会到夏天的戏剧性。

策略与创意

作为可口可乐全年营销策略"台词瓶"中的一个小的线下活动，为了让年轻人在现实生活中体验更多好戏，可口可乐在便利店推出了有趣的"冰柜戏拍活动"——通过互动装置给购买可乐的消费者带来惊喜，让他们的夏天"更有戏"。

执行与表现

1. 战略合作，联合宣传

与同期上映的电影《侏罗纪公园》形成战略合作，举办线下赠票活动的同时投放大量恐龙模型物料，联合宣传，互相增加曝光量，实现品牌声量和电影销量的双赢。

2. 电视广告发布

紧接着，可口可乐又制作了一部特效堪比大片的电视广告，通过借用电影的戏剧性场面，带领消费者投入剧情的紧张气氛，在情节推进中加深受众对来一瓶可口可乐的渴望。

3. 线下互动装置投放

在之前众多与《侏罗纪公园》相关的"有戏"铺垫下，可口可乐制作了"冰柜戏拍"互动装置。此装置通过电脑识别技术，当发现有人打开冰柜门时，会瞬间触发恐龙的吼叫声，刺激消费者做出惊吓的表情，并与冰柜门上的恐龙图案做出呼应，仿佛真正置身恐龙主宰地球的侏罗纪。而所有的这一切会被一旁的摄影机偷偷记录，当你结账时，照片会展示在柜台，引导你将这新奇有趣的一幕分享到社交网络。

效果与评价

- 社交媒体总曝光量超过 93 亿，活动参与量增长至 4 600 万次。
- 在 2013 年及 2014 年夏季达成突破性销量增长的基础上，比 2014 年同期增长 12%。

在中国这样一个发展迅猛、追求标新立异的市场，代理商和广告主每天都在追逐"新奇"。在安索帕最让我骄傲的，是我们从 2013 年起连续三年打造的"分享可口可乐"活动（包括"昵称瓶""歌词瓶"及"台词瓶"）已经在市场上形成了一种社会现象。了不起的不仅是活动带来的惊人辐射面和消费者互动参与量，更重要的是它在提升产品销售的同时，强化了客户的渠道。在过去的三年中，可口可乐的销量获得了连续增长。

——安索帕亚太区 CEO（首席执行官）　林真

分析与反思

赞点

- 人脸识别、二维码等交互技术的有效利用。活动中运用当下热门的交互技术，使消费者参与到惊喜的创作、记录中来，更有利于引发消费者的自发分享，使品牌广告在社交圈引发二次激荡。
- 对热点话题的借势营销以及社交网络的充分利用。可口可乐巧妙地借势《侏罗纪公园》，形成战略合作，不仅互相增加曝光量，而且让"有戏"这一关键词和可口可乐紧紧捆绑在一起，让可口可乐的价值观深入人心。

弹点

- 活动中惊喜的尺度难以把握。"可口可乐冰柜快拍"是趁消费者不注意来引爆惊喜，但是突如其来的恐龙吼叫，也有可能会引起部分人的不适感，从而使"惊喜"变成"惊吓"，起到适得其反的效果。
- 活动要求技术费用较高，难以扩大规模。

005 罗氏制药
Touch for Good

标签：技术创新、公益广告、社会化营销

> **案例卡片**
>
> **案例名称：** 罗氏制药：Touch for Good
> **广 告 主：** 罗氏制药集团（中国上海）有限公司
> 　　　　　中国抗癌协会康复会
> 　　　　　北京爱谱癌症患者关爱基金会
> **主创公司：** 阳狮广告有限公司上海分公司
> **获奖情况：** 2016 中国广告长城奖—互动创意奖—金奖
> 　　　　　2016 中国广告长城奖—媒介营销奖—银奖

背景与挑战

中国是乳腺癌发病率增长最快的国家之一，与此相对应的是，我国 81.4% 的女性对乳腺癌的正确知识了解不够，只有不到 10% 的女性曾经接受过乳腺钼靶检查，乳腺癌早期诊断率不足 30%，很多女性确诊乳腺癌时已经错过最佳治疗时机。

在这样的背景下，罗氏制药集团（中国上海）有限公司与中国抗癌协会康复会、北京爱谱癌症患者关爱基金会一道发起了"Touch for Good"战役，旨在唤起人们对乳腺癌的关注，呼吁女性提早自检自查。

目标与洞察

罗氏发起的这场广告战役的目标主要有三点：一是突出本企业的创新能力，传达给消费者自己的价值观与企业文化；二是通过表现企业的社会责任感，赢得消费者的喜爱与偏好；三是通过对女性健康的关注，表现出企业的人文关怀精神。

策略与创意

阳狮广告公司为此次广告创作了一支名为"Touch for Good"的视频，以轻松幽默的方式化"雕像被袭胸"的不文明行为为正面的触摸提醒，旨在提升全社会对乳腺癌的关注，倡导早发现、早诊断、早治疗，鼓励女性关爱自身健康并定期接受乳腺癌筛查。

执行与表现

1. 线上话题预热

搜索并记录下雕像被"袭胸"的画面，通过这个富有争议的话题引起社会反思与讨论，为后续视频预热。

2. 互动装置触发短信发送

在著名雕塑周围安插红外感应仪，并将感应区对准雕像胸部，再将感应仪与手机基站相连接，每当有人触摸雕像胸部，半径 5 米内的人都会收到基站发送的"乳房自检教程"短信，借此来倡导人们自检自查，提早预防乳腺癌。

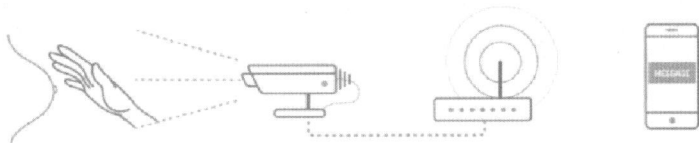

3. 线下记录采访

用隐形摄像机记录下人们触摸雕像胸部的影像和收到短信的情景，然后向他们提问"收到信息你会检查吗？"，搜集并记录下人们的回答。

效果与评价

- 2016 年上半年，罗氏企业在中国区的抗乳腺癌治疗药物销售量增长巨大，其中针对 HER2 乳腺癌的帕妥珠单抗销售额环比更是增长了 34% 之多。
- 提高产品销量的同时宣传了企业担负社会责任的正面形象，提高了消费者对品牌的好感度。

分析与反思

赞点

- 此次活动创新性地采用了互动创意装置，将人们触摸雕塑胸部的不良行为与乳腺癌自检自查的自爱行动联系起来，主题契合度高，话题具有吸引力，容易引起社会讨论与媒体报道。
- 有效地结合罗氏集团的使命与社会责任感。此次活动有效地宣传了罗氏的企业价值观，并塑造了罗氏富有社会责任感的正面形象，可谓是一场成功的社会化营销。

弹点

• 公益广告未能扩散传播。线下活动只在一座雕像旁进行，而未能多选择一些具有特殊意义的雕像或者被大众所熟知的雕像进行视频录制与游客采访，无法造成轰动性的大众舆论，宣传效果没有达到最大化。

006 "看我的"环卫子女成长计划之死神止步徽章

标签：物联网（IoT）

案例名称：**"看我的"环卫子女成长计划之死神止步徽章**
广 告 主：**无**
主创公司：**Cheil 鹏泰**
获奖情况：**2016 中国广告长城奖—媒介营销—公关—金奖**

案例卡片

背景与挑战

在当前，城市环卫工人作业现场安全状况差，安全隐患较多，再加上安全防护措施配备不到位，环卫工人很容易置身危险当中。特别是在夜间和清晨时，道路车少人稀，司机行车速度一般较快，这就大大增加了环卫工人作业的危险性。

目标与洞察

经过调查分析，汽车超速是环卫工人遭遇事故的主要原因，而为了避免超速罚款，大多数习惯超速的司机都会在车内安装"电子狗"。Cheil 鹏泰通过对此现象的洞察，制作了可以模拟发送测速信号的"死神止步徽章"，通过对超速司机发出警告来保证环卫工人的安全。

Cheil 鹏泰希望通过此次活动传递爱和人文情怀，让大家关注到环卫工人的生存现状，并为降低环卫工人的受伤风险提供切实可行的解决方案。

策略与创意

此案例以环卫工人的人身安全为切入点，以产品创新的方式为化解危机提供解决方案，其中所应用的技术相对也并不复杂：为环卫工人提供微型模拟测速仪装置，装置会模拟测速信号，汽车上安装的"电子狗"会将其判断为测速仪信号，从而提醒车主减速慢行，大大降低了环卫工人遭遇危险的概率。

执行与表现

1. 制作宣传视频，让更多人知晓此产品

Cheil 鹏泰在视频中介绍了环卫工人的生存状态与面临的安全问题，在情感上引起普通大众对环卫工人安全现状的同情，并以拆分讲解的方式介绍了"死神止步徽章"的工作原理与作用，从而使产品更具有可信度。

徽章将会发射和测速雷达相同波段的雷达微波

2. 结合"环卫子女成长计划"进行联合推广

本次活动作为"'看我的'环卫子女成长计划"中的一部分，与其他线上话题、线下活动协作，推高了活动的整体影响力。

效果与评价

- 成功吸引投资者眼光。以华夏银行为首的投资方开始助力环卫子女成长计划，而死神止步徽章也成功获得科技创新优秀奖，吸引了新一批的投资。
- 成功获得审批，开始在上海进行试点使用。在项目推出后，该营销广告成功使上海政府加强对环卫工人安全的认识，并以上海作为第一个试点试用"死神止步徽章"，将根据使用效果，决定之后是否推广使用。

分析与反思

赞点

- 技术创新助力营销创意发散。"死神止步徽章"的营销不同于以 DSP（数字信号处理）等典型互联网技术为主的数字营销，而是建立在物联网的媒介之上。物联网作为互联网的全面"升级版"，其终极形态是实现"物物相连"，而物联网之于营销最大的优势是人与物的连接极大地拓宽了人们接触和使用信息的渠道，为广告创意赋予了更多的想象力。
- 对社交媒体的传播性和扩散性的充分利用。将新浪微博作为传播阵地，引发众多网友参与活动投票、评论和转发，并且将视频推广到优酷、酷6 等视频平台，充分利用了媒体资源。

弹点

- 没有从根本上改变司机超速现象。"死神止步徽章"通过模拟测速信号来提醒司机降速，实际上是以一种间接的方式降低了环卫工人出事故的风险，但并未从正面让司机意识到超速对环卫工人生命造成的威胁，教育力度有限，不能从本质上解决问题。

007 淘宝
淘出来的地铁艺术展

标签：媒介营销、装置艺术

案例卡片

案例名称：	淘宝：淘出来的地铁艺术展
广 告 主：	淘宝（中国）软件有限公司
主创公司：	上海天与空广告有限公司
获奖情况：	2016 中国广告长城奖—媒介营销类—金奖
	2016 金印奖—佳作奖
	2016 金投赏—铜奖

背景与挑战

　　淘宝网由阿里巴巴集团在 2003 年 5 月创立，是中国深受欢迎的网购零售平台，其丰富的货品和便捷的购物过程使得"万能的淘宝"的品牌形象深入人心。

此次品牌战役，淘宝改变了往日地铁广告局限于招贴画与 LED 屏的单调形式，创新性地将装置艺术展搬进了地铁，让沉闷的上下班过程也变得新奇有趣。

目标与洞察

对于普通人来说，创造力逐渐成了一种稀缺能力。此次淘宝艺术展基于这样的洞察，将一些普通人的创造物展示出来，而作品的原料均为创作者在淘宝上所购，借此将淘宝塑造成"创造力"与"行动力"之间的桥梁，呼吁人们敢买敢造，玩出自己的花样。

策略与创意

本次广告战役将装置艺术展搬进了地铁站，这次展出的每一件装置艺术作品，都是创作者在 7 天之内利用淘宝平台购买各种意想不到的材料，然后以充满想象力的方式拼装搭建完成的。淘宝将品牌与艺术结合，以此来传递本次战役的核心思想：有了万能的淘宝，就能满足你的一切奇思妙想，只要敢想敢造，没有什么是不可能的。

执行与表现

1. 悬念海报预热

首先淘宝于 2015 年 6 月 17 日在上海徐家汇地铁站推出一系列酷炫的悬念海报，海报上没有任何品牌信息和多余解释，而是向受众抛出了一系列问题，吊足了大家的胃口。

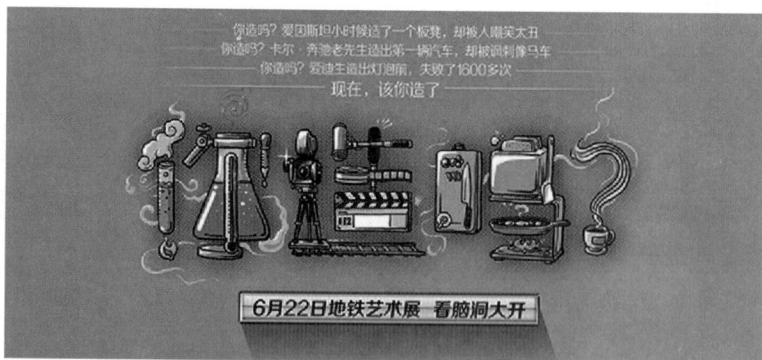

2. 艺术展亮相

真相浮出水面——由天与空广告公司负责的地铁艺术展于 6 月 22 日在上海徐家汇地铁换乘通道惊艳亮相，八个富有创造力的装置艺术品引起了众人的围观。

效果与评价

- 获得凤凰卫视、《新民晚报》、《文汇报》、好奇心日报等数十家媒体的关注和主动报道。

分析与反思

赞点

- 悬念海报吊足胃口。整个战役的节奏把控得非常好，预热海报没有多余的品牌信息和解释，反而一股脑向受众抛出了一系列问题，引起受众的好奇心和猜测，并成功提示了艺术展的开幕信息，为后续的重头戏作了铺垫。
- 品牌与艺术的有效结合。这是一场完全利用淘宝来实现的别开生面的艺术展，不仅反映了新一代年轻人别具一格的创造精神，还突出了淘宝可以实现生活各种可能的万能性，广告主题与品牌诉求相关度高，结合得紧密且巧妙。

弹点

- 未有效利用线上宣传。本次活动的传播阵地集中于线下，未在社交网络上做充分宣传，导致本次活动的传播范围有限。
- 活动地点过少。艺术展仅在上海徐家汇地铁站换乘通道中举办，场地、人流量有很大的限制，未能在更大范围产生影响力。作为一次成功的"试点"艺术展，在未来可向其他站点、城市推进。

008 吉列锋隐致顺 360°VR 微电影

标签：VR、移动创意

案例名称： 吉列锋隐致顺：360°VR 微电影
广 告 主： 宝洁吉列
主创公司： 天联广告
获奖情况： 2016 金投赏—代理公司组奖—金奖

背景与挑战

吉列是国际知名的剃须护理品牌，于 1998 年进入中国市场，其产品的质量、信誉也已经得到了广大中国消费者的认可。

①据统计，为了方便，60% 的中国人使用电子剃须刀，像吉列这样的湿剃，用温水、剃须膏剃须，中国男人觉得麻烦，因为他们没有太多的面部毛发；②年轻消费者对每年的"双 11"都充满期待，因为这一天到处都是折扣，吉列要在降价促销中脱颖而出；③吉列为了在"双 11"与每一个同类品牌竞争，要找到一个方法来吸引消费者的注意。

目标与洞察

吉利此次广告的目标是：第一，增加吉列在目标用户中的口碑，动员目前使用电动剃须刀的用户改用吉列剃须产品；第二，借势邦德（Bond）新电影引起公众对吉列的巨大关注；第三，吉列用虚拟现实科技，通过广告让中国男人真正体验到最自信的时刻；第四，在"双 11"期间，提高吉列剃须刀在电商领域的销量。

策略与创意

天联广告公司从接连上映的大片中得到灵感，趁诸多大片上映之时，通过一种新颖又激动人心的方式，用前沿的虚拟现实（VR）技术，以第一视角，让中国男人亲身体验到紧张、惊险、刺激的精彩时刻。

执行与表现

1. 各大网站发布招募令预热

以男士时尚杂志、网站为据点，发布招募体验者消息。将广告更准确地投放给男士，提高广告投放效率。

生活

吉列首部VR微电影《追锋密令》让你化身特工体验3万英尺高空直坠

你可曾设想"亲身"体验3万英尺高空直坠?你可曾幻想成为武林高手古堡深夜追踪激斗?你可曾想像化身super帅气特工，用自己的视角挑战不可能任务，从蛛丝马迹中捕捉真相?革命性VR(Virtual Reality，又称虚拟现实)拍摄技术的崛起，将实现你的第一视角"主角"梦。这部吉列《追锋密令》神秘微电影可以说彻底改写中国微电影的发展史，带来一场前所未有的划时代感官风暴，颠覆了往常对电影的传统认知的视觉体验。

Loran · 2015.11.09

2. 传播 360°VR 微电影——《追锋密令》

该影片剧情紧密围绕吉列产品进行。影片片头以剃须刀为线索；片中有男性剃须的场景，加深观众对剃须刀的印象；片尾用剃须刀解读机密信息，并且留下意犹未尽的一句话"想要更多信息吗?"，从而激发观众寻求更多产品信息的好奇心，使观众主动去了解更多关于此剃须刀的情况。

3. 线下 VR 观影活动呼应

2015 年 11 月 8 日，西装革履的长腿特工和性感迷人的红衣女郎们携带着酷炫铝制手提箱"占领"了北京新东安广场一层，路人通过 VR 眼镜观看了电影，体验到了新奇刺激的情节。

效果与评价

• 助力吉列"双 11"销量提升。活动结束后，吉列在电商平台上的销售额高达 2014 年的 2 倍。

分析与反思

赞点

• 精准洞察目标消费者心理。吉列剃须刀的主要目标群体是 22～35 岁的男人，这些男人心中大都有着英雄梦，吉列准确地捕捉到了男人的英雄梦，并利用 VR 给予了他们一次难忘的英雄体验。

• 与产品核心的有效结合。VR 电影不仅仅以剃须刀作为线索，而且将硬汉、英雄的理念植入其中，突出吉列剃须刀是为硬汉服务的理念，吸引更多内心有着英雄梦的男人来购买。

- 汇聚全平台资源覆盖影响。本次线上活动主要在天猫、微信、微博平台进行。通过充分调动各平台资源，使该活动覆盖范围和影响力迅速扩大。

弹点

- 线下活动点较少。没有利用热度加大力度发展线下的体验活动，线下的VR体验活动仅在北京举办了一场，这使得线下的宣传效果大打折扣。

技术卡片

虚拟现实（VR）技术是仿真技术的一个重要方向，是仿真技术与计算机图形学人机接口技术、多媒体技术、传感技术网络技术等多种技术的集合，是一个富有挑战性的交叉技术前沿学科和研究领域。虚拟现实技术主要包括模拟环境、感知、自然技能和传感设备等方面。模拟环境是由计算机生成的、实时动态的三维立体逼真图像。感知是指理想的VR应该具有一切人所具有的感知。除计算机图形技术所生成的视觉感知外，还有听觉、触觉、力觉、运动等感知，甚至还包括嗅觉和味觉等，也称为多感知。自然技能是指人的头部转动，眼睛、手势或其他人体行为动作，由计算机来处理与参与者的动作相适应的数据，并对用户的输入做出实时响应，并分别反馈到用户的五官。传感设备是指三维交互设备。

009 宝马
Vision Next 100 悦享百年

标签：社交网络、交通工具

案例卡片

案例名称：	宝马：Vision Next 100 悦享百年
广 告 主：	宝马（中国）
主创公司：	北京网易传媒有限公司 星传媒体
获奖情况：	2016 中国广告长城奖—媒介营销奖—金奖 2016 梅花网营销创新奖—最佳场景营销创新奖—金奖

背景与挑战

2016 年是宝马品牌成立的第 100 周年，5 月 5 日宝马在中国发布以"未来"为主题的全新概念车——Vision Next 100。

如何让这次营销不只局限于一款概念车的推广，而是能够成为一个人人讨论的热点事件，并传递宝马关于未来的思考？如何最大化媒体的影响力与覆盖率，达到最佳的传播效果？这些都是此次营销面临的挑战。

目标与洞察

本次活动的目标主要有两点：第一，将 Vision Next 100 的三大核心特点——灵动结构、VR&AR（虚拟现实与增强现实）技术、悦驾 & 悦享模式，形象有趣地传递给消费者；第二，用媒体的内容影响力凸显宝马的"未来"视角，激发用户传播与讨论，将本次推广扩大到以"未来"为主题的社会事件。

策略与创意

宝马选择与网易做一次前所未有的深度合作，和 4 亿用户一起从离他们生活最近的移动互联网使用出发，去真实地模拟和体验未来百年。

网易旗下三大用户过亿的王牌产品——网易新闻客户端、网易云音乐、网易邮箱大师，将携手共同推出宝马未来定制版，在模拟场景中直观展现 Vision Next 100 的核心技术，并邀请中国著名的科幻作家刘慈欣率先发声，开启对未来生活的畅想。

执行与表现

（1）"网易新闻客户端"以传统的新闻界面结合 3D 动态效果，展现 Vision Next 100 的外形和灵动结构。

（2）"网易云音乐"以主观视角表现"悦驾"（Boost）和"悦享"（Ease）的切换，并结合 AR 技术，根据驾驶环境情况，推荐驾驶者喜欢的音乐。

（3）"网易邮箱大师"模拟未来车内的办公场景——当阅读邮件时，VR 技术帮你避让行人，AR 技术帮你分析邮件。

（4）借势中国"科幻第一人"刘慈欣的影响力，以他的视角展现 20 世纪 60 年代、80 年代、千禧年、所认为的未来的 2116 年，手势扩散展现下一场景，与科幻小说中的多维度空间结合，吸引用户关注传播。

效果与评价

- 此为 2016 年现象级传播案例，投放后 24 小时内，达到近 3.5 亿次曝光，突破 140 万次点击。
- 在消费者调查中，85% 的用户对宝马品牌理念及创新技术认同感显著提升，目标用户对宝马品牌"象征未来的智能科技感"的印象提高了 58.3%，在网易的其他热门新闻中依然有很多关于宝马这次营销事件的讨论。

分析与反思

赞点

- 紧紧抓住了消费者需求，并充分利用了网易的全线资源。通过网易全线客户端，向用户充分展现了未来宝马将实现的"无人驾驶"，加深了用户对宝马品牌"象征未来的智能科技感"的印象。很好地利用了网易平台过亿的用户量，为此次营销实现了有力的传播。

- 邀请中国"科幻第一人"刘慈欣。借助其打造的深入人心的科幻形象，为这次传播增添了科幻的魅力和对未来的神秘感。

弹点

- 技术并未真正实现，仍处于畅想阶段。此次活动中的所有技术均为宝马构想出来的，而并非是现实中已经或者即将会实现的功能，其设想未免天马行空而不能让用户真实感知。

010 洛克希德·马丁 火星风光之旅

标签：VR、教育

案例卡片

案例名称：The Field Trip to Mars（火星风光之旅）
广 告 主：Lockheed Martin（洛克希德·马丁）
主创公司：广告代理公司：McCann New York
　　　　　视觉特效公司：Framestore VR Studio
获奖情况：2016 戛纳国际创意节—创新狮子奖
　　　　　2016 戛纳国际创意节—设计类、网络类、创意数据类、促销和活动类—金奖
　　　　　2016 安迪奖—最高大奖

背景与挑战

随着人类登陆火星计划的推进，各国都热衷于火星探索，洛克希德·马丁公司作为美国著名的航空航天制造商，也加入日益激烈的火星竞赛中。而在这其中，对青年学生传播关于火星的知识变得极其重要，洛克希德·马丁希望通过一场活动来启发青年学生对火星探索的向往，并在年轻人中建立自己的知名度。

目标与洞察

该活动是"超越之星"计划的一部分，旨在将"太空科学带到美国的数千家庭和教室"，希望以此激发新一代的创新思维者，探索和推动科学至前所未有的高

25

度，吸引更多的孩子追求关于 STEM （Science、Technology、Engineering、Mathematics，科学、技术、工程、数学四种教育的总称）的职业。

策略与创意

小学生是最具好奇心和创造力的群体之一，他们很可能是未来的科学家或技术专家。本次活动通过将整辆校车改造为 VR 头显，让一次普通的校车之旅变成一次令人不可思议的火星之旅，让他们在沉浸式的体验中目睹火星的环境情况，有利于激发他们探索火星的好奇心和热情，引起年轻参加者对未来的无限期待和憧憬。

执行与表现

1. "火星校车"制作

逾百人的"火星校车"制作团队历时五个多月，致力于打造逼真的感官效果，重建了一个约 518 平方千米（200 平方英里）的火星景观。以此确保校车在华盛顿街头的每一个停顿和转弯都能相应地在 VR 世界里重现。

2. 发布预热视频

2015 年 4 月 15 日，洛克希德·马丁将开幕之旅的视频上传至 YouTube 平台，引起广泛的讨论及传播。

3. 参加美国科学与工程节（the USA Science & Engineering Festival）。

4 月 16—17 日，洛克希德·马丁的"火星校车"在美国科学与工程节亮相，造成巨大轰动。

4. 线下活动

在最后，洛克希德·马丁表示这辆校车将于秋天在全美行驶，为每一个经停的城市量身定制 VR 路线，让成千上万的孩子们共同体验去火星的乐趣。

效果与评价

- 自从 4 月 15 日开幕之旅的视频发布之后，该视频就收获了超过 250 万次的播放量以及 120 万次的媒体曝光。
- 活动发布的当天，在 Facebook 上成为热门话题，热门讨论时长超过了 24 小时，并且在 50 个国家进行了传播。
- 火星虚拟现实的体验校车第一次参加美国科学与工程节就获得了巨大的轰动。超过 2 500 名与会者体验了这次火星风光之旅。有的人为了这次体验甚至等了将近一个半小时。
- 获得了福布斯、Campaign US、Adweek 等媒体对该活动"鼓励下一代进行探索"的广泛报道。

分析与反思

赞点

- 新颖体验引起好奇心。将整辆校车作为 VR 头显，让小学生在不知不觉的情况下"到达火星"，不仅带给他们惊喜，也引发他们对于火星环境的好奇，同时也让大众产生想要体验"火星之旅"的好奇心理。
- 提供完美的沉浸式体验。在传感器、4K 屏幕等多种技术相结合下，将火星面貌展现在人们眼前，这种完美的沉浸式体验给人以真实感，让小学生们相信终有一天他们会成为登陆火星的那一批人。
- 教育性质引发好感。作为最具好奇心和创造力的群体之一，通过"火星风光之旅"的震撼体验，可以激发小学生的学习热情，培养未来的科学家及技术人员。

弹点

- 线上互动不够充分。活动视频发布后，在 Facebook 上成为热门话题却没有更多的互动，在 Twitter 上也没有形成一个具体的话题。另外，该活动的网站上也仅有一个"开幕之旅"的视频，这让受众无法了解活动后续情况，从而无法参与到活动中去。
- 线下活动没有得到具体实施。活动视频发布后，洛克希德·马丁表示这辆校车将在全美行驶，并为每一个经停的城市量身定制 VR 路线，可是后来并没有报道或材料显示这辆校车有在全美行驶。"说到却没有做到"的举动可能会形成不良口碑，甚至损坏企业的形象。

011 澳大利亚旅游局
千兆自拍

标签：互动、移动、O2O

案例卡片

案例名称：GIGA Selfie（千兆自拍）

广 告 主：Tourism Australia（澳大利亚旅游局）

主创公司：TBWA \ Hakuhodo（Tokyo）

获奖情况：2016 戛纳国际创意节—网络类—金奖

2017 亚太广告节—户外广告类—全场大奖

背景与挑战

GIGA Selfie 服务是澳大利亚旅游局为了刺激亚洲市场，尤其是日本市场，而在著名景点黄金海岸设置的高像素远距离自拍服务。澳大利亚政府旅游局迎合 20～29 岁的游客爱自拍、留影的需要，同时紧扣年轻游客爱社交、晒图的心理，投入重资打造高科技自拍系统，进一步刺激日本市场，打开亚洲市场。

目标与洞察

游客喜欢通过在景点自拍来留下美好回忆，而受照相技术限制，拍下自己的笑脸和拍下身后的壮美景象只能二选其一，很难兼顾。澳大利亚旅游局洞察到游客的需求，开发了千兆自拍高像素远距离自拍技术，一方面戳中游客拍人与拍景难兼得的痛点，带给游客新奇的旅游体验；另一方面游客通过社交网络分享自己的自拍照片和小视频，自发地为澳大利亚旅游景点做宣传，节约了宣传费用，扩大了澳大利亚旅游景点的知名度和影响力，为澳大利亚旅游业带来商业利益。

策略与创意

澳大利亚旅游局为游客免费提供千兆自拍超大像素自拍服务，以"自拍＋景物＋社交网络分享"的模式，达到线下实际体验，线上裂变分享的病毒传播效果，提升了澳大利亚旅游景点的吸引力。

拍摄原理：①游客首先在澳大利亚旅游日本官网中下载 GIGA Selfie 应用程序。②游客使用千兆自拍服务时只需站在官方拟定的拍照区域，再利用应用程序遥控位于约 115 米外的相机。③当相机完成拍摄后，这个自拍系统会发送电子邮件到游客邮箱。

执行与表现

1. 应用上线，推出宣传视频

2015 年 8 月末，千兆自拍开始在澳大利亚国内外各大媒体上推出宣传视频，并率先在澳大利亚旅游局日本官网上开放"GIGA Selfie"的应用下载。

2. 体验活动正式开幕

2015 年 9 月 5 日和 6 日，在澳大利亚昆士兰州黄金海岸，千兆自拍体验活动正式开启，游客纷纷体验此次最强自拍活动，并自发在社交网络上传播，达成二次影响效果。

效果与评价

- 日本来澳大利亚旅游的游客数量较前一年上升了118%。
- 带来的利润超过了50万美元。
- 据官方称，人们在 Facebook 的参与率大幅上升，转发数惊人地增长了11 173%，点赞数也增长了430%。
- 超过 180 个国家对此活动进行新闻报道，其中不乏 CNN、TNW、悦游 Traveler、Bustle、中新网等主流媒体。

分析与反思

赞点

- 自拍热潮，趣味体验。近年全球自拍热潮涌起，澳大利亚旅游局敏锐地洞察到当代年轻人的"新刚需"，将高科技与自拍服务结合起来，创造性地解决了"拍人"和"拍景"难以兼得的用户痛点。

- 洞察到游客"炫耀式分享"的心理。除了活动本身的趣味性之外，游客的"炫耀式分享"心理也是驱动他们自发在社交网络传播的动力。千兆自拍拥有着超长焦的、世界上独一无二的"最大最长的自拍杆"，又是免费提供，游客必然跃跃欲试，争相把自己的最大自拍晒到社交圈，彰显自己独一无二的旅游体验。

- 针对性极强。澳大利亚旅游局此次 GIGA Selfie 的营销宣传活动，主要是针对亚洲市场，尤其是日本年轻群体。从宣传视频的制作来看，选用的演员和角色主要是日本年轻人，在对日宣传的过程中极大提升了日本游客的亲切度和认可度。

弹点

- 实际的拍照体验难保证。从产品创新的角度出发，这套拍摄装置能进行远程拍摄，但对于实际情况而言，若是游客过多的话，这种定点才能拍摄的模式很容易使自拍者被别的游客挡住，同时在天气不佳或者光线不好的情况下也难以拍摄，从而影响最终效果和用户体验。

- 消费产品单一，互动性不强。澳大利亚旅游的核心竞争力主要是绝美的景色和美食等，但本活动未与其他优惠活动挂钩，如门票机票打折、派发酒店优惠券等刺激二次消费的活动。

012 佳得乐
超级碗洗浴

案例标签：移动营销、AR 技术

案例卡片

案例名称： The Super Bowl Dunk （超级碗洗浴）
广 告 主： Gatorade （佳得乐）
主创公司： VML （美国堪萨斯城）
获奖情况： 2016 夏纳国际创意节—娱乐品牌体验—金奖
2016 夏纳国际创意节—共同创造和用户生成内容—金奖

背景与挑战

佳得乐是全球领先的运动型饮料品牌，拥有 35 年的运动科学研究背景。但行业内功能性饮料的市场竞争激烈，佳得乐要如何巩固品牌忠诚度和解决产品的同质化问题？在面临目标人群狭窄的情况下，如何加强品牌与消费者的互动？如何培养消费者的忠诚度？这些都是佳得乐面临的问题和挑战。

目标和洞察

美国竞技体育运动中有用冰镇饮料捉弄主教练来庆祝重要比赛胜利的传统，这种传统叫作"佳得乐洗浴"（Gatorade dunk）。然而普通消费者很难体验到这种欢乐的经历，因此佳得乐希望此次活动可以通过 Snapchat① 的 AR 应用，让粉丝们也在赢球的那一刻享受"被浇"的快感，与消费者进行互动并传递"解口渴更解体渴"的品牌产品特点，增强受众的品牌认同感。

策略与创意

当时正值超级碗（Super Bowl，美国职业橄榄球大联盟年度冠军赛）50 周年，这样一个值得关注和庆贺的事件也十分适合进行借势营销。佳得乐利用 AR 技术带来的逼真效果，将佳得乐的形象与"胜利""欢乐"等正面词汇联系起来，在与消费者的联结和互动中建立品牌偏好度。

执行与表现

1. 社交媒体为后续活动做铺垫

佳得乐官方 Twitter 以"#SB50"为话题发文，为超级碗比赛预热，加深品牌和赛事活动的联系度，从而为之后的 AR 滤镜上线做铺垫。

2. AR 滤镜在 Snapchat 上线

2015 年 2 月 7—8 日，"佳得乐洗浴滤镜"在 Snapchat 上线，用户在 48 个小时内限时使用，超过期限滤镜则下线。

3. KOL（关键意见领袖）助力活动达到高潮

通过对网球明星小威廉姆斯的赞助，让其在 Instagram 和 Twitter 上发布使用佳得乐洗浴滤镜的动画，引发大量讨论，成功地通过 KOL 吸引到更多人关注，增加活动热度。

---

① Snapchat 是一款基于照片分享的热门社交应用软件。

4. 线下赛事现场呼应

在赢得最重要的比赛时，赢球一方在场下休息的队员悄悄出现在主教练身后，趁其毫无防备的时候将整整一桶混有冰块的佳得乐饮料从头浇下，与线上的滤镜活动呼应，形成一个完整的活动闭环。

效果与评价

- 滤镜使用量巨大。活动期间，平台上的滤镜动画总观看量达到 165 339 701 次，甚至超过了比赛的观看人数。
- 相关讨论热烈。网友将该动画分享到各种社交网站上，热潮席卷各个社交平台，且绝大部分是正面的评价。
- 对广告及其品牌的印象正面。与来自 CPG（快速消费品）公司的移动广告规范相比，品牌好感度提高了 1.4 倍，购买意图增加了 2 倍，广告的回忆度高出了 1.5 倍。

分析与反思

赞点

- 活动简单，参与门槛低，执行难度小。整个活动流程简单易懂，对于消费者来说参与门槛低，可以在最大程度上调动用户的积极性，使活动得到广泛传播；对于执行者来说流程简单，可把控性高，执行成本较低。
- 品牌和传统习俗相结合。借势超级碗五十周年，不仅以新潮的方式宣传了美国竞技界以佳得乐洗浴欢庆成功的传统，更是和广大活动参与者亲密互动，将欢乐、刺激、兴奋的竞技体验传递到千家万户。

弹点

- 有限的再传播范围。相比于其他平台，Snapchat 具有私密性和短时间保存的特性，因此在该平台上就没有办法持续地让人们进行观看和分享。大大限制了二次传播的范围和圈子。
- 活动宣传不足。前期没有活动预告，活动中期也只是通过网球明星小威廉姆斯吸引网友对该品牌的滤镜的关注，其余则几乎完全依靠 Snapchat 一个平台去接触消费者，缺乏整合现有的社交平台资源进行宣传的意识。

013 《纽约时报》 纽约时报 VR

标签：移动、娱乐、网络

案例名称：New York Times VR（纽约时报 VR）
广 告 主：Google，GE，Mini，*New York Times*
主创公司：T Brand Studio（美国纽约）
获奖情况：2016 戛纳国际创意节—移动类—全场大奖
　　　　　2016 戛纳国际创意节—娱乐类—全场大奖

案例卡片

背景与挑战

数字媒体具有便捷性、碎片化等不可替代的优势，极大地压缩了传统媒体的生存空间，使传统媒体的发行量受到很大影响，并导致了报业集团广告收入的下降，包括《纽约时报》（简称 NYT）在内的传统媒体面临着空前危机。

在这样的生存压力下，《纽约时报》积极探索"VR + 新闻""VR + 广告"的模式，希望将新科技引入新闻的表达和呈现当中，吸引更多的受众订阅参与。

目标与洞察

《纽约时报》的目标是利用新技术吸引年轻读者订阅他们的报纸，提前在"VR + 新闻"这一领域卡位，在媒体业竞争中抢占先机，并探索新的商业发展模式，利用新型广告方式吸引更多广告主与其合作，增加报业集团收入。

策略与创意

社会事件的新闻总能够获得最大量的关注，但读者始终无法近距离体会新闻当事人的处境。《纽约时报》与谷歌 Cordboard 合作，分别提供 VR 沉浸式新闻所需的内容和设备，使得读者能够"身临"社会事件的现场，变"第三人称"视角为"第一人称"视角，最大程度上拉近读者与新闻主体的距离，带给读者不一样的阅读体验。

执行与表现

1. 派发纸盒式 VR 眼镜

2015 年 11 月，《纽约时报》和谷歌 Cordboard 向其订阅客户免费派发了 100 万个纸盒式 VR 头戴设备，其广告语是："Cordboard 可以带你去看全世界"。

2. 上传新闻内容和广告内容

用户可以在手机上下载 NYT VR 应用并观看应用内的内容，包括讲述在战争中失去家园的儿童的新闻故事——《流离失所》（*The Displaced*），以及由 GE 和 Mini 分别赞助的短视频。以 Mini 赞助的视频 Real Memories 为例，两位主角坐在 Mini 车中，而透过 VR 屏幕，观众似乎就坐在车的后排。

效果与评价

- NYT VR 在短时间内获得了极大的下载量：获得超过 50 万的下载量，同时 NYT VR 中的视频获得了超过 150 万的浏览量。
- NYT VR 赢得了媒体上的免费声量：活动开展五天内，超过 3 700 人在 Twitter 上发送了包括 "#NYT VR" 的内容，超过 65 家媒体报道了这次活动。
- 《纽约时报》数字业务获得了长足的进步：《纽约时报》发布的 2016 年第三

季度的财报显示，虽然营业额同期下降了 1%，但在传统媒体中遥遥领先，其中数字业务有了长足进步，整个季度实现数字收入增幅 19%。

分析与反思

赞点

- 帮助树立《纽约时报》的品牌数字地位。NYT VR 作为首个以 VR 方式报道新闻的 App，无疑树立了《纽约时报》作为传统媒体在数字领域上的领导者地位。
- 开启沉浸式新闻时代，帮助社会事件获得更广泛关注。将 VR 技术引入新闻呈现中，使人们观看新闻的视角从"第三人称"变成了"第一人称"，缩短了受众与当事人的距离，无疑让受众能够更全面、更准确地体会新闻所报道的事实，也会给社会事件带来前所未有的广泛而深刻的关注。
- 为《纽约时报》开启新的广告业务。VR 技术的加入改善了广告的阅读体验，使得品牌信息得到更充分的传播，NYT VR 无疑给《纽约时报》广告业务的增长打下了基础。

弹点

- 后续吸引力减弱，受众容易对 VR 感到厌倦。这一次 NYT VR 能够获得较为巨大的关注和短时间内较高的下载量，很大程度上依赖于 VR 这个新鲜事物以及谷歌 Cordboard 所提供的设备。在未来，当 VR 成为人们习以为常的技术时，这种信息呈现方式就很难再吸引到受众的眼球，甚至可能引得受众厌倦。

014 达利博物馆
达利梦境之旅

标签：VR、艺术

案例卡片

案例名称： Dreams of Dalí（达利梦境之旅）
广　告　主： The Dalí Museum（达利博物馆）
主创公司： Goodby Silverstein & Partners
获奖情况： 2016 克里奥国际广告奖—全场大奖
　　　　　　2016 One Show—移动应用类—银铅笔
　　　　　　2016 One Show—设计类—铜铅笔
　　　　　　2016 D&AD—美术指导—石墨铅笔

背景与挑战

达利博物馆是世界级绘画师萨尔瓦多·达利在菲格拉斯创建的举世闻名的博物馆，是全球艺术爱好者的圣地，也是西班牙参观人数最多的博物馆之一。但即使博物馆的影响力再大，能够实地参观达利画作的游客数量也十分有限，而且囿于画作静止的呈现形式，观画者很难对画家的创作过程、创作环境有所了解。

目标与洞察

达利博物馆希望通过此次活动吸引更多的年轻观展者，并且通过网络传播的方式，将以达利为代表的超现实主义艺术向全世界展示，让无法到场的艺术爱好者也收获身临其境的观画体验，让他们深刻了解超现实主义艺术的魅力，以及达利丰富奇妙的想象世界。

策略与创意

《达尔梦境之旅》是一个互动的 VR 体验，它将观众拉入超现实主义大师的思想中，带领观众走进达利早期的一幅画作 *Archeological Reminiscence of Millet's Angelus*（《米勒晚祷之考古学回想》）中去。人们第一次可以看到画家在动笔之前脑海中的构思与遐想，并且通过音乐轨道的引导，可以让体验者在身临其境的环境中自由移动。在这五分钟里，观众能了解达利想象力的奇特，倾听艺术家的思想，感受艺术的魅力。

执行与表现

1. 线下虚拟现实体验

虚拟现实展作为博物馆的新展览 *Disney and Dalí：Architects of the Imagination*（《迪士尼和达利：艺术家的畅想》）的一部分向大众开放。

2. 线上虚拟现实体验

在开放周末之后，团队将其做成 360°的互动视频投放到 Facebook 和 YouTube 上，大家可以使用任何 VR 设备进行体验，并且观看到与博物馆观众一样的效果。

效果与评价

- 获得了极大的网络参与量和话题量。在 YouTube 上，有累计超过 169 万的点击量，而博物馆每年线下仅接待 400 000 多名参观者。
- 博物馆人流增长：展览 *Disney and Dalí：Architects of the Imagination* 取得了达利博物馆历史上最成功的开幕周成绩，访问量比以往最好的开幕周超出 26% 。
- 获得了广泛的主流媒体报道：《达利的梦境之旅》互动体验取得了超过 13 亿的媒体曝光量，其价值对于博物馆展览来说超过 50 万美元。

分析与反思

赞点

- VR 技术带来的超现实体验。这是这次活动最核心的创意点，它不仅创造了令人震撼的奇妙世界，让观者深切地感受到了达利的艺术之美，它也是一个将艺术和虚拟现实捏合的大胆尝试。
- 与艺术属性的有机结合。超现实主义艺术的主要特征是以"超现实""超理性"的梦境、幻觉作为艺术创作的源泉。而 VR 就是要创造日常生活中接触不到的场景，将"非现实"的场景现实化，这与超现实主义艺术在某种程度上达到了契合。

弹点

- VR 技术本身限制。部分人对这种高强度的虚拟现实视频起了不良反应，轻者会头晕，重者则"有呕吐感"（来源于 YouTube 评论）。
- 前期宣传不到位。在活动初期，除了在官网发布、在博物馆内通知外，没有任何线上和线下的宣传模式，这使得初始关注度十分匮乏。
- 传播活动缺少后续。没有利用热度加大力度发展后续活动。本次活动在活动时间内取得了一定的关注和支持，却没有进行后续的发力。

015 CANAL +
互动表单

标签：数字、互动

案例卡片

案例名称：The Interactive Form（互动表单）

广 告 主：CANAL +

主创公司：BETC

获奖情况：2015 夏纳国际创意节—直效类—金奖

2016 One Show—直效类—金铅笔

2016 D&AD—直效类—黄铅笔

2016 纽约国际广告节—数字类—全场大奖

背景与挑战

CANAL + 位于法国，是一家成立于 1984 年的付费电视台。凡是想观看其电视节目的观众都需要进行订阅和付费。但是填写电子订阅表单的过程往往十分枯燥，观众穿梭在众多的条目和空格中，感到不厌其烦，甚至最终间接导致部分准备订阅节目的客户流失。如何改善用户的填表体验，促成他们最终订阅节目，是本次活动重点需要解决的问题。

目标与洞察

CANAL＋一方面想要打破传统订阅方式的单调乏味，使受众在轻松愉快的过程中不知不觉完成订阅过程，增加电视台的收益；另一方面想要吸引喜爱尝鲜的年轻人的关注，取得他们的喜爱和认同，活化老旧的电视台品牌。

策略与创意

CANAL＋将填表页面制作成了电视节目的形式，两位主持人会用动态的形式不断引导观众填表，并根据观众填写的内容来实时评价，从而让无聊的填表在哈哈大笑中不知不觉完成。

执行与表现

CANAL＋创造出一种全新的在线订阅表单的方式，即由两个年轻人最喜欢的电视节目主持人协助，用一种有趣的方式帮助观众填写表格。观众在填写的过程中一边观看主持人对其填写的内容做出的反应，一边从容有趣地完成整个订阅需要填写的个人资料。

效果与评价

- 活动开展以来参与订阅总人数达到了 400 400 位，比一开始预计的多出了 20% 。
- 订阅节目的数量增加了 18% 。
- 收到观众超过 10 000 封电子邮件，表达了对此活动的喜爱和支持。

分析与反思

赞点

- 富有趣味性。填表过程有两位女士全程陪伴并调节气氛，两位女士还会对消费者填写的答案做出反应与评价，与消费者实时互动，赶走了填表时的枯燥感，使整个过程变得有趣好玩。

弹点

- 需要花费更长的时间。在填写表单的形式改变后，我们可以发现在增加趣味性的同时也增加了填写表单所需要的时间，这就有可能造成一部分消费者的不满，他们也许会更喜欢简单明了的方式，而不是复杂的、聊天交流的形式。
- 不能满足所有人的口味。所谓众口难调，两位主持人的说话风格并不一定能受到所有人的喜爱。那么对于想订阅电视节目却不喜欢主持人主持风格的消费者来说，可能反而降低了他们想订阅的欲望，最终未能达到销售的目的。

第二章　游戏玩乐

016 7-ELEVEN 钢琴零钱捐款箱

标签：公益、装置

案例名称：7-ELEVEN：钢琴零钱捐款箱
广 告 主：统一超商股份有限公司
主创公司：台北奥美广告股份有限公司
获奖情况：2016 大中华区艾菲奖—零售类—金奖

案例卡片

背景与挑战

从 1988 年开始，7-ELEVEN 就鼓励消费者培养"公益生活、随手行善"的理念，以零钱捐款的形式为有需要的人群献出一份爱心。虽然 7-ELEVEN 每天的到店人数高达 700 万，却很少有人注意到捐款箱的存在。如何吸引消费者的注意并激发他们的捐款热情，是本次活动需要解决的问题。

目标与洞察

7-ELEVEN 通过改造旧钢琴打造了一架全透明的"钢琴捐款箱"，独特的外表，新奇的捐款方式，马上就能抓住到店顾客的眼球。

"钢琴捐款箱"的每个琴键旁都设有投币孔，每投入一个硬币，相对应的琴键就会发出相应的乐声。它颠覆了传统的捐款箱模式，有效地吸引人们的注意，其透过"弹琴"的方式增强了互动感。

策略与创意

为了让"钢琴捐款箱"变得更有趣、更具话题性，7-ELEVEN 找来了 4 名音乐系的学生，用"投零钱"的方式，八手联投，弹奏出李斯特的名曲《爱之梦》。与此同时，将演奏实况记录成影片，上传至网络后引起广泛传播，在网络上形成了热烈讨论与回响，促使很多网民为此主动参与线下捐款，使得捐款额大幅提升。不仅如此，"钢琴捐款箱"还受邀至新加坡进行公益演出，成为 7-ELEVEN 的亲善大使。

执行与表现

1. 宣传视频铺垫预热

将活动宣传片投放至视频网站和 7-ELEVEN 官方网站，激发受众对捐款箱的好奇，并将受众从线上导流至线下便利店，促使他们进行零钱捐款。

2. "世上最难演奏会"将活动推向高潮

7-ELEVEN 邀请四位学生八手联弹，共同用零钱与爱演奏世界名曲《爱之梦》，挑战史上难度最大的钢琴演奏会的病毒视频得到广泛传播，加强了活动的能量与声量，将活动推向一个小高潮。

3. "钢琴零钱箱"巡回展出，拓宽活动影响力

"钢琴零钱箱"不仅在各大 7-ELEVEN 便利店巡回展出，还受邀参加新加坡公益演出，募款金额获得大幅提升的同时也将捐款的快乐带到了各地。

效果与评价

- "钢琴捐款箱"的演奏影片引起了热烈的讨论与回响，影片上传24小时内获得超过64万浏览量，一周内超过500万浏览量，传播速度惊人，影响广泛。
- 单月捐款额提升1.7倍。
- "钢琴捐款箱"的演奏团队受邀至新加坡参加慈善晚会，为狮子会募款超过230万美金。
- 2016年，7-ELEVEN延续上年"钢琴捐款箱"的风潮，推出全球第一座"DJ捐款箱"，再次把慈善与音乐相联系，让民众快乐地做公益。

分析与反思

赞点

- 对受众捐款心理的细腻洞察。自制的"钢琴零钱捐款箱"让人们耳目一新，符合"一块让爱不简单"的活动主题。
- 低成本高成效。"钢琴捐款箱"来自于旧钢琴的改造，《爱之梦》演奏视频的制作成本也相对较低，是低投入高收获的典型范例。

弹点

- 活动局限于小部分地区。通过借助网络和明星的号召力进行宣传，这个活动在很少的时间内得到了极为有效的传播。然而，活动的范围仅仅局限于台湾的几个区域，这让更多的人即使知道活动也不能很有效地参与其中。

017 支付宝
"咻一咻集福卡"春晚互动项目 标签：节日营销、社交游戏

案例卡片

案例名称： 支付宝："咻一咻集福卡"春晚互动项目
广　告　主： 支付宝（中国）网络技术有限公司
主创公司： 北京众成就数字广告传播服务有限公司
获奖情况： 2016大中华区艾菲奖—短效传播类—金奖

背景与挑战

2015年，全民抢红包的热潮反增不减，不但微信，支付宝、QQ、微博等平台

都推出多花样的网络红包，而且百度、京东等各领域的巨头企业以及无数中小型电商企业都投入到了红包大军之中。面对移动支付市场被瓜分的局面，支付宝为了提高自身影响力，推出了"集五福"活动。

目标与洞察

支付宝希望借助过年时热闹喜庆的气氛，将本次集福领红包活动融入过年的喜庆之中，提高支付宝品牌的知名度，传递新的一年对全国人民的爱和祝福，深化体验，增强大众对支付宝的品牌认同感，增加使用支付宝的活跃用户数量。

支付宝与微信相比，其最大的劣势在于社交关系链。支付宝认识到了自己的不足，在新版的支付宝软件中增添了聊天、生活圈、商家等功能，借此次活动尝试朝着"社交＋支付"方向发展。

策略与创意

网络红包营销的一大手段和策略就是要倡导娱乐精神，给予产品游戏属性和内涵，给观众带来他们想要的愉悦感和快感。支付宝率先公布了除夕当晚的抢红包玩法：全国人民在看春晚的同时，打开支付宝"咻一咻"，就可以参加好几轮拼手气抢红包，每轮 1 亿元现金。特别值得关注的是，春晚与支付宝还增加了一个堪比"大乐透"的刺激玩法——只要在特定时间前，在支付宝内集齐 5 张福卡（爱国福、富强福、和谐福、敬业福、友善福），就可以共同瓜分一个总额超过 2 亿元的超级大红包。因此，金钱诱惑催生了大量可能的社交关系，为了集齐五福，熟人、陌生人相互添加为支付宝好友成风。

执行与表现

1. 广告宣传预热

以红红火火的喜庆基调作为广告海报的风格，以春晚和红包作为活动的亮点，贴合过年时人们求福喜庆的气氛，吸引人们关注集福卡换红包活动。

2. 活动前在微博媒体平台宣传造势

在活动开始前进行红包演习及鼓动宣传，为除夕夜的红包大战吸引更多的观众。

3. 线下宣传

在机场、火车站等春节前人流量大的地方投放广告，扩大活动的影响力。

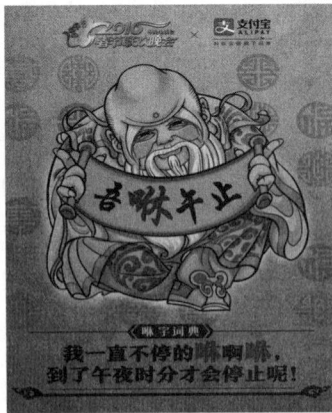

4．明星助阵宣传

与各大当红明星合作，利用明星效应提升本次活动的知名度。

5．五福活动在除夕当夜达到高潮

支付宝与春节联欢晚会联手，通过主持人口播号召大家借助吱口令、"咻一咻"抢红包、集五福，并于春晚结束时让集齐五福的受众平分 2 亿红包，将活动气氛推向最高潮。

效果与评价

• 数据显示，除夕夜当晚，微信红包收发量达 80.8 亿个，超 2015 年的 8 倍，共计 4.2 亿人参与。支付宝"咻一咻"互动平台的总参与次数达到了惊人的 3 245 亿次，是上一年春晚互动次数的 29.5 倍！

• 这个除夕，总计有 208 个国家和地区的用户参与了福卡互动，福卡传递最远的距离是从阿根廷到中国，直线距离达到 20 000 公里，足足跨越半个地球。

• 支付宝的春节活动后产生了 11 亿对好友。自 2015 年 7 月引入"朋友"一级入口开始，支付宝一直在实名账号体系之上搭建基于信用实名的关系链，该关系链自此第一次得到大规模激活。

分析与反思

赞点

• 迎合节日气氛。大家不仅希望过年时有红包抢，更希望有好运与福气，所以阿里集团设计了集齐 5 张福卡就能抢更大金额红包的玩法。这一活动不仅迎合了人们对传统节日的美好向往与祈求，更拉近了与家人、朋友之间的距离。

• 强大的宣传造势。赞助春晚无疑就是此活动最大的噱头。

• 玩法新颖。同时，"80 后""90 后"也是支付宝的主力用户群，当用户就差一个"敬业福"的时候，更能促进其通过社交进行交换的欲望，从而达到支付宝预期的宣传目标。

• 春晚的赞助商。支付宝花了 2.69 亿赞助猴年春晚，春晚作为中华民族春节的集体记忆，其社会价值与商业价值的重要性不言而喻，这一战役使得支付宝的知名度与美誉度得到了大大的提升。

弹点

- 激励模式选择失策。这场活动结果是79万多人瓜分2亿现金红包，相比1亿人的参与规模，中奖率大概是0.8%，比彩票高不了多少。但问题在于集五福不是彩票，需要用户深度参与互动，跨越较高门槛才能获得最后资格的活动。大部分人付出很多努力到最后就因为缺少一张敬业福而无法分享大奖。

- 社交互动没有有效带动。支付宝此次的目的不在于多少人分享这些现金，而是想扩大社交互动。但到最后一轮，这种效果也没有被支付宝运作出来，把一个很好的社交营销创意做成了点击抽奖活动，社交效果不佳。

018 蒙牛精选牧场纯牛奶
《独立日：卷土重来》植入互动营销

标签：互动网站、线下装置、游戏

案例卡片

案例名称：	蒙牛精选牧场纯牛奶：《独立日：卷土重来》植入互动营销
广 告 主：	内蒙古蒙牛乳业（集团）股份有限公司
主创公司：	20世纪福克斯公司 内蒙古蒙牛乳业（集团）股份有限公司
获奖情况：	2016中国广告长城奖—互动创意奖—金奖

背景与挑战

在宏观经济下行压力和消费需求低迷等多重因素影响下，中国乳业乃至全球乳业都呈现出供给压力加大、增速放缓的趋势，总体来说市场消费量和需求量变化不大。如何在增速放缓的外部环境下扩大产业布局，提升产品品质，优化管理运营，成为蒙牛需要直面的挑战。

目标与洞察

借势热门知识产权（IP）"独立日"，使蒙牛牛奶与航空品质取得更加直观的联系，在消费者心中建立高品质、可信赖的形象，刺激蒙牛牛奶在中端市场的消费。

策略与创意

随着品牌植入市场的逐渐成熟，越来越多的品牌主开始借助电影营销，而好莱坞片方也需要借助中国品牌在国内的影响力做电影宣传。在此次营销战役中，蒙牛精选牧场除了巧妙植入《独立日：卷土重来》电影情节，还发布了两个科幻类H5——"独立日报"和"寻找月球牛奶"，将蒙牛精选牧场的云端牛奶、《独立日：卷土重来》里的月球牛奶和航天合作伙伴的航天牛奶结合起来，构建了一个丰满完整的"蒙牛太空牛奶"概念，体现出蒙牛产品的高质量与可信赖。

执行与表现

1. 线上营造"#Moon Milk 全球首款太空牛奶#"的悬疑话题

以报纸号外的形式打造《独立日报》，提出"太空牛奶"的概念，吸引消费者目光，并为后续活动造势，做出铺垫。

2. 电影植入

在电影《独立日：卷土重来》中霸气植入，不仅贴切自然，更赚足眼球。因为《独立日：卷土重来》中有非常多的中国元素，那么主人公在中国管理的月球基地喝蒙牛牛奶就显得顺其自然，不会过于生硬。

OK，假如这瓶牛奶就是我

3. H5 游戏借势上线

整个H5游戏从手机突然被不明求助信号入侵作为开端，信号表现：ESD（太空防御总署）月球基地在刚刚的战斗中遗失大量营养物资补给，用户接受寻找任务，在 360°的太空场景中完成任务，并通过对捕获物资后的验证环节，巧妙地将"一包一码可追溯，安心看得见"的产品特点完美植入。

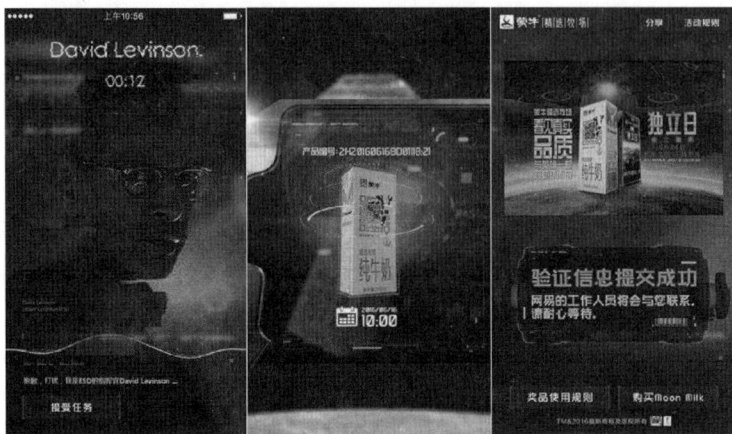

4. 线下活动呼应

《独立日：卷土重来》中国首映礼于 2016 年 6 月 22 日在北京盛大举行，导演罗兰·艾默里奇携主演一同出席了活动，作为该片的官方合作伙伴，蒙牛更将在 TVC 预告片中惊艳亮相的 Moon Milk 定制贩卖机从"月球"空降到首映现场，给观众带来一番惊喜。

效果与评价

• 蒙牛精选牧场纯牛奶《独立日：卷土重来》植入互动营销线上曝光 7. 279 亿次，线上互动超过 360 万次，KPI（关键绩效指标）完成率高达 192%，远远超出预期目标。

分析与反思

赞点

• 自身形象与 IP 融合。蒙牛作为中国航天 13 年的合作伙伴，在过往的传播中建立了大量与"太空"概念的联系，因此本次植入电影《独立日：卷土重来》，并不会让观众觉得过于生硬而引起反感。

• 充分利用各种营销工具。本次与电影《独立日：卷土重来》的互动营销，充分利用产品包装、TVC 广告、社交话题、H5 游戏、线下装置等各种营销工具，实现了 360°立体环绕发声，成为品牌整合营销的典范。

- 片方和品牌方达到共赢。基于双方的深度合作，片方和品牌方都获得了较大的曝光度，联合推广的方式实现了资源最大化利用。

弹点

- 后续营销跟进不足。虽然在电影上映后短时间内取得了较大的反响，但没有做好后续的持续性营销，导致原本大热的 Moon Milk 概念在短短几个月后就已经销声匿迹。

019 豆瓣 我们的精神角落系列 H5

标签：H5、游戏

案例卡片

案例名称：豆瓣：我们的精神角落系列 H5
主创公司：豆瓣
代理公司：W
获奖情况：2016 中国广告长城奖—媒介营销—金奖

背景与挑战

豆瓣作为一个社区网站，以书、影、音起家，提供关于书籍、电影、音乐等作品的信息。

在朝生暮死的互联网江湖上，豆瓣一直是个低调的存在，很少通过广告为自己发声，这是豆瓣沉淀 11 年来首次推出自身品牌形象的广告。

目标与洞察

与人人网、微博、微信这些大众社交平台不同，豆瓣更关注于分享用户的精神世界，记录下用户的点滴心思，虽然难脱小众软件的局限，但在多年的运营中也积累了数量可观的用户。豆瓣归纳自身特点，提炼出"精神角落"的核心创意，以期吸引到更多与网站气质相符的用户的关注与注册。

策略与创意

豆瓣历来就是文艺青年的聚集地，因此这次活动豆瓣通过 5 个小游戏构建了一个独特的"精神空间"，采用了近似密室逃脱的玩法，将用户带入到新奇有趣的想象世界中去，游戏做工精致，可玩度高，将"豆瓣"的品牌特色渲染得极其出彩。

执行与表现

1. 平面广告进地铁站

一系列平面广告首先在北京地铁 14 号线大望路站张贴，紧接着地铁 1 号线也全范围、大面积地开始投放。由于这是豆瓣首次通过广告为品牌发声，因此引起了众多人的关注讨论。

2. H5 游戏和用户互动

豆瓣通过 H5 游戏构筑出一个独特的感官世界，一共包括五个章节——《看过与想看》《为听者鸣》《闻到你的味道》《我对我说》《精神回归角落》，采用类似密室逃脱的形式，用户需要在 H5 中不断寻找线索，将游戏中的绿色"豆瓣"传递到指定位置才能过关。游戏难度随着关卡的递进不断增高，到最后甚至需要查看攻略才能通关。总体来说，游戏可玩性很高。

效果与评价

豆瓣，是独处时的另一个自己，是树洞，是非正常同类的聚集地，是精神上的净土，它帮我打开了通往另一个世界的大门。

——网友评论

分析与反思

赞点

- 游戏精致，可玩性高。首先采用 CreatJS 游戏引擎开发，效果细腻，画面精致。其次从创意上看，采用了密室逃脱的思想，激发用户的解谜欲望，调动用户不断发现线索，层层闯关。
- 与豆瓣的功能关联性强。通过关联豆瓣的读书、音乐、社交、O2O（线上到线下）等平台功能，巧妙结合人类五感，在游戏玩乐的过程中让每个"老豆瓣"心领神会，让每个"新豆瓣"心向往之。

弹点

- 游戏难度有些高。由于这仅是一个 H5，不是专门的网络游戏，过高的难度有可能使受众失去耐心，不想玩下去。

020 利洁时
杜蕾斯线上美术馆

标签：线上空间、H5 技术

案例卡片

案例名称：利洁时：杜蕾斯线上美术馆
广 告 主：利洁时投资（中国）有限公司
主创公司：环时互动
获奖情况：2016 金投赏—代理公司组—金奖

背景与挑战

杜蕾斯（Durex）诞生于 1929 年，是全球知名的两性健康品牌，目前产品主要有避孕套、情趣啫喱和情趣用品三大系列。虽然情趣啫喱在欧美已经非常普及，但在中国，还普遍存在对情趣啫喱的误解，认为这是用来解决"女性干涩"等生理问题的用品，而非为了情趣，所以本次广告战役的目的就是转变消费者对产品的错误认知，并促进他们进行自发的传播。

目标与洞察

杜蕾斯的第一座线上美术馆举办了名为"液体主义"的群展，展览集合了十二位艺术家的创作，旨在消除人们对情趣啫喱的误解，还原其作为"第三体液"的本来意义，重新让人们意识到情趣啫喱对性的重要性，并进一步提高杜蕾斯情趣啫喱的影响力，提高产品销售量。

策略与创意

杜蕾斯想找到一种办法去转变大部分消费者对于情趣啫喱系列产品的偏见，于是决定以"艺术展"的概念去偷换人们的"固有认知"，让性始于情趣，让性和情趣得以连接。

于是在这样的背景下，杜蕾斯线上美术馆 H5 诞生了，它将传统的艺术展从美术馆搬到线上，并加入了寻宝类型的小游戏，让消费者边逛展边发现优惠券、试用装，加深对品牌认知的同时，也提高了销量转化率。

执行与表现

1. 海报预热

2. 线上美术馆开幕

2015 年 6 月 1 日，杜蕾斯线上美术馆如约开展，在这里，人们不仅可以参观艺术家围绕"第三体液"创作的美术作品，还可以在逛展的过程中发现各种秘密装置，触发小游戏，通过与品牌的互动玩乐获取优惠券、体验装。

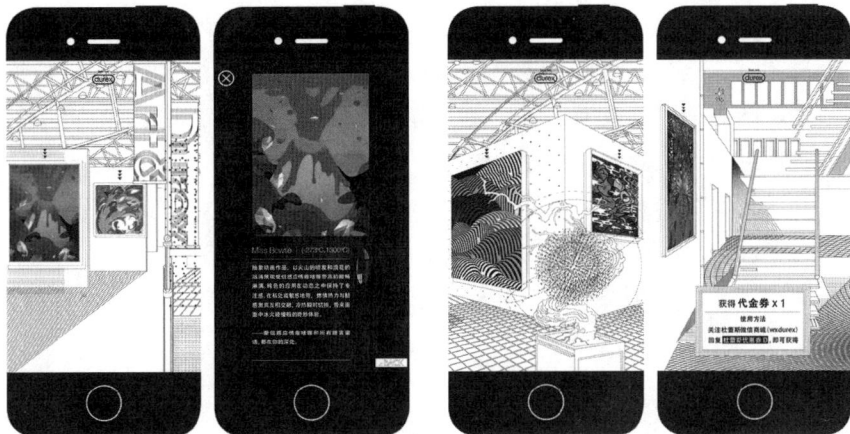

效果与评价

- 杜蕾斯线上美术馆达到了商业推广与品牌理念诠释的双重目的，在浏览峰值时，承载了超 10 万人次的移动端观众，上线一天，杜蕾斯美术馆 H5 页面的浏览量已经突破了 100 万。

分析与反思

赞点

- 商业结合艺术，艺术结合技术，具有极大的创新性。以美术作品来展示杜蕾斯情趣啫喱的用户体验，用线上美术馆的形式展示作品，页面可直接转到京东的链接，消费者可以方便地购买产品，以达到商业目的。这是艺术、商业、技术三者的完美融合。
- 构思巧妙，富有情趣，深刻展现了杜蕾斯情趣啫喱的核心理念——情趣。线上美术馆的设置有很多巧思，更有一些秘密装置等待参观者触发。

- 用艺术包装"情趣"主题，容易被大众接受。杜蕾斯是主打计生用品和情趣产品的品牌，想要在文化保守的中国开展让人感到不猥琐、不教条的性主题营销并不容易，而杜蕾斯线上美术馆就是利用前沿的 H5 技术对此做了一个很好的包装。

弹点

- 避免商业气息太浓厚而起到反效果。虽然美术作品很好地阐述了杜蕾斯情趣啫喱的体验效果，但是文字描述更多偏向于产品的描述，更像是一种产品介绍，商业气息过于浓厚。

- 需要持续创新来保持新鲜感。对于长期在线的线上美术馆来说，已经有一个固定的模式——展馆的模式，长期的创新是不容易的。

021 康师傅老坛酸菜 "一碗面的功夫" 娱乐营销

标签：互动传播、影视、游戏

案例卡片

案例名称： 康师傅老坛酸菜："一碗面的功夫"娱乐营销
广 告 主： 康师傅方便面投资（中国）有限公司
主创公司： 上海意凌数码科技有限公司
获奖情况： 2016 大中华区艾菲奖—单一影响互动传播—金奖
2016 虎啸奖—食品药品类—银奖

背景与挑战

康师傅是中国家喻户晓的方便面品牌，旗下的老坛酸菜面是康师傅继经典的红烧牛肉面之后推出的又一个当红产品。

根据调研公司尼尔森的数据，2015 年中国方便面行业的整体销量已经有了 2.8% 的衰退，康师傅 2015 年第三季财报显示，方便面的销售额下跌 6.2%，净利润跌幅达 5.5%。康师傅方便面业务在市场占有率上虽仍居第一，但其占比也下降了 6.2%。如何阻止和预防方便面销售业绩的下滑成为康师傅方便面业务营销人员需要应对的挑战。

目标与洞察

康师傅希望通过这次营销活动，一方面扩大其产品的客户群，使其品牌影响力由普通百姓向有消费能力、有消费需求的年轻群体扩散；另一方面加深客户对产品的认识，让客户了解到其老坛酸菜面选材精当、工序讲究、质控严格、口味地道等特点，使消费者一提到方便面就能想到康师傅老坛酸菜牛肉面。

策略与创意

亲民大众是康师傅的品牌性格，地道实在是康师傅的产品调性，康师傅在此次营销中也延续了这些特性，邀请草根出身的王宝强担任品牌代言人，与功夫熊猫影视团队合作制作了《一碗面的功夫》视频短片，进行了内容丰富的整合娱乐营销活动。通过线上线下的宣传活动，来提升康师傅的品牌影响力，强化消费者对康师傅老坛酸菜面的认可，提升其方便面业务的销量。

执行与表现

1. 专题视频广告投放

在爱奇艺、优酷、搜狐、腾讯等各大视频门户投放视频广告《一碗面的功夫》，在短片中，熊猫阿宝的爸爸李山带来的祖传酸菜，恰恰是康师傅老坛秘制32式的精华，将功夫元素与老坛酸菜的制作工艺巧妙融合，深度植入。

2. 线上平台页面发动

在微博上引发话题讨论，借助微博红人和制作趣味 GIF 动图，吸引网友讨论传播。

3. "功夫夺宝令" 游戏娱乐互动

消费者在等待泡面的时间可以扫描包装上的二维码，进行游戏互动消磨时间，并有机会赢取功夫熊猫周边礼品。

效果与评价

- 获得具有影响力的媒体的充分关注支持：在爱奇艺、优酷、搜狐、腾讯等各大视频网站上线后 4 天就取得 839 万的播放量。
- 获得了很大的参与量、话题量：当月该话题下微博阅读量突破 1 亿次，微博讨论数超过 30 万条。
- 销量显著增长：康师傅旗下产品销量均有不同程度的增长，其中康师傅老坛酸菜牛肉面销售量同比增长 22% 。
- 品牌好感度提升：据康师傅内部数据，通过本次营销活动，康师傅品牌正面声量提升 132% 。

分析与反思

赞点

- 借势营销，将电影影迷转化为产品客户。通过与《功夫熊猫》影视制作团队进行战略合作，邀请王宝强担任品牌代言人，借助二者的影响力，成功将其粉丝转化为购买泡面的消费者。
- 将 IP 故事与产品特点有效结合。《功夫熊猫》中阿宝的家世正是面条世家，这就为借助 IP 讲品牌故事创造了契机，同时影片中的功夫元素与老坛酸菜制作流程精益求精的特点不谋而合，很好地体现了康师傅老坛酸菜面重工艺、重品质的特点。

- 对年轻消费者群体的需求把握。第一，对线上传播媒体的利用。在主流视频门户网站上投放视频短片，在微博上制造话题进行病毒式推广等等，这些都迎合了当下年轻人的主要生活习惯。第二，线下娱乐互动的应用。如在各大商场设置布景供年轻人拍照、展示手办式的压面器、供泡面时间用以消遣娱乐的主题手游等都有助于该广告短片的影响力在年轻群体里进一步扩散。

弹点

- 视频短片热度持续不够。随着《功夫熊猫3》的下档，该视频短片的热度也随之锐减，消费者很快失去对相关产品的兴趣。可以将该主题视频短片拍成一个系列，间隔一段时间再投放入市面，如此引发一连串小热点，以保持消费者对相关产品的持续关注，进而使销量稳步提升。
- 传播活动力度不够。没有后期持续性的线上线下活动使得该营销活动的影响力受限。线上微博的讨论度和参与度还有潜力可以挖掘，可以推出类似转发积攒赢大奖的活动，定期公布获奖名单以延长该活动的线上讨论热度。线下可考虑与当地超市合作，定期举行主题推广活动。

022 腾讯游戏《全民突击》吴亦凡入伍真相

标签：手游、H5

案例卡片

案例名称：腾讯游戏《全民突击》：吴亦凡入伍真相
广 告 主：腾讯游戏
主创公司：蓝色光标数字营销机构
获奖情况：2016 中国广告长城奖—社会化营销类—金奖
2016 中国内容营销金瞳奖—内容营销类—金奖
2016 艾奇奖—营销创新类—虚拟商品类—金奖

背景与挑战

《全民突击》是腾讯首款 3D 枪战手游，目标群体以年轻泛大众为主，但目前游戏内男性玩家远超女性玩家，说明在女性玩家市场有非常大的挖掘空间。吴亦凡作为中国当红人气明星，在 2015 年 8 月成为《全民突击》代言人。吴亦凡拥有超过 2 000 万新浪微博粉丝，其中女性粉丝占八成，《全民突击》借吴亦凡为《全民突击》代言来号召他的粉丝加入游戏。

目标与洞察

借助精准的社交洞察、吴亦凡的明星效应、新颖的 H5 技术形式及腾讯强大的社交流量，势必让这次代言活动在众多明星代言活动中脱颖而出，引发粉丝乃至大众的关注，从而提高《全民突击》的认知度，使这款手游成为家喻户晓的知名游戏，增加游戏下载量以及玩家数量。

策略与创意

制作一款《吴亦凡入伍了?》的 H5 页面，将其完美地"伪装"成新闻推送的形式出现于朋友圈，打造爆点新闻。将"吴亦凡"这个极具舆论影响力的名字与"入伍"这个具有爆炸性的事件词汇相结合，实现吸引批量受众粉丝点击阅览的目的。H5 通过巧妙的技术运用，实现了全新的用户与信息的交互模式。

执行与表现

1. 发布"假新闻"

首先借吴亦凡剃圆寸头的契机，腾讯游戏推出以假乱真的"吴亦凡即将入伍?"的新闻，新闻一推出来瞬间刷爆了朋友圈，并且登上了腾讯新闻客户端、移动端、PC 端等各大平台。

2. 原来是互动 H5

当大众被新闻吸引正滑动浏览新闻时，吴亦凡竟然从新闻配图里动了起来，甚至一跃而出并转身撕碎了新闻页面，H5 用极具洞察的浏览节奏，打破了大众新闻浏览习惯，引发大众强烈的好奇心。

3. 来电等吸睛环节紧凑连接

利用 Facetime 功能，吴亦凡现身"视频聊天"亲口说出他的"入伍"原因。回扣"入伍"新闻标题。最后以全民突击的宣传片结束此 H5 广告，让大众在惊喜中意犹未尽，主动地体验 H5。

4. 后续传播发力

活动在微信、新闻客户端引爆后，后续在微博、贴吧、应用宝等多阵地持续爆发，以"视频 + H5"的内容组合，"新闻 + 娱乐"的传播模式，"PC + 移动多段"的适配技术，实现了全民热议与"吴亦凡亦起战"的现象级传播效果。

效果与评价

- 在 48 小时内，这则"新闻"独立访问量（UV）：4 277 248 次；总浏览量（PV）：7 548 239 次；468 786 人分享了 H5 页面。
- 超过 40 家媒体报道了"吴亦凡入伍"的话题，并引发出一大批模仿跟随者。
- 一周内，共计 236 726 的用户观看完"新闻"后直接下载了游戏。此后 3 个月内，仍有 6% 新玩家称因为这次活动成为《全民突击》游戏玩家。

分析与反思

赞点

- 创造热点事件引发受众好奇。吴亦凡作为中国当红人气明星，要"入伍"绝非小事，以此引发大众对事件的疑惑和兴趣点。
- 出其不意地揭晓悬念，放出广告。在 H5 的最后，吴亦凡在视频里揭晓了"入伍"的真相，并放出了广告，使受众沉浸在"哦，原来是这样"的感受中，减少了受众对广告的反感。

弹点

- 广告内体现的游戏内容较少。为了达到悬念的效果，标题上并没有与游戏有关的字眼。因此大量的转发对于路人来说也并不知道是一个游戏广告。
- 概念"耍流氓"。用明星八卦消息作标题，虽然吸引了很多受众进去寻求答案，但不一定能够吸引所有人点进链接，很可能就会有人误解为吴亦凡真的要入伍了，造成他们错误的认识。视频最后的广告信息可能会使一些敏感的粉丝感觉自己被耍了，从而对整个营销事件产生反感。

023 Bjorn Borg
第一人称爱人

标签：游戏、电商

案例卡片

案例名称： First Person Lover（第一人称爱人）
广 告 主： Bjorn Borg（比约恩博格）
主创公司： Garbergs（瑞典斯德哥尔摩）
获奖情况： 2016 One Show—互动—金铅笔

背景与挑战

Bjorn Borg 是一个拥有 34 年历史的运动时尚品牌，以他创新的市场活动闻名全球，但在瞬息变幻的时尚潮流中，随着越来越多的运动品牌不断涌现，它面临着巨大的市场竞争。如何抓住年轻人的兴趣点？如何持续地创新品牌产品，如何保持自己在全球时尚运动品牌市场的领先地位？是该品牌面临的巨大挑战。

目标与洞察

2014 年是恐怖袭击席卷全球的一年，各种争端事件、民粹主义、全球主义等四处蔓延，Bjorn Borg 希望通过推出一款射击网页游戏，感化这个世界上被仇恨、怨念和抑郁包围的人，希望给大家带来爱与和平的气息。

策略与创意

基于对 Bjorn Borg 消费群体的定位，Garbergs 决定通过一款设计精巧、情节丰富的游戏来吸引目标受众。为增强游戏的代入感和体验深度，Garbergs 采用了第一人称射击游戏的模式。玩家作为故事的经历者，全程操控主人公，体验游戏情节。

通过设计主人公身上的衣服，为他换上该品牌春夏系列的服装，该游戏将品牌内容不露声色地融入了游戏场景中。

执行与表现

1. 斯德哥尔摩时装周：预热发布

在游戏正式发布之前，Garbergs 在斯德哥尔摩时装周上为它造足了噱头——模特穿着 Bjorn Borg 的运动装备，头戴来源于游戏中人物的面具，将尚未发行的游戏正式搬上了现实世界的 T 台。

2. 游戏预告片：病毒式传播

3. 线下广告牌覆盖

该品牌在大量的公共场所投放互动屏幕广告，人们可以在数字广告牌上跟踪观看游戏的全球排行榜，该排名数据全部是实时发布的。

效果与评价

- 推广铺展范围大、到达率高：游戏发布后，190 个国家的超过 51 万玩家加入游戏，更创造了超过 4 400 万的到达人数。
- 话题量大、用户参与度高：三天内，已有玩家录制试玩视频并上传至 You-Tube，"#First Person Lover" 关键词视频搜索关联结果已达 2 300 万条，玩家不仅积极参与录制剪辑试玩视频、对战视频，还针对游戏中的不同形象进行再创作，将游戏情节配以有节奏感的音乐，剪辑成短视频进行二次传播。
- 获得了主流媒体及网络媒体的关注和报道：CBS、Kotaku、CANAL＋、SPIEGEL ONLINE 等媒体纷纷对该游戏进行了讨论和报道，并突出强调了"爱代替暴力"这一核心主题。
- 线上销量提升：活动推广期间，Bjorn Borg 网上商城销量提升了 40%。

分析与反思

赞点

- "游戏＋电商"创新营销形式。将该品牌新一季的服装融入游戏的环节中，对玩家进行品牌渗透，充分利用玩家的兴趣建立游戏里的 Bjorn Borg 商店，通过"游戏＋电商"的模式，极大地提升了品牌的线上销售额。
- 与新技术结合。*First Person Lover* 这款游戏里的人物和场景运用3D技术，对该品牌的新一季服装进行了一次可视化、全方位的展现，既提高了游戏本身的可玩度和吸引力，又增加了用户对该品牌产品的了解，从而促进了用户的消费行为。
- 与品牌理念的有效结合。玩家可以通过游戏提供的"爱的工具"来为目标消除仇恨，唤醒爱与和平，这与 Bjorn Borg 品牌本身倡导的"积极的生活态度"十分契合，玩家在享受游戏刺激的同时，也能完成传递爱的过程，这是这款游戏的社会意义所在。

弹点

- 游戏推广终端单一。*First Person Lover* 是一款网页设计游戏，投放终端仅限于 PC 端和 Mac 端，因此这款游戏需要加大开发和投放移动端的力度，手游对产品的营销潜力是巨大的。
- 游戏与商品联系不紧密。该游戏的流程是玩家需要先利用"爱的工具"摧毁对手身上仇恨的外衣，当对手身上的衣服被脱光之后，再为对手换上该品牌的衣服。这个过程中，玩家接触到该品牌的衣服是在游戏环节的最后一步，商品并没有渗透到游戏的整个过程中。

024 STANCE
发挥你的原力

标签：社交网络、游戏

案例名称：Shop with the Force（发挥你的原力）

广 告 主：STANCE

主创公司：广告代理公司：Zambezi

制作公司：Active Theory

获奖情况：2016 One Show—互动类—金铅笔奖

2016 夏纳国际创意节—金奖

案例
卡片

背景与挑战

STANCE 作为一个成立于 2009 年的绝对雅痞主义的袜子品牌，将 "The Un-common Thread" （ "拒绝妥协，创造不凡"）视为品牌信条。

STANCE 在迅速崛起的同时，为了不断研究和改良袜子的外形和工艺，本就造价不菲的袜子成本也在接连拔高，这就需要公司不断扩张成本规模，而在消费群体购买力有限的情况下，该品牌相对于物美价廉的袜子品牌竞争力就会下降，甚至面临被取代的风险。

目标与洞察

《星球大战》作为一部在美国有广大粉丝基础的电影，拥有三代粉丝群体，在 2016 年 3 月《星球大战·原力觉醒》的上映之际，无论是像大型商场沃尔玛还是早餐鼓舞品牌都与《星球大战》合作借势营销，推出系列产品，STANCE 当然不会错过这样一个绝佳的营销机会。

策略与创意

"Shop with the Force" 是 STANCE 与《星球大战》系列电影联合共同推出的一项活动，首次把运动跟踪软件与网络摄像头界面结合在一起，使用精密的加速度计导航来模仿 "力量"，重现了原始三部曲中的主题场景，以便用户可以在任何移动设备上，无须触屏仅需手势即可轻松购买 STANCE Star Wars 袜子，增强了与用户的互动，改善了用户体验，提醒广大消费群体从 STANCE 开始体验简单而时尚的新生活。

执行与表现

1. 全息投影邀请函引出话题

美国有线杂志给 STANCE 公司 20 张最大的星际派对入场券。STANCE 给 20 位具有网络影响力的名人发了一个全息图问候， "我给你准备了一个礼物"。这个灵感来自于原始的电影情节。打开这个全息图盒子，它会邀请社会名人选择一个光明或黑暗的一方，代表不同阵营参加大型星际聚会。

2. 袜子大战持续跟进

接下来，STANCE 把目光锁定在 Instagram 上，在 Instagram 的袜子战争中，STANCE 模拟了《星球大战》12 个标志性场景，创造性地制作了 12 张袜子大战的海报，这一举动吸引了网友浏览 STANCE 的 Instagram 账号，并激活星球大战粉丝产生了数千条评论。

3. 原力购物推向高潮

在前面的铺垫之后，STANCE 把星战迷的"原力"幻想落实成真。STANCE 发布了一个互动游戏，即让消费者就像获得了原力一样可以不接触屏幕和鼠标，用手势来浏览购买界面，旋转和比较、选择和购买袜子。

效果与评价

- 在社交媒体引发了广泛的讨论。在 Twitter 上的病毒式开箱视频有 75 万次观看量，并且拥有 340 万的综合社会影响力；在 Instagram 赢得了 83 000 个赞，超过 3 200 条评论。
- 在销量方面，袜子销售额达到了预计销售额的 300%，而且创造了 STANCE 有史以来最高的销售日。

分析与反思

赞点

- 将产品与流行文化结合。星球大战作为美国最具影响力的电影系列，拥有广泛的群众基础。推出星球大战定制限量版袜子，可以吸引广泛的关注，激发粉丝的购买欲。观众对电影的喜爱也会移情到产品，提高对品牌的好感度。

- 借助意见领袖的影响力。STANCE 设计了科技感十足的虚拟现实场景，同时邀请意见领袖选择不同的袜子，代表不同的阵营参加线下 Party，充分调动了他们的参与感，使他们乐于传播。

- 利用社交网络广泛传播。STANCE 官方也通过 Instagram 发布了与产品有关的趣味性内容——用袜子还原星球大战中的经典场景。这些模型足够细致，场景足够逼真，充分显示了官方对原作的尊重，很容易获得粉丝的认同。

- 创造性的购物体验。借助摄像头的动作捕捉，用户可以隔着屏幕进行操作，如同电影中原力的效果。在手机上，用户也无须滑动屏幕，而是通过倾斜屏幕浏览和选择产品，极大增加了购物的乐趣。这种类似游戏的方式极大激发了受众的兴趣，增加了他们在商城的停驻时间，提高了购买概率。

弹点

- 线下体验不足。纵观整个营销活动，线下活动仅仅是邀请意见领袖参与 Party，并没有开展针对普通受众的线下体验。如果能在专卖店或商场销售点为顾客提供虚拟现实体验，或者随机邀请顾客参加 Party，应该能吸引大量人流。

- 媒体缺乏联动。STANCE 虽在自己的 Twitter 和 Instagram 账号上进行了配合宣传，但是两者的内容并没有实现联动。

025 Verizon
Verizon 在《我的世界》

标签：游戏、无线通信、虚拟现实

案例卡片

案例名称：Verizon in Minecraft（Verizon 在《我的世界》）
广 告 主：Verizon
主创公司：Wieden + Kennedy
获奖情况：2016 克里奥国际广告奖—金奖

背景与挑战

Verizon 电信是美国最大的无线通信提供商和本地电话交换公司，也是全世界最大的印刷黄页和在线黄页信息提供商之一。2017 年 2 月，在 Brand Finance 发布 2017 年度全球 500 强品牌榜单中，Verizon 公司排名第 7。虽然 Verizon 的自身实力非常强大，但也面临着来自 AT&T、Telogis 等对手的挑战，想要维持市场份额，就必须与消费者进行适时的沟通。

目标与洞察

《我的世界》是一款风靡全球的沙盒游戏。

Verizon 电信希望利用《我的世界》在玩家群体中的热度，在游戏里面打造一款可以真正使用的手机，玩家想要在游戏中的手机里实现浏览网页、自拍和视频通话等功能，则必须在旁边建造一个信号塔，从而实现对 Verizon 的品牌植入。让玩家在游戏中实现与品牌的无碍沟通，并乐在其中。

策略与创意

Verizon 的团队利用 Boxel 插件在游戏中实现了模拟真实手机的功能。并联合《我的世界》著名游戏主播 Captain Sparklez 进行推广，制作试玩游戏病毒视频，以新奇的想象力和叹为观止的功能吸引了众多玩家关注。

执行与表现

1. 创新技术，实现在游戏中使用手机的功能

与以往在《我的世界》中建立模型进行营销不同，Verizon 这一次不止在游戏中建立了超大智能手机模型，更在上面实现了浏览网页、自拍和视频通话等真实手机的功能。

2. 联合游戏主播，进行病毒式传播

Verizon 联合游戏主播 Captain Sparklez，让他拍下在《我的世界》中的手机模型上浏览网页、发彩信、视频通话的过程，并上传至 YouTube，仅仅一天时间就吸引了上百万人观看。

效果与评价

- 病毒视频在 YouTube 上仅仅一天时间就吸引了上百万人观看。
- 国内外各大游戏网站纷纷报道，并在国内百度贴吧、游迅网等游戏社区引起网民热议。

分析与反思

赞点

- 突破技术壁垒，实现叹为观止的新功能。以往在《我的世界》中进行的品牌营销大多停留在建立模型上，消费者在一定程度上产生了审美疲劳。而这一次 Verizon 公司利用 Boxel 插件实现了在游戏中模拟真实手机的功能，使游戏玩家惊叹不已，从而自发传播，扩大了活动的影响力。
- 关键意见领袖的使用恰当。此次营销活动利用了 Captain Sparklez 在《我的世界》游戏玩家中的知名度，实现了视频的裂变式病毒营销。

弹点

- 受众范围狭窄，没有覆盖到更广泛的人群。《我的世界》虽然是一款风靡全球的游戏，但 Verizon 的用户中毕竟还存在大量的非游戏玩家，从而使本次营销活动仅在玩家群体中产生了一定影响力，却很难影响到非游戏用户。

026 达沃斯冰球球队
HC Davos 溜冰场宾果

标签：游戏、优惠券、体育营销

案例卡片

案例名称：HC Davos Rink Bingo（HC Davos 溜冰场宾果）
广告主：Hockey Club Davos（达沃斯冰球球队）
主创公司：博达大桥（瑞士苏黎世）
获奖情况：2016 晶英广告奖—移动类—全场大奖

2016 晶英广告奖—体育营销—最佳数字使用—水晶奖（金奖）

2016 晶英广告奖—数字—文化/娱乐/游戏/运动—水晶奖（金奖）

2016 克里奥国际广告奖—直效—金奖

背景与挑战

冰球（冰上曲棍球）在瑞士十分流行，Hockey Club Davos（达沃斯冰球球队）是瑞士最有名的冰球队，尽管因获得 30 个冠军头衔的傲人成绩而名声在外，但是在财政上仍然高度依赖于与球队相关的赞助商、商品及餐饮销售。"2016—2017 年瑞士全国冠军杯冰球联赛"开赛在即，Hockey Club Davos 想要加深与球迷之间的互动，激发球迷的热情，从而提高餐饮以及球迷商店的销量，并最终增加俱乐部及其赞助商、承包商的盈利收入。

目标与洞察

Hockey Club Davos 希望通过将溜冰场变为宾果场，结合线下冰球比赛和线上宾果小游戏，吸引更多的受众观看冰球赛事直播。并通过关联游戏帮助受众更好地融入冰球比赛的情境中，在互动中激发热情，建立情感联系，同时对游戏所获优惠券产生使用的冲动，带动商品销售，增加俱乐部及其承包商的盈利收入。

策略与创意

将冰球场变成宾果场，利用冰球比赛中球员撞击护栏的随机性与 Bingo 游戏中叫号的随机性，创造出新的游戏 Rink Bingo（冰球场宾果）——一款使赛场上的击撞瞬间与游戏里的 Bingo 产生联系的游戏，增加与球迷的互动。

执行与表现

1. 前期设计

在冰球赛场的护栏面板按照 1～40 排列，40 个数字进行编号并安装上传感器。

比赛时一旦球员在运球过程中撞击到面板，对应的数字会实时传送到赛场的大屏幕以及下载有 "Rink Bingo" App 的智能手机上。

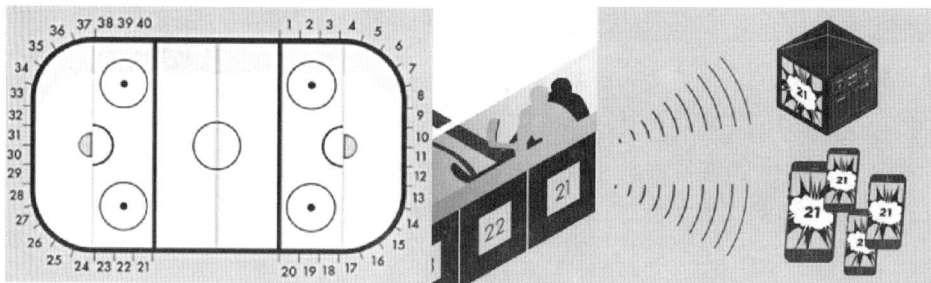

2. 前期宣传

线上通过 Facebook 进行宣传，线下通过现场派发传单进行传播。

3. 赛事互动

在 2016 年冰球锦标赛赛季中，线下 Hockey Club Davos 的比赛和线上的 Rink Bingo 游戏同期执行。进入 Rink Bingo 游戏，游戏界面中 5×5 格随机分布 24 个数字以及 1 个空格。在面板感应区域发生碰撞时，对应的数字编号即时传导，球迷根据产生的数字在手机上做出标记，标记的数字横竖斜能连成一线，集满五线即达成 Bingo，游戏胜出。

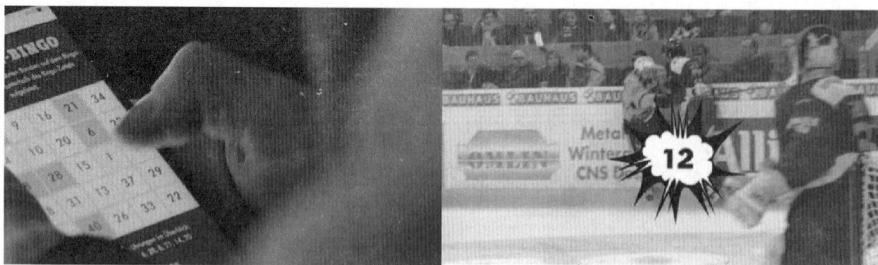

4. 活动福利

若在游戏中胜出，App 则会推送出各式优惠凭证：球迷商店的折价券、特许摊位食物饮料买二送一或买一送一的优惠券、球赛优惠门票等。

效果与评价

- 俱乐部与其各大承包商盈利收入大增，比起上季，销售额增长明显：俱乐部球迷商店的产品购买增长 128%，饮品增长 34%，食品增长 46%。总计 146 428 名宾果赢家使用了优惠券。

分析与反思

赞点

- 对消费者观赛心理需求的精准把握。抓住观众在比赛中追求的参与感与代入感的需求，将比赛现场的状况与球迷自身的利益绑定，使得球迷因为事关自己而高度关注，无论在投入度、紧张度，还是互动性和乐趣上都是双倍的。
- 拓宽受众人群，促进俱乐部商品和餐饮销售。借助 Rink Bingo 游戏 App，Hockey Club Davos 的主要目标消费群体范围从现场观众扩大到包括该游戏的玩家，他们在游戏中获得的俱乐部商品和餐饮优惠券大大刺激了现场看球者的消费金额，并吸引了更多电视机前的球迷来现场看球和消费，从而促进了俱乐部及其承包商的盈利收入，达到了此次营销的主要目标。

弹点

- 活动前期宣传力度不足。前期主要采取 Facebook 线上传播和现场派发传单的宣传方式，宣传途径较为单一，尤其是针对这样一个线下运动加线上游戏的新形式、新尝试。
- 活动中断，盈利回落。该 Bingo 游戏和冰球比赛的结合使用在 2016 年 3 月发布，尽管 HC Dovas Rink Bingo 获得受众的良好反馈，也大大增加了俱乐部和销售承包商的盈利收入，但其在季度锦标赛结束后也随之中断，使得俱乐部餐饮及产品的销售回落。

第三章　移动定位

027 麦当劳 全民充电饱

标签：整合营销、移动 O2O 营销

案例名称：麦当劳：全民充电饱

广　告　主：麦当劳

主创公司：一点资讯

获奖情况：2015 TMA 移动营销大奖—移动 O2O 营销类—金奖

2015 金鼠标—移动营销互动类—银奖

2016 中国广告长城奖—公关—媒体类—全场大奖

2016 IAI 国际广告奖—数字营销类—金奖

背景与挑战

移动互联网时代，"快"似乎已经被定义成所有事物发展的唯一标准。"衣、住、行"被加速，连"食"也在持续加速中。随着快餐与健康的话题越来越热，人们开始对麦当劳有了一些消极的情绪，到店人数与停留时间成为了品牌亟须解决的问题。如何让身处快时代却追求慢生活的食客重拾对麦当劳的喜爱，成了麦当劳的主要课题。

目标与洞察

为了使人们能够更好地享受生活的本质，也为了让"压力山大"的人们有机会"慢"下来欣赏身边的美好风景，麦当劳推出了"充电饱"的套餐活动，并以期通过此活动实现以下两个目标：

1. 通过"充电饱"活动增加麦当劳在活动期间的到店率与停留时间。

2. 通过一系列内容与体验使消费者认为麦当劳不仅是一家快餐店，更是一个了解现代消费者健康需求，并为之努力的餐饮品牌。

策略与创意

当手机成为人们"延伸的器官"之后，电量成为网民的安全感来源，"没电恐惧症"是消费者的普遍痛点，也是各大品牌接近消费者的难得机会。因此麦当劳联合小米、一点资讯，打造"全民充电饱"活动，联动全国742家麦当劳门店，搭设小米充电宝专区，解决移动互联网时代下"没电恐惧症"患者就餐时的充电问题；推出"加长汉堡套餐充电饱"，推荐趣味资讯海报，提供食客真正感兴趣的内容和话题，拉长了消费者在店内的停留时间，放慢就餐速度。为食客做到手机、身体、精神的三重"充电"，开创了跨界联合营销的一种新模式。

执行与表现

1. 第一阶段：预热阶段

① "电量站 + LBS（基于位置的服务）定位"智能投放。在全国742家麦当劳门店设置充电站，解决消费者就餐时的充电问题。同时，小米与一点资讯双方将后台打通，实现麦当劳门店方圆一公里内电量低于50%的小米手机都会收到一条来自一点资讯发送的到麦当劳用餐充电的温情提示，为到店引流发挥至关重要的作用。

②整合媒体资源全面触达。将一点资讯平台广告资源与户外广告、TVC 整合，对活动进行曝光。发布主打怀旧风的 H5 互动游戏，让用户进一步了解快速就餐的危害，与麦当劳巧妙地结合在一起，在消费者中引起了很大的反响。

一点资讯开屏广告　　　　　　TVC　　　　　　　　　H5 游戏

2. 第二阶段：高潮发展

①线上线下互动。以时下最流行的手机作为奖品，举办一点资讯健康日"慢一点养成健康饮食习惯"活动，吸引消费者完成互动并进行分享，完成线上线下引流，助力活动的持续升温。通过将店面的线下活动的照片、视频返回线上进行传播推广，最大限度地让本次活动在更广的范围扩散，并真正地做到了 O2O 实效营销。②制造病毒视频进行传播。在优酷上上传病毒视频，制造热点事件。包括薯条哥篇、熊孩子篇、老年人爱情篇。

3. 第三阶段：持续发酵

在一点资讯运营"搭讪""高冷""绝对空域""魅力"等兴趣频道，延续活动的长尾效应，并吸引用户自发对事件进行漫画内容生产、传播。

效果与评价

- 麦当劳活动产品销量增长了 15.7%，到店人数增长 2.8%，远超品牌的预期。
- 截至专题活动结束，整体活动 PV 达到 3 亿次，以远超 KPI 的数据收官。

数字营销一路高歌猛进到今天，移动营销已成为势头最劲的方式和领域。优秀的创意在互联网技术的支持和配合下也更能相得益彰，不同凡响。此次麦当劳与小米的"饱宝"跨界组合，挖掘出以互联网节奏生活的人群"易疲劳、常没电"的特点，以此为沟通元进行创意传播，借助 LBS 智能定位、信息流广告、App 营销等移动营销的技术和手段，结合户外、电视广告、麦当劳门店体验等形成话题，是一次较成功的场景营销活动，实现了一次轻松有效的 O2O 体验营销。该案例的成功充分体现了技术创新在数字营销中所发挥的作用。

——北京大学新闻与传播学院副院长、教授、博导　陈刚

分析与反思

赞点

- 麦当劳通过大数据洞察找到用户"没电恐惧症"痛点，在对消费者痛点洞察与精准把握下，全民充电饱活动搭建的充电宝专区，利用 LBS 定位服务推送通知，借助一点资讯大量数据发掘出用户多重兴趣点，制作兴趣海报吸引用户参与话题讨论。店面、硬件、移动互联网三者进行了有机的结合，实现了技术与创意完美融合。

弹点

- 活动预热形式可以更加多样化。虽然说已经预热得非常足够了，但是还是可以通过攻占地铁广告、微博微信广告、一些高流量的资讯 App 广告来进行宣传达到预热目的，吸引更多人流。
- 病毒视频的传播力度不大。事实上，虽然麦当劳打算通过消费者的智慧，利用 UGC 原创内容来进行病毒式视频传播，但是其病毒视频的感染力没有想象中那么强大，官方可以在引导病毒视频的制作和传播挑选方面加大力度，使其更具感染力并且激发人的购买和创作欲望。

028 Uber[①]
合作司机注册推广案

标签：移动媒介整合、数字广告、移动 DSP（需求方平台）

案例卡片

案例名称：Uber：合作司机注册推广案

广　告　主：Uber 中国

主创公司：品友互动

获奖情况：2016 金投赏—代理公司组—移动媒介整合服务类—金奖

---

① 美国一款打车应用软件，2014 年进入中国大陆市场，2016 年 8 月与中国本土打车软件滴滴合并，2016 年 11 月退出中国市场。

背景与挑战

在 Uber（优步）走进中国以前，中国的打车市场已经被几家公司所占据，本土互联网公司竞争激烈。Uber 走进中国 21 个城市用户的生活，成为中国市场的主要打车软件之一，但它在中国发展的劣势显而易见。2015 年 Uber、滴滴各获得巨额融资，双方对用户和司机都有大量补贴，司机注册竞争激烈。有车一族分散在各地，如何精准地找到愿意注册车主的人群，在注册成本变化不大的情况下，提升日均注册量，是一个不小的挑战。

目标与洞察

对于像 Uber 这样的移动端打车行业，通过提高司机的注册量来占有市场份额，是一个非常重要的策略。所以，引入用户注册车主和对有车用户进行海量曝光，是本次推广的目标。Uber，更需要通过准确分析目标用户特征、制定目标用户标签、甄选媒体，用多方平台大数据技术进行精确投放。

策略与创意

利用拥有大数据的第三方平台和专有的获得国家专利的人才数据库，通过 DSP 以特定网络行为特征，结合人口属性和第三方合作公司的数据，制定了司机合作伙伴的人群属性标签，全面锁定目标用户群体，为 Uber 制定目标人群定向方案。对核心信息流原生图文、开屏资源进行探测和筛选，寻找转化效果最好的媒体和定位，以达到 Uber 提高司机注册量的目标。

执行与表现

1. 通过运营商数据，建立人群分类定向策略，全面锁定竞品人群及有车人群定向投放

①与第三方运营商数据平台合作，从运营商提供的移动人群数据中筛选，对安装过顺风车、专车类应用的车主的移动设备 ID 进行广告定向投放。②通过第三方运营商数据，在移动人群数据中筛选安装过养车、代驾、违章查询类应用的车主的移动设备 ID 进行广告定向投放。③通过银联数据，直接锁定有车人群。如加油站消费人群，洗车、汽车保养消费人群。

2. LBS 定向：以"圈地"来"圈人"，基于地理位置锁定移动用户

地域覆盖全国 25 个一二线城市，预估主要城市的 CBD（中央商务区）商圈、

写字楼、中高端住宅、机场地区人群为有车一族，对这些地域进行 LBS 定向投放。

3. 多版物料、多套信息流文案，轮播投放，有效地吸引受众注册

多套物料轮播投放，根据实际效果及时优化，保留转化效果最好的素材增量投放。

效果与评价

- 有效地提升了 Uber 司机的注册量：累计注册司机超过 6 000 个。
- 获得优秀的品牌宣传效果：累计达到 1.4 亿次曝光，188 万次点击，点击率高达 1.31%，点击人数达到 161 万。

分析与反思

赞点

- 对用户群体特征的精准把握。Uber 基于自身风格和品牌的定位，再结合在中国市场的营销策略，对目标人群的特征有清晰的认识，并制定了准确的人群定位标签。
- 移动 DSP 利用 LBS 定向技术优化广告投放。移动 DSP 是专为移动端推出的，其特性也更加符合移动设备的属性，LBS 本身具有极强的移动特性，再加上 Uber 以手机等移动终端作为载体，这种精准营销一旦与移动 DSP 相结合，就产生了 1 加 1 大于 2 的效应。
- 程序化的技术营销手段。本次合作司机注册的推广方案的赞点就在于程序化技术营销手段。"寻找 Uber 新司机"需要进行实时数据回传，从而实现"Uber 新司机"数量和质量的双效优化。
- 程序化组合带来最佳广告创意。Uber 项目设有"100 张以上图片素材和200 条以上基础文案"，在系统中组合生成"1500 个以上投放方案"。

技术和内容没有界限，算法优化和创意文案在 Uber 项目上实现了完美融合，释放创意能量，提升了用户的数字体验和品牌偏爱度。

弹点

- 该推广策略不适于全中国大范围应用。由于中国城市的发展相互之间有着明显的差距，无论是居民的文化生活习惯的明显差异，还是本土移动设施的完善和技术的普及，都对人群的定位和数据的采集带来了巨大的障碍，所以该推广策略主要针对大城市居民的合作司机注册，在全国范围内推广显得更为局限。
- 难以在长期竞争中赢得市场。该实时监控虽然能带来高效营销，但也会带来高额的成本，再加上竞品的先主优势以及目标人群的高度吻合所带来的激烈竞争，Uber 难以在长期竞争中赢得市场。

029 What3words 世界解决方案

标签：互动、定位、应用

案例卡片

案例名称： The World Addressed（世界解决方案）
广 告 主： What3words
主创公司： What3words（英国伦敦）
获奖情况： 2016 One Show—金铅笔奖
2016 D&AD—黑铅笔奖

背景与挑战

据联合国统计，全球约有 40 亿人所住的地方还没有被标识。这意味着约 40 亿人是隐形的，因为他们根本无法解释他们住在哪里；这意味着在偏远地区，人们无法找到、监测和修复水设施；这些地区的学校、难民营和非正规住区存在的问题仍然没有得到解决。

目标与洞察

由于 GPS（全球定位系统）无法很好地解决发展中国家地址库短缺的问题，

因此英国创业公司 What3words 作为一个全新的通用地址系统，可以精确地定位地球上任何地方，这意味着每个人所到处都有地址。它比 GPS 更容易记住和沟通，比街道寻址更准确，是一个普遍化和人性化的系统，从而方便该地区的居民与外界交流与生活。

策略与创意

用简短的 3 个单词连接世界：What3words 将整个地球分为 57 兆个 3 m×3 m 的区域，每个区域有唯一 3 个词语组成的地址，采用算法随机生成的短链字符串（3 个英文单词）定义地球上任意一个位置并分配到某一个位置上。这比 Google 地址、GPS 坐标或者是邮政编码都短得多，使地址简单明了。

深度挖掘用户出行痛点：在生活各个方面，包括自行车定位使用、快递寄送、旅游等方面开展宣传以提高 App 的使用率，确保朋友能够找到自己以及开拓新的业务，给更多人的出行带来便利。

执行与表现

1. 线上线下宣传全面启动

活动前夕，通过纸媒（报纸）、户外广告载体、线上媒体（Facebook、Twitter）进行线上线下全覆盖的活动宣传。

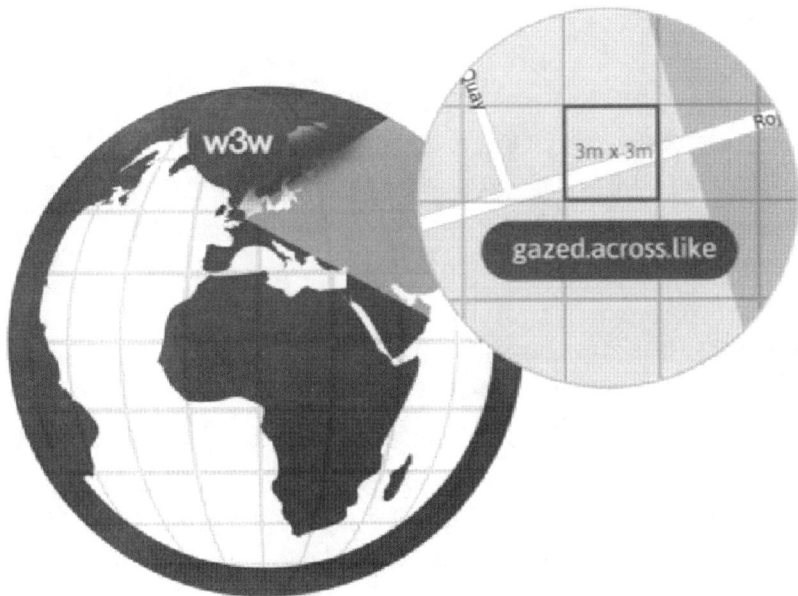

2. 视频推广

在 YouTube 上进行 App 试用分享。

3. 户外推广

地铁站海报 kv（主视觉）循环播放，提高曝光率。

4. 后期发力

网站首页进行后期的宣传推广，发挥余热。

效果与评价

• 据 What3words 称，该服务已经在 170 个国家被政府、公司和非营利组织使用。What3words 因此获得了 B 轮融资的良好收益，与物流巨头 Aramex 形成了良好的合作关系。

分析与反思

赞点

• 提供便捷的地址搜索体验。What3words 和真实坐标互相转换，与街道地址、邮政编码、经度纬度或移动短链接相比，三词地址能够迅速、方便、无歧义地获得准确位置。这在一定程度上解决了地址库短缺的问题。

• 精准把握用户需求。App 把握了年轻人的使用与沟通需求，激活了品牌与年轻人的深度互动。

弹点

• 活动宣传矩阵不够全面。由于未对 App 进行深度开发，也没有后续活动进行发力，导致热度短暂集中，用户很快流失。

• 发展中国家的使用受到制约。广大发展中国家的社会经济发展水平、居民的文化知识水平以及手机和个人电脑的普及率较低，导致 What3words 的使用只能局限于发展中国家的某些相对发达的地区。而在广大偏远落后的地区，What3words 的推广将会举步维艰。

030 三星 备份记忆

标签：公益营销、移动应用、人文情怀

案例卡片

案例名称：The Backup Memory（备份记忆）

广 告 主：三星电子有限公司

主创公司：BBDO（突尼斯）

获奖情况：2016 One Show—移动应用—金铅笔

2016 One Show—直效—银铅笔

2016 迪拜国际广告节—移动类 - 移动技术应用—全场大奖

2015 晶英广告奖—数字和移动类—全场大奖

背景与挑战

　　三星集团是韩国最大的企业集团，最近几年在手机安全问题上的一些负面报道使得集团急需重新树立企业形象。

　　因此，除去必要的危机公关之外，三星近些年来一直致力于将科学技术和公益事业相结合，努力提升企业在公益价值上的正面形象，淡化其负面影响。因此，三星此次公益营销面临的挑战就是通过研发出来的"Backup Memory"App，延续企业在公益活动中的正面形象，挽回流失用户，稳固忠实用户，吸引新用户。

目标与洞察

　　阿尔茨海默病（Alzheimer Disease）是一种起病隐匿的进行性发展的神经系统退行性疾病，俗称"老年痴呆症"。在非洲突尼斯阿尔茨海默病的患者已达 30 000人。在这样的医疗困区背景下，三星选择与突尼斯当地的阿尔茨海默机构合作，研发一种能够帮助阿尔茨海默病患及其家人的移动应用，让患者能够直接与"过去"接触，用以帮助病患加深记忆以及和家人的联系。

　　通过研发可以帮助早期阿尔茨海默病患缓解病情的 App，使品牌深入到用户和家庭的生活点滴中，从而加深用户对品牌的好感度，传递爱心和人文情怀的品牌理念，增强受众的品牌认同感。

策略与创意

　　此次三星想通过推出的公益行动唤起社会各界对阿尔茨海默病患者群体的关

注，帮助阿尔茨海默病患者及其家属克服困难，延续和保留多年营造的公益形象，消抵一部分对于三星手机安全隐患和使用不适的言论所带来的负面影响。

用回忆的方式改善与亲人的关系。三星手机推出了这款名为"Backup Memory"的作品，通过"模拟"人的记忆，当用户的 Android 设备通过蓝牙探测到有好友、亲人（手机上也必须安装这一软件）出现在附近时，它就会自动识别身份并显示预先设定好的照片、视频，以帮助使用者回忆起对方。

执行与表现

1. 发布纪录片进行活动预热

纪录片从医疗领域出发吸引人们参与项目，引起社会对阿尔茨海默病的重视。

2. "Backup Memory" App 应用的发布

三星在谷歌应用发布了这款名为"Backup Memory"的 App。它是一个非医学的治疗方法，在突尼斯阿尔茨海默患者中心经过测试，并确认其的确对病人在患病早期延缓失忆有一定的效果。

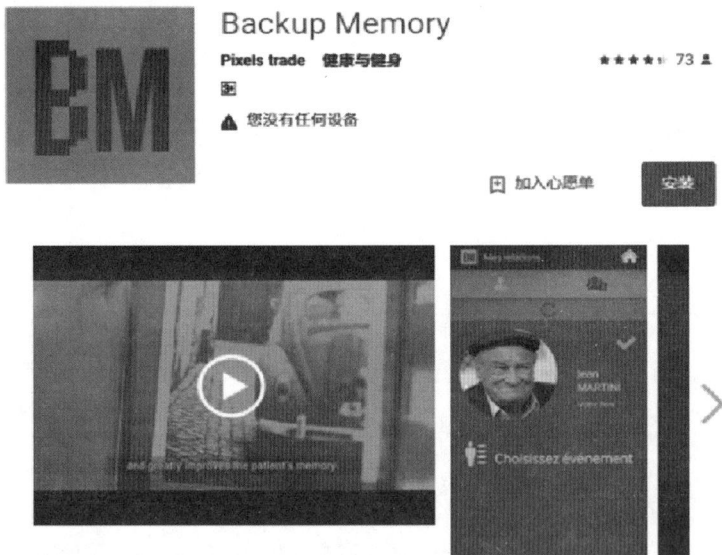

3. 网络发布 Backup Memory 的介绍

三星在 Samsung Newsroom 和 YouTube 上发布 Backup Memory 视频介绍，阐述设计的理念和功能。同时发布了针对阿尔茨海默病患家庭拍摄的视频，以及 Backup Memory 的使用可能带来的改变视频，希望能够为受到阿尔茨海默病困扰的家庭提供帮助。

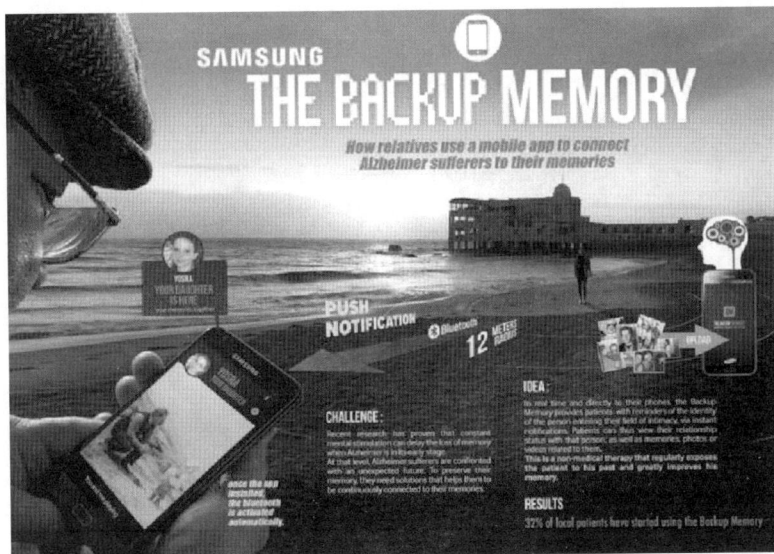

效果与评价

- 引起社会各界人士对阿尔茨海默病患者的关注。YouTube上视频的浏览量达到21 055次，谷歌平台上App安装次数为5 000—10 000次。
- 32%的阿尔茨海默病协会患者已经开始使用Backup Memory，有9 621名患者使用该App，并且有28 822位家庭成员与他们在App上相连。

分析与反思

赞点

- 对社会上需要帮助群体的洞察。三星研发"Backup Memory"App，选择帮助阿尔茨海默病患者早期利用持续的精神刺激延缓记忆的丢失，利用科学技术解决社会问题，向公众展示这个具有强烈社会责任感的国际品牌的形象，提升了消费者对品牌的好感度。
- 科技与公益的巧妙结合。此次的活动三星再次发挥了自己的优势，将科技和公益巧妙结合，让科技更具有人情味。
- 与品牌理念的有效结合。The Backup Memory选择了突尼斯的一家阿尔茨海默机构，体现了三星"Helping people for a better life"的想法，这与品牌的经营理念是一致的。

弹点

- 活动宣传形式单一，收效甚微。三星仅仅是在谷歌上架了 App，在官网发布了相关信息，并没有线上社交网络的宣传造势，也没有线下的活动推广，导致 App 的传播范围并不广。
- 后续跟踪报道搁浅，应用开发不完善。对于该 App 的使用情况并没有后续跟踪传播，受众对于该 App 的使用情况并不得知，导致活动很快被遗忘。另一方面，产品的功能过于简单，其功能性与普遍适用性都不高，用户信息反馈和体验效果匮乏且没有得到改善与升级，使得用户对产品的喜爱度无法维持。

031 悉尼歌剧院 快请进

标签：大众文化、社交传播

案例卡片

案例名称：COMEONIN（快请进）

广 告 主：The Sydney Opera House（悉尼歌剧院）

主创公司：DDB（恒美）广告公司

获奖情况：2016 戛纳国际创意节—移动类—金奖

2016 戛纳国际创意节—直效—银奖

2016 戛纳国际创意节—推广活动—铜奖

背景与挑战

悉尼歌剧院坐落在澳大利亚悉尼港的便利朗角，其特有的帆造型，使其成为澳大利亚的地标建筑。每年约有 820 万人到访参观悉尼歌剧院，但大多数人仅仅是在歌剧院的外围拍照，并上传照片、短视频到 Instagram 等社交平台上，以满足"到此一游"的游客心理，只有少得可怜的 1% 的游客会在里面拍照。怎样使更多游客进入歌剧院内部参观，提高公众参与度，成为歌剧院面临的一大难题。

目标与洞察

商业性目标。悉尼歌剧院的游客收入分为剧院内部参观及后台参观收费，吸引更多游客进入剧院内部参观实质上就是为剧院增加收入。

消费者洞察。用邀请的方式，制造出游客"被发现"的惊喜，使其感到备受重视，是一种从告诉他"你可以进来看看"到"你得进来看一看"的变化。

策略与创意

COMEONIN 营销活动从既有现实出发，使用时下热门流行的照片分享应用 Instagram，实时邀请用户进入歌剧院内部参观、游览。剧院方用照片识别、基于地理位置识别两种技术，识别出在 Instagram 上传的用户在悉尼歌剧院附近拍摄的照片。为达到移动营销的即时性互动，悉尼歌剧院利用一对一互动营销的方式，即歌剧院的演员、工作人员、餐厅老板等，通过拍摄一段精致的邀请视频发送给 Instagram 上的目标消费者，邀请他们免费进入歌剧院中，了解其中的奥妙。

执行与表现

1. COMEONIN 活动的参与步骤

①任意一位游客在悉尼歌剧院附近拍摄照片，并上传至 Instagram。②剧院方负责人根据照片识别、地理位置识别两种技术，找到照片的上传者。③由活动的负责团队拍摄一段短片视频，发布到 Instagram 上，并且@该名用户，邀请他/她免费进入剧院内部参观、游览。④游客在尽情参观了歌剧院后，基于一种分享和"炫耀"的心理，游客可能会将这段经历用照片或视频的形式再次上传在 Instagram、Twitter 和 Facebook 等社交平台上。

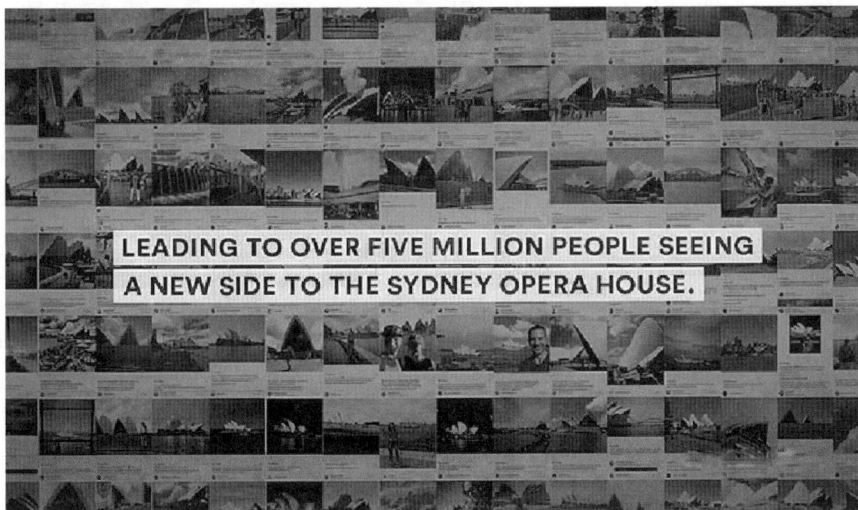

LEADING TO OVER FIVE MILLION PEOPLE SEEING A NEW SIDE TO THE SYDNEY OPERA HOUSE.

2. COMEONIN 活动的推广

①悉尼歌剧院官方 YouTube 账号发布线上视频，引起网络关注。②为 COMEO-NIN 活动制定官方网站，强调其正式性和重要性。③悉尼歌剧院发起"#COMEO-NIN"话题，部分与旅游相关的俱乐部自发地在 Twitter 上发布推文，使游客在参观歌剧院前后附上"#COMEONIN"话题，提高大众参与度。

效果与评价

- 四周时间内，歌剧院方负责团队通过此次活动吸引了 500 万游客进入歌剧院内部参观、游览，了解歌剧院的另一面。
- 引发了 1 700 万次社交平台热议，不断刷新大众对于悉尼歌剧院的传统印象及固有认识。

虽然这个案例没有获得全场大奖，但从技术与创意的连接，以及产生的商业价值来看，得到了评委们的尊重。大家对真正能够在市场上发挥商业价值和积淀品牌价值的案例，会有更高的尊重。

——2016 戛纳国际创意节移动类评审　刘阳（Amber Liu）

分析与反思

赞点

- 有效整合既有媒体资源。在营销活动中，如何整合当下的资源，使目标客户之间进行有效的分享和交流是品牌方在开展活动前要考虑的重要问题。在此案例中，能有效地利用时下正火的 Instagram 作为品牌方与客户、客户与潜在消费者之间互动的媒介平台，是一大亮点，同时也节省了广告宣传的成本。
- 即时性互动增强参与感。由歌剧院内部的工作者有针对性地拍摄邀请视频，让观者直观地感受到了歌剧院丰富的内涵和文化底蕴。一对一互动营销的方式拉近了剧院与公众的距离，有效地促进了品牌形象的塑造及传播。
- 打造品牌的长久价值，赢得社会口碑。此次营销活动搭建了分享的平台，游客在参观前后，自发地创建个性化的、通俗易懂的话题进行社交分享，一定程度上减少了商业化的元素，更多地体现出一种剧院的建筑风格文化、历史承载、艺术文化，为悉尼歌剧院的好口碑做出了贡献。

弹点

- 对于社交媒体的利用不到位，活动的官方曝光度较低。对社交媒体的利用不够，缺少在除 Instagram 外的社交平台上与大众的沟通、互动。

- 活动可持续性不强，只能作为阶段性的推广活动而存在。由于"# COMEONIN"是免费性的推广活动，商业价值不如社会文化价值高，难以在一段时间内为歌剧院创造较大的商业价值。活动结束后，即便"# COMEONIN"的官网存在着，但是很多"新出现"的游客仍旧不会去了解、关注与此相关的信息，热度退却较快。

032 澳大利亚起源能源公司 你的屋顶估值多少？

标签：能源、社交网络、整合营销

案例卡片

案例名称：Rate My Roof（你的屋顶估值多少？）
广 告 主：Origin Energy（澳大利亚起源能源公司）
主创公司：Clemenger BBDO Melbourne
获奖情况：2016 卡普莱斯奖—技术集成活动创意—银奖
2016 纽约国际广告节—数字传播—金奖

背景与挑战

澳大利亚是世界上阳光照射最多的地方之一，一家澳大利亚能源公司 Origin Energy 近年来致力推广太阳能业务，主要经营天然气的勘探和生产，发电和能源零售。该公司发现澳大利亚大众一直都以煤矿业为主要能源，而太阳能只占发电总量的 10%，天然能源的使用量太低。但澳大利亚不只其一家天然能源发展的公司，如何在多家公司竞争中突围而出，让大众关注这问题的同时也会去用它们的产品成为 Origin Energy 能源公司面临的一大挑战。

目标与洞察

Origin Energy 想告诉民众，屋顶不只是用来遮风挡雨的，更是你家里的能量来源。它们想让大部分的澳大利亚民众接受太阳能发电，并且让他们意识到自己正在浪费他们自家的屋顶。煤矿会有用完的一天，所以不一定要依赖煤矿业，要让群众改变固有的观念，让市民明白使用太阳能发电能为他们省下多少钱，并且告诉大众他们正在浪费世界上最大的资源。

策略与创意

对于绝大多数 25～65 岁思想比较守旧的澳大利亚居民来说，他们对能源选择和使用的信息接收得不够全面。基于这样的现实状况，公司通过与谷歌地图合作，开发出一款名为 "Rate My Roof" 的程序，以地图的形式计算出当地日照等信息，为用户提供安装太阳能后能节省多少开支等数据，简化了大众从认知到安装太阳能板的整个流程，让人们通过绘制自己的屋顶来衡量自己的屋顶价值。进而引导消费者使用天然能源，提升 Origin Energy 的品牌认知度。

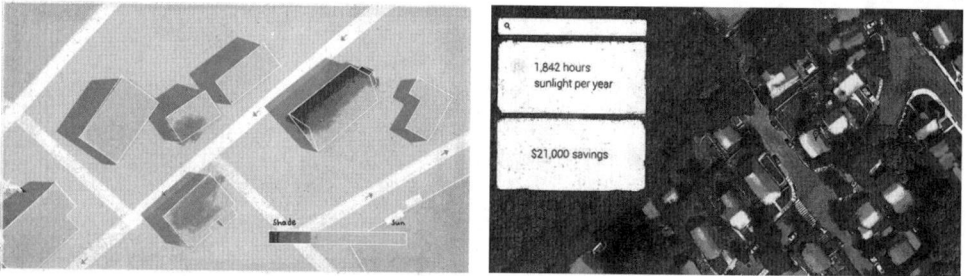

执行与表现

1. 线下预热

在澳大利亚各个户外广告和杂志上登出关于不要浪费屋顶的宣传标语，用吸睛的黄色和橙色以及简单的语句去吸引大众的关注。

2. 病毒视频

Origin Energy 拍摄了一段影片 *Sun Stealers*，并上传到 YouTube、Facebook 等社交媒体上，内容主要讲述了两个老夫妻开车畅游澳大利亚的故事。旅途中，他们总是拿着太阳能板去遮住别人家的屋顶，偷人家屋顶的阳光。他们美名其行为是节省旅行费用，虽然引来了不少纠纷，而广告最后的宣传点就是告诉大家："可不要浪费你们家的屋顶，那可是很值钱呢。"

效果与评价

- 活动开展的前 3 个月内，超过 1 400 万人看过 *Sun Stealers* 的病毒视频。15 万人使用过 "Rate My Roof" 程序，考虑使用太阳能的人上升了 70%。

分析与反思

赞点

- 首先，本次活动在线上社交媒体以及线下的传播使整个澳大利亚的一半民众留意到了太阳能发电，提高了 Origin Energy 的知名度和影响力。其次，提倡使用太阳能的做法为国家民众倡导了节约能源和保护环境的观念，不仅减少了煤矿的使用，也让有限的煤矿资源使用时间延长。最后从消费者心理角度出发，App 的计算方便了市民很快就知道自己可以在将来的电费中省下多少钱，太阳能的共享性使大众很快产生羊群效应，是一个很好的连锁效应。

弹点

- 从消费者角度来说，本次活动的 "App 计算" 概念具有一定的模糊性，直接忽略了消费者从定制到安装太阳能板的费用，可能这个费用已经覆盖了市民所谓省下来的钱中的一大部分，而且也没有说明后期保养的情况，很容易与消费者产生后期争端。

第四章　搜索应答

033 兰芝气垫 BB 霜
热播剧背后的"赢"销盛宴

标签：搜索营销、精准营销

案例名称： 兰芝气垫 BB 霜：热播剧背后的"赢"销盛宴
广 告 主： 爱茉莉太平洋贸易有限公司
主创公司： 上海新网迈广告传媒有限公司（NIM DIGITAL）
获奖情况： 2016 金投赏—代理公司组—金奖

背景与挑战

　　作为韩国三大化妆品集团领导者的爱茉莉太平洋集团，其旗下兰芝品牌在中国销量一路攀升，甚至赶超韩国国内市场。然而，国际护肤品巨头以及本土化妆品企业均纷纷展开品牌竞争和市场争夺，兰芝品牌也面临着与中国本土品牌相比产品渗透流通较困难、品牌知名度影响力不足、降低大规模营销投资费用负担等挑战。

目标与洞察

　　兰芝气垫 BB 霜的受众多为 20～29 岁且关注影视、明星等娱乐话题的年轻女性。兰芝在借助韩剧《太阳的后裔》收视爆表之势，通过原生广告的形式进行产品植入和传播，从而迅速提升知名度。同时根据人们利用百度进行信息搜索的惯性，整合百度资源，将产品、热播剧《太阳的后裔》、明星宋慧乔组成三角关系，从而引发话题，增加品牌曝光度。

策略与创意

《太阳的后裔》开播后，剧名和主角在百度上的搜索关注度急剧攀升，于2016年2月24日首播时突破了近两年韩国迷你剧首播的收视率纪录。在新浪微博上，"#太阳的后裔#"的标签阅读数更是达139.8亿次，引发了1 269.3万条讨论。在此媒体受众属性的基础上，配合内容营销，兰芝以"宋慧乔同款"为主题进行传播和输出，巧妙将产品—明星—热播剧关联起来。同时利用搜索引擎的精准营销方式，结合受众的搜索行为习惯进行传导，将观剧用户吸引到线上，并对其进行影响、获取和营销。

执行与表现

1. 电视剧的预热——热播剧广告植入

在《太阳的后裔》中，有一个情节为女主角姜暮烟的扮演者宋慧乔拿出了补妆神器——兰芝的气垫BB霜，对着镜子补妆，前后镜头共14秒，第一时间激发了观众的好奇心，开启了韩妆里的又一个现象级的产品。

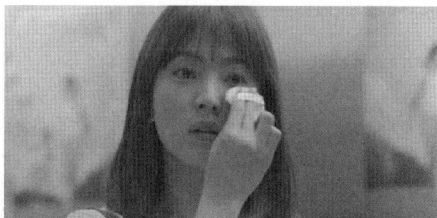

2. 线上平台页面发动——线上内容营销

在各大内容平台揭晓宋慧乔同款——兰芝气垫BB霜，在粉丝聚集地百度贴吧、新浪微博、美妆论坛、微信公众号等引发话题讨论和线上活动。①百度贴吧——粉丝聚集讨论。兰芝首先选择具有得天独厚的粉丝聚焦特性的百度贴吧进行传播，让观众一边讨论剧情，一边触及品牌产品信息。②新浪微博——热门话题。在新浪微博引发话题讨论和线上活动，受众参与热烈讨论、观看电视剧、分享化妆技巧，发布宋慧乔妆容化妆视频以及兰芝气垫BB霜等产品的转发互动。

3. 产品平台收口——搜索引擎营销

搜索"宋慧乔"触发右侧兰芝气垫BB霜广告，标题以"《太阳的后裔》同款"代入，增强产品与热播剧的关联，在网页、知道、新闻、图片、视频、无线6

大平台承接收口，展示"姜暮烟同款"的产品信息和妆容技巧。

4. 线下活动现场呼应

现场产品活动特邀兰芝形象代言人宋慧乔闪耀亮相，分享兰芝气垫 BB 霜与兰芝所引领的妆潮，与 Beauty Road 开展户外宣传活动。

效果与评价

- 销售量增长：兰芝气垫 BB 霜 3 月 6 日的单日线上销售额是《太阳的后裔》播出前一天的 4.27 倍。
- 检索及曝光率：活动期间，兰芝气垫 BB 霜检索量提升 45%，日均指数为 700；销售量增长 23%；活动在搜索引擎上的曝光量超过 3 000 万次，每次曝光价格不到 1 分钱。

分析与反思

赞点

- 对消费群体的精准定位与营销。兰芝以热播韩剧为切入点，吸引主要消费群体，即 20～29 岁跃跃欲试的年轻女性，激发她们对美妆及剧中产品的关注度，同时兰芝官方微博及美妆博主等在《太阳的后裔》播出之后笔耕不辍地上传产品介绍和测评帖，引发了成百上千条关于宋慧乔的妆容以及兰芝气垫 BB 霜的讨论。
- 明星形象与产品及品牌理念的有效结合。兰芝气垫 BB 霜在剧中由宋慧乔打造的水润轻盈妆感及知性优雅的女性形象，与目标消费群体所追求的女性的自信和美丽相一致，因而引起消费者的强烈认同感并提升了消费者对产品的好感度，达到精神需求的共鸣。
- 汇聚媒体、平台资源的号召力。兰芝利用搜索引擎的精准营销方式，结合受众的搜索行为习惯传导本次线上活动，充分利用、调动各媒体及平台资源的传播性和扩散性，例如百度贴吧、微博、微信公众号、美妆论坛等，使该产品的知名度、影响力及覆盖范围迅速扩大。

弹点

- 缺乏同时期的常规广告搭配。兰芝气垫 BB 霜的产品电视植入广告仅通过韩剧《太阳的后裔》播出，这就可能造成那些少看或不看网络剧（韩剧）的目标消费人群较少概率接触到该产品的热点信息。

第五章　社交情感

034 统一
小茗同学品牌上市整合传播

标签：精准定位、消费者互动、网络表情

案例名称：统一：小茗同学品牌上市整合传播
广 告 主：统一企业（中国）投资有限公司
代理公司：李奥贝纳中国
获奖情况：2016 大中华区艾菲奖—饮料-非酒水-非碳酸
　　　　　类—全场大奖＆金奖

背景与挑战

　　小茗同学，是 2015 年 3 月统一集团推出的一款冷泡茶饮料，以"认真搞笑，低调冷泡"为品牌口号。产品以冷泡工艺为特色，充分释放茶叶中的茶氨酸，使茶清爽甘甜不苦涩。然而，中国市场上的茶饮在 2011 年以后一直处于不温不火的状态。同时，现有市场上的饮料品牌早已趋于同质化，因此消费者对消费何种茶类饮料也没有明确的品牌要求。如何激发消费者购买欲来激活市场，成为统一集团这样的行业巨头正在琢磨的问题。

目标与洞察

　　随着移动终端与社交媒体的进步，年轻人更愿意参与线上交流，一些参与门槛低、参与成本低、好玩有趣的网络话题，往往会引起他们的关注。小茗同学希望通过针对"95 后"这一年轻消费群体精准而大胆的定位，使该茶饮料品牌卡通形象"小茗同学"给目标消费者一种耳目一新的感受。

策略与创意

"小茗同学"与我们每个人学生时代身边都有的那位"小明同学"同音，这种独特的创意给消费者带来的不仅是感官上的冲击，也是一种情感上的冲击。因此"小茗同学"希望通过各种相关的线下线上活动，增加话题的热议度，用一种渐进式传播掀起消费者的参与热度，得到消费者的心理认可。小茗同学一直以"冷"为品牌沟通的关键字，冷着眼于认真搞笑的"冷幽默"；同时冠名《我去上学了》真人秀，通过明星效应与广告植入，强化小茗同学的使用场景。

执行与表现

1. 创意海报预热

统一首先在自媒体上用猜谜、网络用语等形式的创意海报对"小茗同学"进行预热。包括直至现在，统一依然在结合不同的新鲜话题、时事制作与小茗同学相关的海报。

2．线下校园活动

"小明"的形象一直存在于书本中，因此在各大校园内开展线下活动不仅与目标消费者消费场景吻合，同时也增强了学生的共鸣。如举办"校园包装创意大赛"、以"小茗同学"为主题的一系列线下活动吸引消费者。

3．冠名真人秀节目

小茗同学独家冠名《我去上学了》大型明星校园体验式真人秀活动节目，并在节目中进行各种深度植入，通过节目明星效应扩大产品影响力。

4．病毒视频传播

小茗同学以"95后"为主题，打造了名为"冷泡 NEW 上市"的广告片，在东方卫视和爱奇艺双平台进行了传播。2016 年 9 月，小茗同学通过新浪微博发起"#认真点儿，我们搞笑呢#"的话题，上线小茗同学的鬼畜风微表情 TVC。

5．趣味话题引发 UGC

"小茗同学"和秒拍联合推出的"#认真点儿，我们搞笑呢#"视频创作活动，在"95后"掀起了一场轰轰烈烈的模仿活动。

效果与评价

- 小茗同学的官方微博获得了巨大的关注量、话题量。其中，微博粉丝数量突破 173 000，小茗同学共发起"#小茗同学我去上学啦#"的话题讨论 500 余次，阅读数突破 8 000 万，其中近 6 万人参与到了此话题的讨论中来。

- 营销的影响力拓展到了秒拍平台，有 4.4 万人参与了视频模仿话题的活动，收获了共 625.3 万的观看量。

- 小茗同学上市短短半年，已迅速在"95后"消费者市场中攻城掠地，成为最受他们欢迎的饮料品牌之一，市场占有率达到 2.4%。

分析与反思

赞点

- 对消费者群体的把脉准确，创意独特。小茗同学在品牌的上市整合传播前，准确地将其受众定位在"95后"这一年轻群体，并由此出发，设计出"小茗同学"这一鲜明的人性化品牌形象，开拓了"95后"喝茶的蓝海市场，其经济效益自然不言而喻。
- 多渠道的渐进式传播，积极与消费者进行互动。小茗同学在微博上与各路娱乐大咖互动，发起话题讨论、搞怪表情与动作的模仿大赛，不仅弥补了电视广告与网络广告单向传播的不足，也真正赢得了"95后"年轻消费群体的心。

弹点

- 线下活动的宣传力度过小，参与度不足。就"校园包装创意大赛"而言，在网络上可以搜索到的相关信息少之又少，热度与参与度都不足。
- 在品牌营销的过程中忽略了侵权问题。"小茗同学"的形象与北京啄木世纪网络科技有限公司创作的卡通形象"小明"十分相似，被告侵权和不正当竞争，并最终败诉，对品牌形象产生了极为恶劣的负面影响。

035 奔驰
奔驰 AMG & 空中 F1 竞速对决

标签：信念驱动、竞速

案例卡片

案例名称：	奔驰：奔驰 AMG & 空中 F1 竞速对决
广 告 主：	梅赛德斯–奔驰
主创公司：	乐视网信息技术（北京）股份有限公司
	尚扬媒介
获奖情况：	2016 大中华区艾菲奖—交通工具类—金奖

背景与挑战

AMG 是奔驰旗下的一家专门负责改装高性能奔驰轿车的公司，所以它所改装的车型直接在奔驰公司销售。而为了以示区别，一般都会在车型号后增加 AMG 字样。因此奔驰 AMG 品牌在中国进行推广传播，确定了以"信念驱动"作为品牌主题，希望用与众不同的项目诠释品牌内涵，展示品牌特性。如何将挑战与激情的概念传递给目标消费群，提升品牌车型销量与建立 AMG 在国内大众心中的品牌形象是他们最大的挑战。

目标与洞察

奔驰此次的传播目标其实是 AMG 奔驰这款改进型赛车，它需要将它"信念驱动"的品牌主题在国内进行传播。而信念是一个很抽象的概念，并不容易表现。为了突出奔驰车型优越的性能和过硬的质量，以及超跑 AMG GT 全新的构思设计，营销团队考虑到极限运动是体现人的信念的绝佳方式。

策略与创意

极限运动是人类用自己的信念去挑战肉体很多极限的运动，奔驰 AMG 利用乐视独有翼装飞行项目版权为其量身定制空中 F1 竞速对决项目，对其主题"信念驱动"进行诠释，高度展示品牌内涵。通过时间、地域和速度的极限来展现 AMG 奔驰的特色。

执行与表现

1. 线上平台预热

在奔驰微博账号、公众号发布海报和推文引发话题讨论和受众参与。奔驰汽车在地面上疾驰与翼装飞侠在空中飞翔的强烈对比，让该竞速对决吸引了爱好赛车的人群。

2. 明星效应增加赛事看点

本次翼装飞行赛事的主人公由该领域最著名的翼装飞侠杰布·科里斯助阵。选手穿着翼装从天门山 1 600 米的高度飞下来，吸引了无数人的眼球。赛车手同样是由顶级赛车手米卡·哈基宁担任。由于梅赛德斯–AMG 车队在当时的赛季 F1 已提前锁定车队冠军，与空中 F1 竞速对决成了一次纪念性事件，因此引发了大量车迷围观和热议。

3．赛事直播

本次赛事动用了乐视的无人机，有 33 个直播机位和大型转播车，以天门山的天门洞起跳点为背景搭建了空中演播室，在整个天门山布局域网，对"翼装飞行＆极限漂移"两项极限项目同步直播，引发震撼效果。

4．后续事件长尾影响

活动结束后获得 CCTV–NEWS、网易新闻等社会媒体报道，官方微博对事件进行持续跟进。

效果与评价

- 活动访问量：项目上线期间总访问次数达到 2 000 万以上，竞速直播当天在线观看人数为 3 132 127。
- 媒体传播：乐视全程直播，《人民日报》在当天做了很大篇幅的报道，翼装飞行团队在 Facebook 和 Twitter 上都做了相关的传播。
- F1 赛事的延续与预热。信念驱动下的这场对决成了 F1 世锦赛前最热话题，同时作为梅赛德斯–AMG 锁定新一届 F1 世锦赛冠军的铺垫。

分析与反思

赞点

- 网络事件营销吸引眼球。喜欢挑战、年轻化、高端是奔驰 AMG 和乐视目标消费群的共同特点。全球公认顶尖明星 F1 冠军米卡·哈基宁和与当代最杰出翼装飞行运动引领者杰布·克里斯这两者的组合一开始就吸引了不少车迷、极限运动爱好者的注意。再加上奔驰最新款超级跑车自带酷炫光环，造型和性能登峰造极，给观众带来了精神和视觉上的享受。

- 直播视频营销形式新颖。这是一场乐视通过自有版权翼装飞行项目内容运作为奔驰梅赛德斯–AMG量身定制的直播活动。同时这是国内直播史上首次地面竞速和空中竞速同步直播，乐视全球云直播出动了互联网直播史上最庞大机位群，高超技术给观众带来了视觉享受。
- 体现了品牌交互展示智能。梅赛德斯–AMG翼装飞行直播项目选择在天门山开战，并以天门山门洞及起跳点为背景搭建了空中演播室，邀请重量级嘉宾到场对谈，对极限运动进行全方位解读。

弹点

- 前期宣传力度不够。在竞速对决前只是在官微和官博进行了活动宣传，没有在微博超级话题看到此次活动，虽然在活动进行时与后续的报道都很充分，但是前期宣传没有做到很好，导致很多人是看到结果后再去乐视看的视频，缺少了直播的刺激感。

036 腾讯
99公益日

标签：社会责任、"互联网＋公益"、社交化

案例卡片

案例名称： 腾讯：99公益日
广 告 主： 腾讯
主创公司： 腾讯
获奖情况： 2016大中华区艾菲奖—企业声誉与专业服务
类—金奖

背景与挑战

"99公益日"是由腾讯公益联合数百家公益组织、知名企业、明星名人、顶级创意传播机构共同发起的一年一度全民公益活动。2015年9月9日是中国首个公益日。腾讯公益致力于成为"人人可公益的创联者"，成为公益组织和广大爱心网友、企业之间的"连接器"，用互联网核心能力推动公益行业的长远发展。

目标与洞察

希望通过腾讯自身产品和平台的优势，以及众多合作伙伴的力量，以前所未有的规模，连接受助人、捐助人、公益组织及项目、知名企业、明星名人和数亿用户，通过移动化支付、社交化场景和趣味化互动，唤起社会各界关心、参与公益的热情，打造一个全民参与的超级公益日。

策略与创意

"99 公益日"邀请到国内外众多公益项目，涉及环保、救助、关爱等各个公益类别。活动当天还将推出由 17 家全球顶尖创意机构策划的 17 个公益项目创意活动，以令人耳目一新的形式唤起普通民众参与公益的热情。旨在用社交化劝募等创新手段，以轻松互动的形式，发动全国数亿热爱公益的网民进行移动互联网捐款。

执行与表现

1. 通过三个传播方案让所有人在 9 月 9 日这天认识腾讯公益平台，认识到公益其实很简单

方案一："了不起的你们"。一个人的力量有限，但当网友凝聚在一起就能放大影响力，改变与帮助世界。每当用户选择捐款金额，这份影响力将从小逐渐变大，帮助的人、种的树将不断增多。

方案二："公益路，我们一起走"。用各个小人物对公益的态度来引发共鸣。

方案三："公益其实很简单"。做公益就是弹指间的事。通过童趣的插画风格，结合四指、三指、两指、到一指点击捐款按钮的图，直观地展示做公益的简单轻松。

2. 明星号召，增强活动影响力

活动邀请黄晓明、李连杰等明星为公益代言，周迅为爱心献声。

3. 公益视频引发公益共鸣

4. NGO（非政府组织）的参与

为了能让更多 NGO 参与进来，在原有的"公益新年有爱红包"的基础上定制了可直接复用的 NGO 使用模板，降低了 NGO 的参与成本，让 NGO 简单地编辑图片以后就可以在自己的公众号中发布并推广公益项目。

效果与评价

- 在"99 公益日"活动中，仅用 57 小时 18 分爱心网友捐款就达 1 亿元，用户捐款总额 127 941 762 元，捐款人次为同期的 89 倍。
- 名人、明星和大众都在微信朋友圈、公众号和微博上分享、传播和转发关于"99 公益日"的有关信息，国内最具影响力的新闻媒体争相报道，引起社会热烈反响。

分析与反思

赞点

- 由传统公益模式转变为"互联网＋公益"。"99 公益日"借助腾讯自身产品和平台的优势，以及众多合作伙伴的力量，使公益圈子真正迈出全体公募的第一步，利用互联网的公开高效、连接互动的特性、平台和生态圈的力量将公益的影响力辐射开来，激发更多友善美好的互动。
- 无负担随手公益。用轻松互动的形式，发动全国数亿热爱公益的网民自愿通过小额现金捐赠、步数捐赠、声音捐赠等行为，以轻量、便捷、快乐的方式参与公益。
- 解决公益组织低效问题。一是通过网络展示和电子支付，公益项目的发布和资金筹集变得简单便捷；二是公益组织得以及时公布账目，公开透明程度有所提升。"99 公益日"创造了一种新的互信机制，让公益生态链中的每一个环节都得到有效的连接。

弹点

- 只针对"99 公益日"那天发起公益和配捐，每年只能依托这样一个拥有大流量的平台来开展募捐，这样可能会造成不是公益日就不会捐款的现象。

037 ⁵ 无糖口香糖 "敢不敢接招" 之冬泳挑战

标签：无线 – 整合营销、互动创意

案例名称：5 无糖口香糖："敢不敢接招"之冬泳挑战

广 告 主：箭牌糖果（中国）有限公司

主创公司：主要代理公司：天联广告（中国）

第一贡献代理公司：腾讯控股有限公司

获奖情况：2016 中国广告长城奖—互动创意奖—金奖

案例卡片

背景与挑战

　　箭牌糖果（中国）有限公司于 1989 年进入中国，是全世界糖果业公认的领导者之一。诞生于美国的"5 无糖口香糖"于 2012 年作为第一个针对"90 后"年轻人的无糖口香糖品牌进入中国市场。凭借着其酷炫吸睛的外包装和声势浩大的明星小鲜肉广告阵容，"5 无糖口香糖"迅速俘获了一众年轻消费者的心，成为箭牌家族最新一代的销售之王。在种类繁多的糖果世界里，"5 无糖口香糖"希望凭借其"鼓励探索，勇敢选择"的品牌精神，唤起年轻人的兴趣，创造一个与众不同的糖果品牌。

目标与洞察

　　吸引消费者走进门店参与主题 H5 互动，激活品牌体验。传递给年轻人一种冒险与创新的品牌理念，敢于面对挑战做出抉择。同时增强消费群体的品牌认同感，通过多种渠道提升品牌知名度。

策略与创意

　　以李治廷领航的主题活动"活出感觉"，利用年轻人聚集最多的"微"媒体传播预热，再通过明星造势，将消费者引导至线下亲身参与、围观、互动，而后鼓励粉丝上传照片书写感受进行二次传播，最后通过微博、官网、媒体的渠道发布品牌活动信息，吸引更多的消费者围观。形成了一个完整闭合的生态圈，"线上—线下—线上"三者完美结合，最大限度地让"鼓励探索，勇敢选择"的品牌精神植入消费者心中。

执行与表现

1. 引爆阶段：微博主题预热

由"5无糖口香糖"中国代言人李治廷领衔，明星作家蒋方舟、旅行达人猫力、网剧红人王大锤等共同在微博发起"#管他的，直面你的5！#"主题，结合简单又热血的文案，吸引年轻人的眼球。

2. 发展阶段：微博、微信粉丝引流

通过发布"心动5秒钟"主题H5互动页面，使得消费者不但能看到李治廷的"心动5秒钟"，还能够通过H5晒出属于自己的选择时刻。消费者还可以通过扫描口香糖外包装上的二维码进入品牌互动终端，直接激发购买行为，将推广和销售有机结合。

3. 激发高潮：视频大片互动阶段

通过视频网站、新浪微博等媒体平台，"5无糖口香糖"推出两条李治廷出演的视频大片（鼓励粉丝篇、抉择篇），充分演绎"心动5秒钟"的抉择时刻，用高颜值引来无数粉丝的关注。

鼓励粉丝篇　　　　抉择篇

4. 点燃：线上投票、线下明星挑战

线上李治廷在微博上宣布接招冬泳挑战，并发起投票让万千网友决定冬泳地点，引得网友怒赞："今年就靠这腹肌过冬。"同时发布病毒视频，视频中多次出现"5"的符号，暗含其品牌名称，视频主要篇幅用于宣传点赞降温活动。

5. 维持话题：媒体报道及激发UCG

为了使宣传热度持续发酵，"5无糖口香糖"联合豆瓣网上线"活出感觉"小站，晒出"5秒抉择时刻"的视频，在豆瓣网上聚集的文青群体中继续发酵，激发网友UCG热潮，深化品牌体验。

效果与评价

- 获得了足够的参与量、话题量。"直面你的5"话题页已然突破7 737万阅读量，讨论量超过24万，实时搜索量超过15万，连续一周霸占微博头条。在活动集赞期间，"5无糖口香糖"的百度搜索排名不断上升，1月20日达第15名。
- 获得具有影响力的媒体的充分关注支持。各媒体对"李治廷接受冬泳挑战"争相报道，百度搜索统计的媒体报道数为2 180个。

分析与反思

赞点

- 抓住年轻人心理，有针对性地进行营销。"5无糖口香糖"的这一活动，摸透了年轻人希望能勇敢做自己的内心状态，与其品牌理念"鼓励探索、勇敢选择"相结合，其目的就在于唤起年轻人一起在周末挑战极限、超越自我的活力。
- 充分利用数字媒体优势，全平台曝光。通过微博微信"大V"、青年意见领袖、鲜肉明星在网络平台造势、引导和转发，获得了极大的网络关注度和参与度后，利用明星效应将消费者引流至线下参与活动，将关注度转化为购买力。
- 持续性的活动热点导向。"敢不敢接招"作为一个全年的活动，在冬泳挑战后仍然发布了众多大冒险任务，使用户可以持续性地进行关注和参与，并推出了同系列的视频——不一样的表白之"跑出520"，这一系列活动不但和冬泳挑战相辅相成，还进一步凸显了品牌文化。

弹点

- "双微"合并力度不够。在微信朋友圈发布H5视频形式相对简单，使得品牌白白流失了一部分的消费者群体。这也说明了前期宣传单一性的不足。
- 活动后期不能维持热度。活动虽然通过多样平台发布了海报、视频等，但群众能参与的只有单纯的点赞活动。品牌应该邀请代言人在接受挑战后，在微博或其他公共媒体分享自己抉择和接受挑战的感受，升华活动主题，突出品牌的存在。

038 伊利
巧乐兹 ONE 签绝配

标签：社交网络、O2O

案例名称：伊利：巧乐兹 ONE 签绝配
广 告 主：伊利巧乐兹
主创公司：腾讯
获奖情况：2016 金鼠标—数字媒体整合类—银奖
　　　　　2016 中国广告长城奖—跨媒介整合—数字跨媒介整合—媒体类—金奖
　　　　　2016 中国广告长城奖—媒介营销—无线—整合营销—媒体类—金奖

背景与挑战

　　伊利巧乐兹以其产品太妃酱和香甜的果酱夹心创新冰激凌口味为名，主打"喜欢你，没道理"的市场定位。巧乐兹希望突出品牌独特性，重新树立品牌形象。然而在数字化环境下，消费者的注意力被多样化品牌选择分散，如何在年轻市场提高品牌忠诚度和体验感，如何增强用户的活跃度和持久参与感，成为伊利巧乐兹广告活动的主要难题。

目标与洞察

　　伊利巧乐兹目标群体是"90 后"，面对年轻人对数字生活的高度依赖，巧乐兹抓住这个时代机会，将产品与数字平台结合，完成从食用功能到娱乐功能的产品价值升级。延长消费者食用次数、加强线下食用与线上参与的联系和体验，提高品牌忠诚度，成为巧乐兹本次营销活动的主要目标。

策略与创意

　　核心创意：一根棒签连接年轻人的数字生活。
　　抓住了消费者食用完巧乐兹后的棒签被丢弃的普通行为，直接导致了对产品作为传播媒介价值的浪费这一痛点，巧乐兹提前在每根棒签上设置专属的号码，消费者食用完后即可获得"通关密码"。通过扫描包装袋上二维码，使用"通关密码"即可领取红包，实现棒签与线上跨时空连接第一步。

执行与表现

1. 微博活动、广告海报预热

在官方微博平台发布"#只要喜欢，就是绝配#"话题，发动网友带话题传播，话题阅读量超 890 万次。呼吁消费者扫码，使用棒签上设置的专属号码领取红包。同时在北京各大地铁站投放活动海报，引发消费者对活动的注意力。

2. 产品包装二维码激活用户参与度

活动期间每根巧乐兹包装外都有醒目的活动参与提示，消费者用手机扫码后直接进入巧乐兹微信活动页面，通过输入号码领取的微信红包即可进入零钱包，同时随机点亮一名配对角色，消费者通过社交关系链分享角色信息，向好友索要配对角色以获得更大的红包。

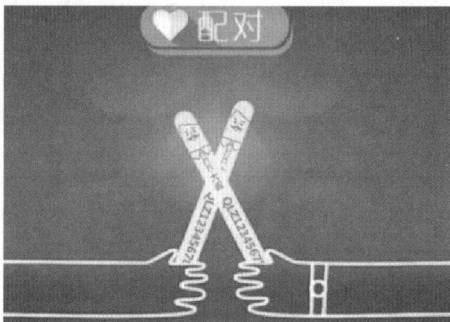

3. 线下活动现场呼应

邀请 12 位明星参与和 QQ 音乐合作的巅峰对决演唱会。赋予每一根棒签投票对决明星组合的权利，让"90 后"玩一场属于自己的音乐对战。线下巧乐兹与参赛明星们深入全国 30 所大学高校，展开拉票活动点燃绝配参与热情，观众还可为支持的明星购买巧乐兹以获得棒签进行现场投票。

效果与评价

- 本次"巧乐兹 ONE 签绝配"活动共有 50 万人次输入棒签唯一码，换码 750 万次，101 万次成功兑换红包。
- 线下进校园活动前往 6 座城市，30 所大学，直击 23 000 名在校学生。
- 巅峰对决活动达 185 万人次观看，共有 27.5 万人次用棒签为歌手投票。

在信息膨胀的网络时代，精准变得尤为重要！本案例很明确地将目标群体瞄准了"90 后"，整合了腾讯全平台资源，在这个庞大的社交网络体系中构建了属于年轻人交流互动的天地，将年轻人爱社交的行为利用得恰到好处。难能可贵的是，整个案例的主线相当清楚，"棒签"贯穿始终，有效地把整合营销的精髓发挥得淋漓尽致：线上线下的有机结合；品牌与消费者对话到消费者与消费者对话，再到消费者与品牌对话。一个闭环的整合营销一步一步走出来，最后能有喜人的效果也实属当然！

——天联广告 ECD（执行创意总监）　许统杰

分析与反思

赞点

- 用户参与形式新颖。仅仅用棒签上印制的序列号，便能轻松实现多种功能，成本低廉富有创意，在迎合年轻人口味的同时又发挥出了冰激凌的特色。
- 配对激发社交分享。在社交方式多元化的时代，一对一配对环节激发了消费者社交分享的频率，促进了消费者对巧乐兹的二次传播，在互动配对中潜移默化地提高了消费者对品牌的态度和活动参与度。

弹点

- 奖励机制过于简单。2015 年是微信红包使用元年，扫二维码也是用户喜闻乐见的互动参与方式，但是随着类似营销活动的出现，使得红包奖励越来越不能够吸引眼球。相反，在奖励机制设置上如果能够像棒签码具备专属性，如自己 DIY 配对明星角色，把自己跟心仪的明星配对而不是简单的红包，也许会迎来一波用户的追随。
- 线上线下传播力度不足。整个活动面向的群体都是"90 后"，用微信、微博平台作为主发阵地在传播力度上过于单薄。线下进校园活动的影响范围相对狭窄，达不到影响"90 后"消费群体对巧乐兹品牌忠诚度的预期。

039 三星 Galaxy Note 5 职场轻态度

标签：社会化营销、数字营销

案例名称： 三星 Galaxy Note 5：职场轻态度

广告主： 三星（中国）投资有限公司

主创公司： 网易传媒公司

获奖情况： 2016 大中华区艾菲奖—社会化营销媒体类—金奖

2016 金鼠标—数字营销大奖—数字媒体整合类—银奖

背景与挑战

三星 Note 5 推出新一代产品，其内部硬件升级、产品功能更强，希望快速扩大产品影响，吸引用户关注。对比其他手机品牌讲情怀的营销方式，单纯传递卖点的方式已经不再适用。如何影响 Note 5 的商务属性用户，如何从情感层面与用户产生共鸣，成为此次营销的核心。

目标与洞察

如何为职场人士"减负"成为大家关心的问题。在这种情况下，三星手机一直在不断提升自身产品的性能，其内核就在于帮助商务人士，让他们更加轻松地应对繁杂的工作，让职场变得更加轻松。网易作为有态度的媒体，始终倡导大众用有态度的理念让自己的生活更加有格调。于是三星与网易联手，针对商务人士共同倡导"职场轻态度"的行动，告别烦琐、减轻压力，让商务人士以一种更加轻松的态度面对挑战与压力。

策略与创意

告别冰冷的宣扬卖点的传统营销方式。三星通过传递情感与态度的营销活动——"职场轻态度"，使用户对品牌产生情感共鸣，通过"晒包"的方式挖掘用户痛点，为职场人士"减负"。

重量级 KOL 加盟，彰显三星 Galaxy Note 5 商务属性。邀请网易 CEO 丁磊等新兴行业的创业大佬为三星站台，晒出包中的减压神器倡导职场轻态度。

从明星走向大众晒包，创意手绘"Note 体"激发用户参与。结合网易王牌栏目《街头会易》采访让晒包话题二次发酵，激发大众主动晒包。

执行与表现

1. 名人发声，线上晒包预热

在微信发布"职场轻态度"H5，汇集网易 CEO 丁磊、牛电科技创始人胡依林、"出门问问 Ticwatch"创始人李志飞、"燃健身"CEO 大熊各大佬以自己的实际体验和晒包倡导职场减压的态度，将三星手机巧妙植入包中，表达轻态度的宣言。

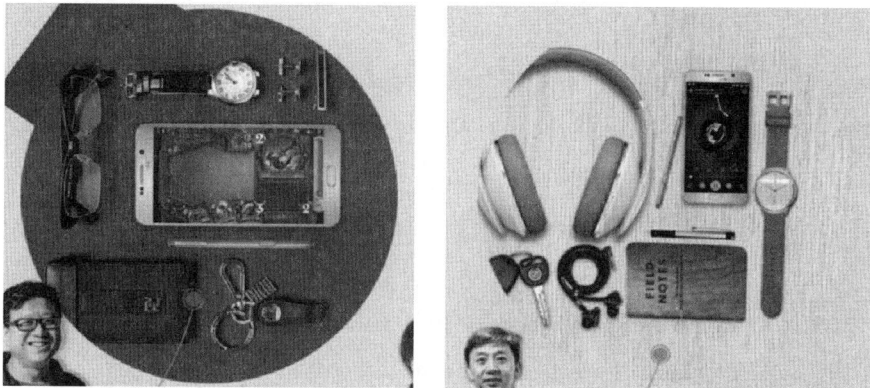

2. 创意手绘引发全民晒包互动

在微信上发布"职场减法"H5，用"唐森""笑黄人""葫芦娃""白骨精"等漫画 IP 传递幽默风趣的职场轻态度，同时三星将产品拟人化，将 Galaxy Note 5 创意植入到全民晒包行列。网友在最后可以自己编辑 Note 体，上传"晒包"照片，发轻态度宣言，打造全民互动事件。

3. 社会参与，实现话题发酵

网易王牌栏目《街头会易》进行街头采访，并巧妙植入 Galaxy Note 5 的核心功能，创新话题引发二次发酵，神回复缔造互联网新热点。

效果与评价

- 本次"职场轻态度"营销活动总曝光达 713 469 937 次，其中"职场轻态度"H5 分享数达 82 192 次；"职场减法"H5 中网友上传作品数达 2 039 次，分享数达 75 942 次，用户点赞数为 243 315 次，超过此类活动平均值的 130%。《街头会易》节目视频播放量达 394 162 次，评论数 1 982 条，共有 28 090 次分享。

分析与反思

赞点

- 名人效应凸显产品属性。四位大佬背包的背后，代表了四种职场典型目标人群以及产品使用背景。将 Note 5 的产品卖点和职场压力、高效工作、优质生活、高体验等元素进行绑定，把 Note 5 强势代入了职场人士使用场景，让目标人群在心目中留下了 Note 5 这一品牌形象。也突出了产品具备的四大优势：屏幕优势、相机、音质、科技力。

弹点

- 活动预热过于简单。仅仅通过微信单一平台发布 H5 的宣传方式过于简单，病毒视频《街头会易》采访播放平台受到局限，其传播效果和力度减弱。同时"职场轻态度"H5 通过展现名人背包的宣传方式互动性不明显。
- 活动后续传播乏力。活动在短时间内取得了一定的关注和支持，但由于热度短暂集中，消费者很快便会淡忘活动内容。

040 百度
张国荣隔空对话 标签：社交化营销、情感语音合成技术、数字营销

案例卡片

案例名称： "张国荣隔空对话"百度情感语音合成项目
广 告 主： 百度
主创公司： 蓝色光标数字营销机构
获奖情况： 2016 中国广告长城奖—媒介营销奖—互动创意奖

背景与挑战

百度的目标是为语音技术开发者提供语音技术等服务。同时通过场景识别为车载导航、智能家居等行业提供语音解决方案。然而语音合成技术的用户体验一直不是很好，用户只能听到机器人生涩无比、毫无感情的声音。百度此次社交营销活动主打"情感牌"，以让更多的用户接受这项国产新技术。

目标与洞察

张国荣百度贴吧中，粉丝数量以20世纪80年代人群为主，同时包括20世纪70年代、90年代的人群，粉丝涉及各行各业的专业人士，其目标受众与百度目标受众属性吻合。通过语音合成技术，使得机器发声接近张国荣的原声，实现了粉丝与偶像的互动，对提升百度语音功能的好感度、与用户建立情感联系具有重要的作用。

策略与创意

"张国荣隔空对话"百度情感语音合成项目正是借助人工智能技术与张国荣歌迷朋友的互动，借助歌迷对偶像张国荣的思念，增强受众对人工智能的认同感，同时表达对张国荣的怀念之情。2016年是张国荣诞辰60周年，对张国荣与其粉丝都具有非同寻常的意义。

执行与表现

1. 从百度贴吧发起纪念活动

百度在百度贴吧面向所有张国荣粉丝，发起"#13周年继续宠爱张国荣#"隔空对话哥哥的话题，征集发言和想对哥哥说的话，并评选出10位最具代表性的幸运粉丝，参与偶像"互动"视频的录制。

2. 发布与偶像"隔空对话"网络视频

通过视频网站、微博和贴吧等网络渠道和户外渠道播放粉丝对张国荣逝世13周年纪念的表白视频。百度利用语音合成技术将张国荣在影视、电台和各种渠道留存下来的原声进行建模，合成了一封"哥哥答粉丝信"，实现粉丝与张国荣隔空对话。

3. 线上张国荣纪念活动宣传

百度贴吧成为活动宣传的主阵地，实时直播各项纪念活动，激发粉丝参与；百度微博等"大V"参与发起"#与张国荣的隔空对话#"话题；众多公众号发布纪念张国荣的文章为传播环境造势。

4. 组织张国荣 60 周年诞辰纪念活动

2016 年 3 月，百度语音技术团队在北京当代 moma 百老汇影城发起了一场张国荣 60 周年纪念活动，百度语音技术团队利用"情感语音合成技术"合成出了张国荣的声音。在张国荣电影《缘分》开场前首次公布对话实录视频。

效果与评价

- 效果数据。微信公众号得到了近 3 万的阅读量；粉丝在微博和贴吧转发量超过 3 000 万；
- 媒体关注。获得具有影响力的媒体的充分关注支持，包括凤凰娱乐、搜狐、腾讯视频、新华网、《海峡午报》等多家主流媒体的报道。

分析与反思

赞点

- 创意与技术结合，为品牌带来好感度。通过利用情感语音合成技术，借助张国荣诞辰 60 周年之际，合成了一段张国荣的隔空对话，不仅展现了这项技术的应用情况，而且让粉丝们拥有了更近的方式来思念偶像。

- 利用百度自身平台优势，实现精准定位。百度贴吧是百度旗下独立品牌，全球最大的中文社区。百度正是利用其自身的平台优势，依靠张国荣吧的2 000万人群的大规模覆盖，进行前期活动预热，节省成本的同时，也更容易得到目标受众的关注。

弹点

- 目标受众人群定位范围狭窄。百度此次将受众目标定位于张国荣粉丝，尽管张国荣粉丝数量极多，纪念张国荣已经成为一种"纪念文化"。但是仍然不能保证受众人群的数量。
- 广告形式过分打造情感牌，而忽略了宣传品牌本身。百度所发出的"张国荣隔空对话"宣传视频，对于张国荣粉丝来说，如果只观看了视频，而没有看百度技术介绍，将不可避免地忽略百度情感语音技术本身。
- 传播活动持续时间过短，技术有待完善。百度通过2016年百度世界大会的召开宣传此项技术，由此说明"张国荣隔空对话"的活动并没有为其持续赚取关注。

041 纳爱斯 雕牌新家观

标签：家庭情感、O2O、社交网络

案例名称： 纳爱斯：雕牌新家观

广告主： 纳爱斯

主创公司： 英扬传奇&喜邑互动复合品牌事务机构

获奖情况： 2016 金投赏—代理公司组—金奖

2016 金投赏—数媒介整合服务—金奖

2017 金鼠标—全场大奖提名、最佳创意表现奖

2017 金鼠标—整合营销类-跨媒体整合类—金奖

背景与挑战

　　纳爱斯旗下的雕牌作为国内知名度最高的日化品牌之一，已耕耘市场26年，基于产品功能属性，它成了见证和承载中国家庭情感的载体。随着社会价值观念多元化，雕牌品牌印记逐渐模糊，雕牌被贴上了"妈妈那一代人的老牌子"的标

签，品牌老化已是不争的事实。雕牌如何与新一代"80后""90后"家庭产生共鸣，拉近品牌与他们的关系，建立持续的品牌偏好成为本次营销活动的重要挑战。

目标与洞察

社会洞察。新时代中国家庭观念发生变化，以"80后""90后"为主组建的新一代家庭，很多陈旧的家庭观念对他们已然不再适用，更平等、更直接对话、更互爱的新家庭观念是新一代的特点。

营销目标。依赖时代背景，融合文化思潮，玩出情感共鸣。用互联网时代年轻人的风格创作正能量内容，让雕牌成为表达年轻人家庭观念的载体。

策略与创意

用互联网时代年轻人喜闻乐见的段子，从夫妻、婆媳、子女三种关系创作尊重、沟通、理解、疼惜四种正能量家庭观念的宣传内容。利用地铁车厢媒体创造爆炸事件，引发媒体报道、消费者互动分享；通过微信、微博、报纸等整合媒体资源曝光新家观，引爆社会舆论。

执行与表现

1. 38列"新家观号"地铁专列，"雕牌新家观"强势引爆

2016年3月8日，全国8城（北京、上海、广州、深圳、杭州、武汉、沈阳、苏州）地铁共驶出38列"新家观号"专列。车厢内被80张年轻、走心的新家庭观点和插画装点，瞬间抓住乘客的眼球。

2.《新民晚报》创新广告投放，"雕牌新家观"话题升温

"雕牌新家观"广告实现了上海《新民晚报》38 个版面整份报纸的全覆盖，新颖的刊登方式、新锐的内容，"雕牌新家观"在微信朋友圈刷屏。

3. 微博精准引导，触发网友热烈评论

雕牌地铁及报纸事件，让"#雕牌新家观#"迅速登上微博热门话题榜，话题微博端阅读量达 3.3 亿。李小鹏、李安琪、陆毅、鲍蕾等明星夫妻顺势在微博上互动秀恩爱，将"#雕牌新家观#"话题迅速扩散。

4. "雕牌新家观"趣味 H5 刷屏微信朋友圈

"雕牌新家观"H5——"改善家庭关系的 80 个锦囊""测一测刷新三观"在微信平台深入与网友互动，引发刷屏狂潮。

5. "雕牌新家观"短视频及自媒体 UGC，引发更深层次社会话题

《中国五千年家观简史》动画视频、8 个"雕牌新家观"15 秒短视频在各大视频网站上线热播，引发众多网红及自媒体对"雕牌新家观"进行二次创作。

《中国五千年家观简史》动画视频	"雕牌新家观"15 秒短视频其一	"雕牌新家观"15 秒短视频其二

6. 销售终端及电商全面接水，新家观激发销售狂潮

全国家乐福及大润发等线下终端及线上电商端同步开展"雕牌新家观——三月女王节"销售活动，销售狂潮被全面激发。

效果与评价

• 整个"雕牌新家观"活动超过 1 000 家自媒体主动热议及创作，超过 60 家电视台、300 家主流媒体（电视、纸媒及网媒）主动报道，获得相当于 1 000 万次免费媒体曝光的价值。

•《中国五千年家观简史》动画视频、"雕牌新家观"15 秒短视频播放量超 1 500 万次。

• 微博话题"#雕牌新家观#"阅读量达 3.3 亿次，累计曝光量超 9.5 亿次。

• "#雕牌新家观#"成功刷新品牌形象，销量比去年同期提升 300%。

分析与反思

赞点

- 对消费者情感的准确把握。所有营销都围绕着家庭观念进行宣传，充满正能量，容易引起消费者的共鸣。因此雕牌顺势推出"#雕牌新家观#"活动，洞察消费者情感变化，顺应形势，可以和新一代消费者进行更加个性化的沟通。

- 与自身品牌理念有效结合。这次提出了 80 个充满正能量的"#雕牌新家观#"，刚好符合一贯以来雕牌在消费者眼中的亲民形象。

- 巧借女人月，多平台轮番宣传。此次营销首先由线下掀起，通过在各大城市地铁投放广告，引爆话题，乘客通过地铁插画扫码跳转 H5，流畅观看全套 80 条雕牌新家观，并为电商导流，促进销售；之后在国内主流报纸投放广告，通过权威纸媒和线下事件联动，两个热点事件先后引爆，形成传播双核，传播声浪层层累加；接着和微博合作，明星夫妻借助话题秀恩爱，准确引发消费者的热烈讨论；以及后期的朋友圈传播、网络病毒视频更是让广告深度扩散，以铺天盖地之势怒抢 3 月 8 日"女王节"头条。

弹点

- 广告铺天盖地，话题理念没有更加深入。从本次营销活动传播矩阵来看，雕牌在这次活动中花了大手笔，80 条新家观铺天盖地，迅速成为话题焦点。但从地铁、H5 等媒介载体上传递出的仅仅是说一说的感觉，没有升华细节以给人更深的情感体验，只能让消费者当成一次普通的爆红时间。

042 vivo
快到让你飞起来

标签：社交媒体营销、网络综艺植入广告

案例卡片

案例名称：	vivo 联手《奇葩说》：快到让你飞起来
广 告 主：	vivo 智能手机
主创公司：	超凡集团有限公司
获奖情况：	2016 金投赏—代理公司组—社交媒体营销类—金奖

背景与挑战

　　vivo Xplay 5 是 vivo 智能手机于 2016 年 3 月 1 日发布的一款智能手机，该产品卖点主打"快"无边界。从 2015 年开始，网络内容的爆发式增长使年轻人群已经开始将注意力转向纯网综艺和自制剧。关心节目质量、特立独行的纯网综艺《奇葩说》，迅速成为内容创新的典范。面对"90 后"年轻群体厌倦迂回套路、对耳目一新的视听体验需求，如何有效利用社交平台、将 vivo 品牌调性与节目内容巧妙融合、吸引更多受众的焦点，对 vivo 来说是个不小的挑战。

目标与洞察

　　《奇葩说》以其新颖的结构、犀利的风格和畅快的节奏成了目前最受时尚年轻人欢迎的节目。"畅快"的辩论节目形式和主要的受众群，都与 vivo 所倡导的生活理念及消费者高度重合。《奇葩说》形成了独具特色的营销模式——追求栏目与品牌的契合度。借势《奇葩说》连播两季热度依旧不减的 IP 优势，vivo 赞助了《奇葩说》，期望通过社交传播宣传新款手机和深化品牌印象。

策略与创意

　　创意基调定位为年轻活泼的泛娱乐方向。联合冠名《奇葩说》第三季，将节目宣传、讨论辩题、马东口播广告、场景道具等节目内容与 vivo "快到让你飞起来"的理念相结合。精准聚焦社交媒体平台，巧妙突出"快"的特点，以最贴近受众接触习惯的媒体组合扩大传播效果。

执行与表现

　　1. 开播宣传预热，话题互动激发网友脑洞

　　在第三季开播前，vivo 与《奇葩说》创意融合导师特色和手机性能，共同创作"快到让你飞起来"的预热海报，如"看你快人快语，看我快门快闪"等。同时在 vivo 社区微信公众号发起"快到飞起"奇葩金句填空互动，赢取爱奇艺 VIP（贵宾）卡。引发微博、微信过万粉丝脑洞大开，才情迸发。

2. 主持人马东的花式口播，vivo 品牌的形象深入人心

除《奇葩说》大胆的论调颇夺人眼球之外，"奇葩议长"马东在节目中的花式口播 vivo "快到让你飞起来"广告更是让人眼前一亮，如"不要压抑自己的天性，飞吧"，成为节目一大特色。

3. vivo 新品品鉴会，将《奇葩说》辩论搬至线下

vivo 在首都经济贸易大学以《奇葩说》的形式，举办了一场 vivo 新品品鉴会，邀请奇葩说奇葩议长、明星辩手，以生活节奏为题畅谈生活中的"快"与"不快"。

4. 趣玩节目内容，创意泉涌井喷

充分把握节目内容，以漫画形式植入手机"快"的特性，态度鲜明地直抵异地恋群体的软弱内心，赢得受众高度共鸣；将手机特性与当红明星反应速度、语速快的特点浑然结合，立体展现人物的同时多角度呈现和展示手机；结合节目 Mini Talk，基于快速撤回功能策划"治疗手癌"互动活动，让受众拥有一种参与节目的全新方式；vivo 将本季奇葩辩手金句与手机组合，制作成微信 GIF 表情包，为时刻准备着表情大战的"90 后"群体送去充足弹药，引发海量分享。

效果与评价

- 整个营销计划执行期间，发布了相关微博 18 条、相关微信 8 条、病毒视频 2 条、互动总数共 117 000 次、传播覆盖达到 4.2 亿人次。
- 精准聚焦社交媒体平台，如微博、微信、爱奇艺视频网站等，力图更贴近受众——"90 后"年轻人群，用符合其接触习惯的媒体组合来扩大传播效果。

分析与反思

赞点

- **对赞助平台的精准把握。**《奇葩说》是 2014 年爱奇艺打造的中国首档娱乐辩论节目。该节目自 2014 年 11 月底上线以后，总点击量已经破亿，微博话题阅读量也轻松破 10 亿大关，并受到持续关注。vivo 成功把握住自身品牌受众与节目观众相重合的特点，让此次营销的效果更加明显。
- **vivo 品牌理念与节目内容强有力的结合。**营销创意内容紧紧植根于 vivo 在《奇葩说》中"快到让你飞起来"的口播，通过社交平台形象化传播，强化受众对产品性能的记忆。同时开展线下讲座，吸引更多注意力，为 vivo 品牌带来巨量曝光。
- **巧妙地将节目内容与 vivo 手机特性相结合。**充分把握节目内容，从主持人口播、辩论题目、Mini Talk、做客明星鲜明的人物特点、节目道具、辩手金句等角度全方位挖掘 vivo 植入的空间。

弹点

- **活动得到的资源有限。**与有范 App、谷粒多等主赞助商相比，vivo 在《奇葩说》节目中的植入机会较少，得到的节目资源授权有限，创意受到明显的空间限制。
- **活动受众的过分狭隘限制了传播效果。**vivo 将营销活动的受众狭隘的定义在 vivo Xplay 5 的消费群体与《奇葩说》的观众高度重合的"90 后"年轻群体中，而忽略了对综艺节目并不关注的其他"90 后"人群，造成营销传播到的人群过于局限，营销传播效果有限。

043 天猫 "双11" 全球狂欢节微博传播活动

标签：社交营销、节日营销、整合营销

案例名称：天猫："双11"全球狂欢节微博传播活动
广 告 主：浙江天猫科技有限公司
主创公司：上海灵狮广告有限公司
获奖情况：2016 金鼠标—最佳营销效果奖
　　　　　2016 金鼠标—最佳媒介策略奖
　　　　　2016 金鼠标—跨媒体整合类—金奖
　　　　　2016 金投赏—代理公司组—金奖

背景与挑战

　　一年一度的"双11"，是中国网购的全民盛典。天猫作为中国线上购物的地标网站，为每年"双11"惊人的交易额做出了决定性的贡献。2015 年，为了将中国消费者对网购的热情推向更高潮，同时为了满足消费者更加多元化的消费需求，天猫携手新浪共同为打造"全球化"和"国际化"新形象迈出关键的一步，同时借由此契机，推出新业务和"买手天团"的站内专题，为消费者带来更多全新的体验。

目标与洞察

　　品牌层面：强化"全球化"和"国际化"的形象，同时深化天猫和"双11"的关联度，稳固并加强用户"双11"在天猫抢购的消费习惯。

　　产品层面：一方面推出众筹新业务，另一方面带动"买手天团"站内专题的销售和流量。

策略与创意

　　首创高度娱乐化的"双11狂欢夜晚会"；在数字媒体上利用情感营销，加强网络用户互动；借力时尚达人、名人明星扩大"双11"的影响力。打破消费者对"双11"的固有认知，将该节日从单纯的网购节日提升为全民庆典，达到"娱乐"和"购物"完美结合。

执行与表现

1. 第一阶段：开辟微博红包分会场，"人人都是眼技派"话题先行

从 2015 年 10 月 20 日开始，天猫在微博上以"人人都是眼技派"为主题，展开了一场疯狂的拼眼技、抢红包的活动。改变了原先无脑式的一键抽红包，采用转发红包拍档博文抽红包机制，提升了"双 11"核心话题博文的传播和阅读。

2. 第二阶段：开拓情感营销模式，感恩夜间工作者

2015 年 10 月 31 日，天猫集结 KOL 在微博上发起了为"深夜英雄"点赞的彩虹众筹活动，利用病毒海报与视频、趣味 H5 引起网络用户的关注。明星助阵再次将感性情绪推向高潮。线下打造真正的"午夜彩虹"向社会工作者致敬。

"午夜彩虹"众筹行动海报

3. 第三阶段：买手天团拉动粉丝经济

天猫通过微博"海淘派"招募到 111 位时尚达人，11 位网红大咖通过发布长微博推荐私藏单品，并由天猫匹配商品链接反哺站内专题，100 位导购达人直接发布带有商品链接的长微博，商品链接将直接同步至天猫专题。

4. 第四阶段：网台联动直播"双 11 狂欢夜晚会"

天猫联合微博、湖南卫视、视频网站三大传播阵地直播全球互动狂欢晚会，打造了一场"消费＋娱乐"的全新互动形态。边看天猫"双 11"直播晚会，边刷微博吐槽，跨屏互动登录天猫 App 领取优惠成了此次"双 11"最大的亮点。

效果与评价

- 天猫"双11"战绩：销售量高达 912 亿，打破 9 个吉尼斯世界纪录。
- 账号合作：12 位明星及 12 位网红大咖，15 家媒体机构，181 名超人气段子手，10 个一线大牌，430 万微博用户点亮偶像为"双11"代言。微博产出原创内容近 500 篇，总体互动量超过 1 500 万条。
- 传播数据：天猫主持的七个话题，共计产生了 62.8 亿的阅读量，6 504 万的讨论量。"双11"全网热议指数天猫高居榜首，在所有竞品中，占比高达 69%。
- 公关数据：活动期间，超过 80 家媒体对天猫"双11"进行了报道，发布了160 余篇文章。

　　对于天猫每年一度的盛典要创造再一次历史性的成交金额，对中国营销界来说似乎已经不再是一个"新闻"，大家只能期待那个数字的出现与水分的讨论。但2015 年的天猫"双11"，带给了营销界更多的惊喜，除了"买手天团"的主题紧密地结合买卖家的生态链，狂欢晚会的推出更是一个突破的举动，硬生生地把一个电商的促销盛会变成了一个全民娱乐、全民参与的嘉年华会，无论消费者在激情后，有多少比例的人想剁手，但"双11"刺激消费欲望的能力，令人佩服。

——安索帕中国集团董事总经理　黄敏尉

分析与反思

> **赞点**
>
> - 首试天猫"双11"晚会直播。利用电视和网络媒体的传播力度，配上贯穿整场晚会的"摇一摇"活动带来的线上线下数百万人的互动，堪称最"互联网＋"的晚会。
> - 打造全民娱乐互动购物狂欢。在 2015 年"双11"网购狂欢节期间，消费者通过在网上参加抽奖活动、在手机天猫 App 上玩小游戏赢现金红包、参与"双11 晚会摇一摇""众筹彩虹"点赞互动等方式，不仅满足了自身的购物需求，而且增加了购物的趣味性。
> - 情感营销拉近与消费者的距离。利用"双11"的自带热度，发起趣味性与人文性兼备的"众筹彩虹"，从情感出发引发微博用户的热议和互

动，不仅是向"深夜英雄"致敬，更呼应了今年天猫的众筹业务，也带入对"双11"物流的关注。开创了一次情感营销的新模式。

弹点

- 天猫"双11"微博整合营销活动在短时间内取得了一定的关注和支持，但是"双11"一过，转载就骤停。活动热度短暂集中，消费者很快便淡忘，设立的"全国抬头日"最终沦为一时的活动噱头。

044 安踏
天生汤神，霸屏逆袭

标签：社交网络、H5

案例卡片

案例名称：安踏：天生汤神，霸屏逆袭
广 告 主：安踏体育用品有限公司
主创公司：腾讯科技（北京）有限公司
获奖情况：2016 中国广告长城奖—互动创意奖—金奖

背景与挑战

安踏，作为传统国产著名运动品牌，在竞争日益激烈的运动产品市场下，凭借良好的数字营销策略在传统运动企业中逐渐脱颖而出。2015 年 2 月安踏与人气篮球球星克莱·汤普森签约，利用名人的营销策略，以推广安踏的篮球等周边产品。

目标与洞察

随着移动终端和社交媒体进步，人们在微信、QQ 等虚拟平台驻足的时间更长了，快餐式的线上营销让人们倦怠，而一份具有灵性创意的 H5 更能吸引大众的眼球。2016 年 5 月 30 号，安踏新产品 ANTA 克莱·汤普森 1 代战靴发布，以希望借助名人效应引起受众对战靴的好奇心，从而提高战靴销量与竞争力。

策略与创意

在赛事爆发节点，通过球星个人高曝光与社交互动传播的营销方式，安踏用 H5 这种受众能参与互动的形式，推出"汤神霸屏"互动。它模拟让汤神在手机屏幕里出现，从虚拟 App 互动到真实电商页面无缝衔接，从而提高新品购买量。

执行与表现

1. 为汤普森量身打造战靴

安踏篮球特地为汤普森量身打造 KT1 季后赛特别版战靴，助力汤神，再次向总冠军发起冲击。

2. 在移动端推出"汤神霸屏"H5

在勇士季后赛 1：3 落后，迎来生死战的当天，安踏篮球推出了一款"汤神霸屏"H5。模拟平时使用的手机页面，以克莱·汤普森为原型创造了动画版人物，人物在腾讯体育、腾讯新闻、微信不同 App 场景中活跃，让受众接触到更多关于战靴和汤普森的信息。

3. 汤神扣篮 H5 为销售战靴引流

汤普森意想不到地用扣篮的方式出现在手机屏幕上，用篮球串联腾讯体育、腾讯新闻、微信页面，受众通过手指与动画版汤普森互动，参与投篮游戏。最后进入微信流媒体广告页面即可进入购买链接购买汤普森同款战靴。

效果与评价

- H5 于 5 月 30 号转发量达 30 000 人次，6 月总计阅读量已超 300 000 次。
- ANTA 克莱·汤普森 1 代战靴销量上增，新品推出后，卖出了超过 5 万双篮球鞋，销售金额增长接近 40%，销售数量增长接近 30%。

分析与反思

赞点

- 创意形式配合 H5，体验丰富，互动性好。汤神 H5 利用三维效果的特点有力地提高了品牌 H5 的互动性及用户感官体验效果。受众得以与汤神互动，仿佛身临其境。后期用户的反响多为正面，用创意挽留视线，以互动增强体验，这样做不仅受众不会反感，反而能争取到受众的互动与分享。
- 与安踏传统营销策略的有效结合。安踏传统广告营销就是利用球星效应、利用电视广告传播来营销，其本身的传统优势在于具有球星签约获得特定粉丝的用户群，而用 H5 结合球星汤普森的方式是一种进步的尝试，这种结合效果更好，看到新奇的推广，受众的满意度也更高。

弹点

- 只是一篇创意 H5 显得单薄。吸引到消费者的眼球不代表百分百成功，仅仅是一篇 H5 并不能一柱擎天，想要真正做好球鞋的销量需要配合更全面的传播方式。H5 本身用户参与度有限，传播度也有限，汤神 H5 单单只是手指互动，其互动性远低于 App 等其他体感有力的数字营销方式。
- 对产品的介绍有限。整篇 H5 对产品 ANTA 克莱·汤普森 1 代战靴的介绍很无力，光是吸引眼球还不够，毕竟用户最后要买是产品，所以需要更多的后续手段。

045 瑞兹
所有圣诞树都是美丽的
标签：危机公关、新媒体社交、话题营销

案例名称： All Trees Are Beautiful（所有圣诞树都是美丽的）
广 告 主： The Hershey Company（好时瑞兹巧克力）
主创公司： Arnold Worldwide 阿诺德国际传播
获奖情况： 2016 One Show—公关—金铅笔
　　　　　　 2016 戛纳国际创意节—公关活动—银狮
　　　　　　 2016 纽约国际广告节—数字病毒网络通信—银奖

案例
卡片

背景与挑战

瑞兹（Reese's）巧克力是北美家喻户晓的巧克力品牌。每年圣诞节期间，瑞兹会推出限定产品，其中包括一款圣诞树状的巧克力块。

但在 2015 年的圣诞节，这种圣诞树状的巧克力块与以往相比造型粗糙了许多，大量消费者在 Twitter 批评"根本不像圣诞树"。瑞兹的品牌形象因而受损。面对媒体上的各种负面评论，瑞兹要如何缓和事态，控制网络舆论的局势和话语权，并将其扭转成一个积极的局面，成为瑞兹面临的挑战。

目标与洞察

瑞兹希望利用公关活动来转移舆论焦点，让瑞兹巧克力重新回到消费者所喜爱的位置，并在圣诞节之际传达正面的信息，重塑品牌形象，维护"圣诞节必备糖果"这一产品地位，通过品牌曝光来促进销售。

策略与创意

核心创意：所有的树都很美。瑞兹面对网络媒体上各种喋喋不休的负面评论时，通过利用社交媒体实时互动的特性来密切与消费者进行交流沟通，在 Twitter 和 Facebook 上发出了一个关于"树羞耻"的话题，用"#All Trees Are Beautiful"（所有的树都很美）这样的主题标签，从文化融合的角度来引导消费者"所有的树都是美丽的"，并在权威纸媒上向消费者承诺巧克力的原材料健康，从而一步步引导消费者更多关注巧克力内在的口感。

执行与表现

（1）前期巧克力的形状在网上被疯狂嘲讽的现象成为一个热点新闻，主流电视媒体报道加重了负面消息的传播。

（2）"树羞耻"的现象产生后，瑞兹开始在 Twitter 上连续发布带有"#All Trees Are Beautiful"话题的系列主题海报，以互动转发评论和病毒式传播的方式再次引发众多网友关注和热议。

（3）瑞兹联系主流权威的网络媒体对它的公关活动进行积极的评论报道。

（4）联系明星对其话题标签进行转发（好莱坞著名演员阿什顿·库彻和著名说唱歌手李尔·韦恩）。

（5）锁定忠诚消费者，引导瑞兹的粉丝在 Twitter 和 Facebook 上开启积极转发和评论。

（6）瑞兹虚心接受嘲讽者的批评，在产品生产设计上使巧克力的形状更接近圣诞树，并以幽默的口吻回应嘲讽者，从而获得了大量消费者的好感。

（7）用视频的形式强调巧克力的原料健康、质量好。

效果与评价

- 截至 2016 年 5 月，在 Twitter 和 Facebook 等社交和网络媒体上，瑞兹所推出的一系列话题讨论一共获得了超过 10 亿次的搜索量。
- 在圣诞假日期间，瑞兹一共销售了超过 300 万的树形巧克力，使年度总销售量增加了 7.4%。

分析与反思

赞点

- 巧用话题标签引发讨论，病毒式传播。瑞兹 "#All Trees Are Beautiful" 的话题标签是为了应对众多网友对其的嘲讽热点而发的，本身就自带热点属性，巧妙回应了嘲讽瑞兹树形巧克力长得不像树的大批网友，更能引起文化共鸣。
- 互动交流，幽默积极回应，而非一味地道歉。在当今的网络语境中，一味以低姿态的道歉形象现身很有可能会引起消费者的反感，但以吐槽、自黑和自嘲的方式，反而可以产生 "黑转粉" 和 "路转粉" 的现象。
- 锁定忠诚消费者。瑞兹在一开始发布话题时，先把话题分发到一些有影响力的粉丝手中，然后这些话题就像种子一样在互联网散播开来，话题热度也就逐渐形成。

弹点

- 只有话题标签和海报，缺少趣味视频，略显单调乏味。在社交媒体高度受年轻人追捧的今天，越来越多的人热衷于点击观看社交媒体上的创意趣味小视频，这一现象为一众商家提供了一个提升自身品牌认知度的绝佳平台，受众可以在轻松愉悦的氛围中既放松了自己又记住了一个品牌。而瑞兹却完全忽视了创意视频这个充满商机的平台，只是一味地抛出一个又一个话题，不免让人觉得单调，甚至厌烦。
- 没有改变产品 "不像圣诞树" 的事实，部分消费者仍然不买账。产品本身确实是出现了质量问题，而 "#All Trees Are Beautiful" 只能让原本十分期待产品的消费者感到无奈。瑞兹却没有解决产品的质量问题，而是要求消费者去接受有缺陷的产品。

046 澳大利亚黑素瘤互助组织
黑色素瘤向你点了一个赞

标签：公益营销、社交网络

案例名称： 澳大利亚黑素瘤互助组织：黑色素瘤向你点了一个赞
广 告 主： Melanoma Patients Australia（澳大利亚黑素瘤互助组织）
主创公司： Y&R ANZ 扬·罗必凯（澳大利亚及新西兰）
获奖情况： 2016 D&AD—广告和营销传播类—黑铅笔
2016 One Show—非营利性数字营销—金铅笔
2016 One Show—社交媒体—金铅笔
2015 夏纳国际创意节—社交营销—银狮奖

背景与挑战

恶性黑素瘤是由皮肤和其他器官黑素细胞产生的肿瘤。MPA（Melanoma Patients Australia）是一个澳大利亚黑素瘤互助公益组织。他们希望通过传播活动提高澳大利亚年轻群体对黑素瘤的警惕性，让他们认识到黑素瘤在年轻人身上也是一种很高发的病，提醒他们进行自查。

目标与洞察

MPA 发现，年轻人在进行易得黑素瘤的夏季户外活动（如度假）时会频繁地使用移动数字设备和社交媒体，比如放出自己在阳光下的照片、与朋友的合照等。因此 MPA 想要让年轻的澳大利亚"裸晒"一族去他们的网站进行黑素瘤的早期诊断自查和了解黑素瘤，同时想要发起一场能够直接影响他们行为的战役。

策略与创意

为黑素瘤创造一个线上的人格"@ _Melanoma"，给它注册 Twitter 和 Instagram 账号，而这个 Twitter/Instagram 账号由扬·罗必凯的社交团队运营，发布内容并实时点赞、关注、评论澳大利亚年轻人的暴晒照片。

执行与表现

（1）扬·罗必凯创造了"@ _Melanoma"，给它注册 Twitter 和 Instagram 账号，并为它组建了运营团队，"@ _Melanoma"的主页会经常更新关于阳光的照片，顺便在照片上标注"黑素瘤对你虎视眈眈"（Melanoma is Watching You）的标签。

（2）开发了一个能够抓取 Twitter 和 Instagram 上户外活动有关的标签和地理位置分享的应用，这个应用会实时通知扬·罗必凯的社交运营团队，然后利用"@_Melanoma"账号在这些推文下发戏谑意味的评论或点赞，类似"我（黑素瘤）也很喜欢你裸背晒太阳的性感模样"，以此来与目标消费群体互动，达到推广目的。

（3）MPA 和扬·罗必凯合作设计了一个让目标群体可以自查皮肤状况的移动网页，就放在"@_Melanoma"的 Twitter 和 Instagram 的首页，只要用户点击"@_Melanoma"的主页，就可以直接进入并进行自查和学习如何防止患上黑素瘤。

效果与评价

- 在这场为期四周的夏日战役里，访问 MPA 的皮肤状况自查页面的访问量增加了 1 371%。
- "@_Melanoma"所发的推文得到了广泛的转发，二次传播状况极佳。让本来只针对昆士兰地区的目标群体的战役推广到了整个澳大利亚地区。

分析与反思

赞点

- 走心互动方式。通过程序的抓取，"@_Melanoma"对数百万的用户进行了评论、点赞等互动。同时每条发出的内容都是根据用户自己的内容进行精心定制的，这种高密度的互动让用户接受了"@_Melanoma"这样一个形象。
- 打破传统公益的严肃范式。传统公益广告往往是以比较沉重的方式来"警惕""告诫"目标群体，但在这场战役中，为黑素瘤所塑造的人格是邪恶贱萌的，并不会用大量的黑素瘤恐怖照片来"恐吓"用户，而是在目标用户置身阳光下时，对其进行提醒，将黑素瘤这种疾病意识渗透到年轻人群体中，让他们自然而然地发现太阳辐射的危害。

弹点

- "@_Melanoma"选择给用户推送信息的时机往往是在用户度假等放松的时刻，而这则消息的内容会造成用户情感上的抵触，影响核心信息的接受。

047 汉堡王
McWhopper

标签：社交网络、O2O

案例卡片

案例名称：McWhopper（麦皇堡）
广 告 主：Burger King（汉堡王）
主创公司：Y&R New Zealand 扬·罗必凯（新西兰）
　　　　　DAVID Miami
获奖情况：2016 D&AD—数字营销类—黄铅笔
　　　　　2016 D&AD—整合与创新媒介类—黄铅笔、石墨铅笔
　　　　　2016 夏纳国际创意节—媒介类—全场大奖
　　　　　2016 夏纳国际创意节—直效类—金奖

背景与挑战

2010 年汉堡王被 3G 资本收购，易主后 3G 资本以惊人的速度将汉堡王的绝大部分直营店出售给了加盟商，公司运营成本减少，低迷财务的表现终于有了起色。但在提高销售额方面，汉堡王仍然面临着巨大挑战。

目标与洞察

情感目标："世界和平日"一直存在，但是人们只感受到其口号，对"和平"没有深刻的意识。汉堡王希望通过活动唤起人们的"和平"意识，以及提升"世界和平日"的存在感。

商业目标：鼓励消费者通过购买"麦皇堡"（McWhopper）表达自己对"和平"的支持，提升汉堡王的销售额，挑战位于汉堡品牌第一位的麦当劳，赢回被抢占的市场份额。

策略与创意

核心创意：结合即将到来的"世界和平日"，邀请麦当劳一起制作"麦皇堡"，平息激烈竞争的战火，以此"和平"行为，体现世界和平日的主题。二者一改以往冷嘲热讽的竞争，转为友善的合作。汉堡王在《纽约时报》与麦当劳总部所在地芝加哥市主要报纸《芝加哥论坛报》投放了整版广告，内容是提议与麦当劳在 9 月 21 日世界和平日合作开设一日快闪餐厅，销售"麦皇堡"——一个融合了麦当劳（Big Mac）与汉堡王（Whopper）的标志性产品的汉堡。汉堡王还提出销售所得将全部捐献给"和平一日"的非营利组织。

执行与表现

1. 汉堡王给麦当劳的公开信发布，倡议合作

①公开信投放。和以往竞争企业之间剑拔弩张的挑衅示威不同，汉堡王给麦当劳写了一封友好的公开信，邀请对方一起制作"麦皇堡"。这封公开信被投放在全球最著名的两家报纸上——《纽约时报》和《芝加哥论坛报》，是为整个活动顺利进行所铺垫的前奏。②快闪店制服和包装设计。汉堡王贴心地设计了快闪店内员工

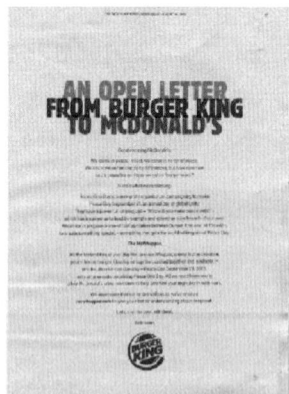

的制服和"麦皇堡"的新品包装。一切都秉承两大汉堡品牌结合的原则，设计中包含了两家的显著特点。③户外广告投放。在麦当劳的门店前投放指示牌广告，或者其他户外展板。通过橄榄枝、和平鸽等意象传达和平理念，尽力使这一行动家喻户晓。④建立专门网站。在独立网页上完整呈现和平计划。随着鼠标滑动，两侧的汉堡配料便会渐渐滑落，最终在页面最下方组合成为一个汉堡。网页中用视频、文字、动画等丰富的资源讲述了活动理念和实施方式。⑤视频广告演示创意来源。主要以动画视频的形式解释了联手麦当劳提升公民和平意识的目的，同时邀请公益组织"Peace One Day"的创始人出镜。随后，又推出了一则小动画，生动地展示了欲实施的"麦皇堡计划"，名为"The McWhopper Sandwich Proposal"（麦皇堡计划）。

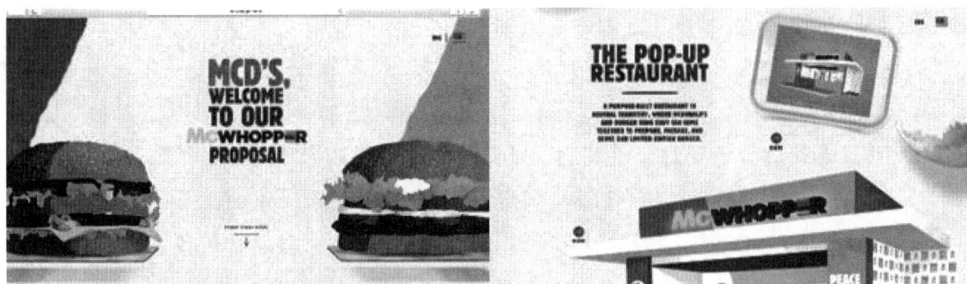

2. 惨遭拒绝之后迎来事件高潮

①麦当劳 Facebook 声明拒绝响应活动。声明中称赞这是个好想法，但是觉得两家应该做些更有意义的事，明确拒绝了这个提议，并称彼此间不存在激烈的竞争，一直都是友好的关系。麦当劳的做法激起了广大网友的抗议，大量网友留言表明愤怒和失望的情绪。②美食博主提供 McWhopper 食谱。麦当劳的拒绝使大家的希望落空，也令很多人对麦当劳心生厌恶。一些专业美食博主在自己的主页上介绍起更为详尽的 McWhopper 制作食谱。③普通消费者自制 McWhopper。前期发布的视频已经为消费者提供了自制 McWhopper 的方法，后期又有专业美食家提供更为详尽的食谱，不少消费者跟随主动尝试制作。他们不仅 DIY（自己动手做）汉堡以表示支持，还将自己的制作方法、食用感受等拍成视频上传至 YouTube。④媒体争相报道。汉堡王的活动引起了广泛的媒体关注，两大汉堡品牌之间的合作本身就具有新闻重要性，"世界和平日"亦具有影响性，麦当劳的拒绝又增加了新鲜性。

3. "世界和平日"当天的活动

遭到麦当劳拒绝后，其他四家汉堡品牌向汉堡王伸出了橄榄枝，它们同汉堡王一起创造出"和平日汉堡"，同样是由几家汉堡的标志性部分"混搭"而成。这款汉堡仅于 2015 年 9 月 21 日（世界和平日）在亚特兰大的快闪店内提供。

效果与评价

- 活动结束后，"麦皇堡"获得了 89 亿的媒体曝光率并赢得价值 2.2 亿美元的媒体报道，汉堡王购买意向上涨 25%。

- 根据 Toluna 调查网 2015 年 8 月的数据显示，美国大众对于和平日的意识也增加了 40%。世界范围内和平日的意识增加了 16%。（数据来源：2015 年 10 月麦肯锡咨询公司）

- 麦肯锡公司评论道："McWhopper 是为提升和平日意识而进行的唯一的，且做出最大贡献的活动。"

分析与反思

赞点

- 不是和平的和平牌。企业本身的高知名度就为营销事件带来了关注度。两个行业龙头企业的竞争又勾起消费者"看热闹"的兴致。互相嘲讽的技艺早已不能给大众带来新鲜感，而强调合作的意向，既能提高企业美誉度，又能出其不意地使竞争对手处于被动位置。

- 以公益活动为核心。联合了公益组织"Peace One Day"，承诺将所有收入捐献给该公益组织，并且在"世界和平日"这天举办活动，将公益活动与节日结合起来，不仅能达到提升和平意识的目的，更重要的是提升了品牌美誉度。

- 引起了广泛的消费者参与。Creamglobal 网上的评论文章中写道："麦皇堡活动不是被社会化地制造出来的，但是却诞生于社会。"麦当劳意料之外却又情理之中地拒绝了邀请之后，广大网友自发地做起了麦皇堡。

弹点

- 企业和消费者之间互动少，数字媒介仅是传播渠道。虽然活动引起了广泛的消费者参与，还有人自制麦皇堡。但从已知的公开材料中并未看到汉堡王与消费者之间的互动，更多的是消费者和消费者的互动。如果汉堡王能通过数字媒介参与到消费者的互动中，此次活动或许能取得更好的效果，对数字营销行业的发展也更有启迪。

048 美国公益广告协会 我是证人

标签：社交媒体、公益营销、数字营销

案例名称：I Am a Witness（我是证人）

广 告 主：Ad Council（美国公益广告协会）

主创公司：Goodby Silverstein & Partners

获奖情况：2016 D&AD—数字营销—黄铅笔

2016 夏纳国际创意节—网络类—金奖

2016 One Show—设计—银铅笔

2016 One Show—跨平台—银铅笔

案例卡片

背景与挑战

互联网给人的日常生活带来了巨大的便捷性，但对于纯洁无助的孩子而言，网络潜在的危险却常令人始料不及。从美国官方数据看，儿童所遭遇的网络暴力高达70%，即每十个孩子中就有七个遭遇过网络暴力。他们大部分会选择忍耐欺凌，最后导致难以挽回的惨痛后果。

美国公益广告协会需要借助公益广告的力量，呼吁社会关注、制止欺凌行为，给予这些弱势青少年们支持和鼓励，帮助他们在社交网络中重获自信。

目标与洞察

研究表明，旁观者可以在制止欺凌方面发挥关键作用，若见证人在看到欺凌时发出阻止声，则60%的欺凌事件将在10秒内停止。然而大部分的青年在见证欺凌行为的发生时，没有勇气或是没有合适的方式去阻止欺凌行为。

"I Am a Witness"活动的目标是在通过鼓励"沉默的大多数"转变消极的旁观者态度，以积极、活跃、团结的"目击者"身份站出来改变欺凌现象。

策略与创意

案例的创意围绕着青年人特有的表情符号语言展开。美国公益广告协会联合苹果、谷歌等互联网公司设计专属的反欺凌专用表情符号——"对话泡泡＋眼睛"，表意"你的行为是不对的，请立刻停止攻击"。人们可以用它阻止欺凌者并鼓励受害者们不必理会，帮助他们在社交媒体上重拾自信。

执行与表现

1. 在各大社交媒体上创建官方账号，以此拉开传播序幕

在 Twitter、Facebook 和 Instagram 等社交媒体网站开设"iseebullying"官方账号，发布"我是目击者"创意视频、动画、平面作品，引导用户使用目击表情符号下载目击表情键盘，生成自己的反暴力宣言贴纸。

2. 联合国际主流社交媒体，共同发声

社交新闻网站 Reddit Aliens 更改自己的 Logo 以支持反网络暴力的活动。YouTube给予了网页顶部的露出展示，社交媒体用户也可以在 Twitter、Facebook 和 Instagram 上加"#I Am A Witness"的标签转发支持。

3. 联合 YouTube 社交影响者，共同呼吁反暴力"目击行动"

①录制呼吁视频。"我是目击者"行动联合众多 YouTube 网络红人录制呼吁视频。形式上，视频首先邀请这些社交媒体影响力者在镜头前念出网络暴力语言，随着主角们的语调和表情越来越沉重，视频自然过渡到最后反暴力目击者的呼吁上，并将观看用户导向官网 iseebullying. org 访问。②交互式电影。与 Moonbot 工作室合作互动电影，拍摄动画短片。当观看者在手机上观看视频时，只能看到受欺凌的故事，如果触碰屏幕上的眼睛符号，糟糕的一天的版本就会变成快乐的一天的版本。③线下采访。不仅如此，"我是目击者"行动与 YouTube 社交影响者还进行了系列线下采访，把影响力传播拓展到线下场景，在街头呼吁使用"目击"表情，共同支持"我是目击者"行动。

"快乐美好的一天"动画截图

4. 长期运营，延续战役影响力

"我是目击者"行动在 Twitter、Facebook 和 Instagram 等社交媒体网站的"isee-bullying"官方账号从 2015 年起至今一直在保持状态更新，持续传播目击表情符号和反欺凌的勇敢精神。

效果与评价

- 青少年在看到欺凌时采取行动的概率由 46% 增加到 56%，60% 的青少年喜爱并赞同使用眼睛符号反对欺凌活动。
- 在数据效果上，"我是目击者"号召行动的网络总浏览量已超过 10 亿；网站超过 12 亿次观看；观看电影 23.5 万次；通过其他社交媒体的 230 万曝光，活动也得到了广泛的报道。

分析与反思

赞点

- 创意形式简洁，消费者参与门槛低，互动量大。把反欺凌的表达直接具象化为网络社交中的表情符号。当目睹社交网络中的语言暴力时，消费仅需要按下发送键，就可以靠自己的力量支援被欺凌者，制止了伤害行为，这样的用户参与和用户表达的成本都很低，因而参与量很高。
- 符号化和仪式感的表达，消费者养成使用目击表情符号的意识及习惯。将目睹暴力却选择沉默的大多数人转变为敢于站出来的反暴力支持者，仅靠语言的回击和呼吁是不够的，我们利用直观有力的社交表情符号来表达反欺凌的立场。有效传播后，目击表情能够和微笑、哭泣等其他符号一样，成为消费者的习惯性表达行为。
- 后期持续运营和传播，全面反对网络欺凌。"我是目击者"行动在 Twitter、Facebook 和 Instagram 等社交媒体网站上的"iseebullying"官方账号从 2015 年起至今一直在保持状态更新，持续传播目击表情符号和反欺凌的勇敢精神。

弹点

- 对网络暴力洞察存在不足，作用有限。网络暴力不仅发生为社交媒体上群体性的语言暴力攻击。如果在一对一的私下攻击、恐吓下，谁又能站出来帮助保护被欺凌者呢？"我是目击者"公益营销活动虽然创意简洁、执行完善，但是无法完全帮助解决网络欺凌现象，因而作用有限。

- 眼睛表情与阻止反欺凌的关联并不紧密，无法在活动宣传范围之外引发关注并使用。眼睛符号虽然与"I Am a Witness"有联系，但是与反欺凌并没有联系。在"I Am a Witness"宣传的范围内，眼睛符号的确可以与反欺凌联系在一起。但是在范围之外，并无法产生影响。

049 秘鲁红十字会 生命标签

标签：公益营销、社交网络、O2O

案例名称：Hashtags for Life（生命标签）
广 告 主：Peruvian Redcross（秘鲁红十字会）
主创公司：麦肯（秘鲁 利马）
获奖情况：2016 戛纳国际创意节—移动应用类—金奖
2017 安迪奖—移动或无线类-社会服务—铜奖

案例卡片

背景与挑战

医疗改革是秘鲁长期以来最为关注的问题。该国有 3 000 多万人口，但红十字志愿献血者数据库中已登记的志愿者只有 1 250 人，登记率仅仅是 0.000 4%。很多人因为各种原因没有去主动献血，或是自身的身体状况不适合献血，或是存在自私的心理，或是不知道通过何种渠道去献血……秘鲁红十字会在这种情况下面临着巨大的考验。

目标与洞察

不花费数百万美元也能快速完善红十字会的数据库建设，为灾害或突发状况做好准备，使人们轻松地过上更健康的生活是主要目标。使用已存在的标签来突出显示或分组社交网络中的不同主题，是一种更便捷的献血志愿者登记方式，方便更多有意愿登记却没时间或嫌麻烦的移动终端和社交媒体使用者参与志愿献血。

策略与创意

在 Facebook 等社交媒体上创建"#Your Blood Type Peru"的主题标签，利用标签的盛行，告诉人们在日常发帖的时候多加一条标签就可以挽救一个人的生命。以"生命的标签"，激发社交用户内在公益的力量，实现天然传播。

执行与表现

1. 通过标签创建血型数据库

人们在日常发帖的时候只要在文字部分加上一个"#Your Blood Type Peru"标签，以帮助红十字会按血型分类主题标签。红十字会在网络搜索、整理这些贴过标签的网友，找到适合的血源就会在帖子下回复，表示找到血源，成功配对。Twitter、Facebook、Instagram 等数字平台成为十字会的一个数据库平台。

2. 社交媒体传播

本次活动主阵地为社交媒体，因此红十字会于社交网站 Facebook、Instagram、Twitter 上建立"#Your Blood Type Peru"话题标签，为活动预热。引发用户广泛参与。

3. 线下传播

在人流量多的地方摆放大型的户外广告牌，简单描述活动方式。同时在大量杂志和报纸的内刊附上这个活动的实行方式。

4．视频传播

在 Instagram、Facebook、Twitter 的热门标签上，红十字会"#O Positivo Perú"传播视频频繁弹出，让用户直观地了解活动。

效果与评价

- 成功地在短期内协助秘鲁红十字会找到了成千上万的献血志愿者。这种创新的数据收集方式提高了献血志愿者数量，数据库显示数据已提升了 1 800%，多了 22 983 个自主性捐血者。

分析与反思

赞点

- 对人们的日常行为习惯有良好的解剖。依靠这三大社交平台的大量用户和"低头族"喜欢将每时每刻的心情、吃的、玩的、自拍、朋友都发表在社交媒体上，然后喜欢标签一堆相关关键字的特点，精准地把握了目标人群，促进了活动的传播。
- 对人们的想法有一定的了解。随着生活与工作日渐忙碌。"两耳不闻窗外事"的现象普遍存在，就算是有心想要献血也不知道可以通过什么方式去完成。即使有地方去献血，也会要求完成一大堆手续、表格，忙碌的日子只会让人们更厌烦这种事。所以这种只要举手之劳就能参与的公益献血活动，都会产生一种"我随时都能救人"的社会责任感和使命感。

弹点

- 活动预热过于简单。没有找到能引发爆点的病毒式文案、视频、平面，没有 KOL 参与。
- 活动力度疲软，虎头蛇尾。Facebook 主页关注人员只有 160 人，传播效果可见一斑。2016 年 5 月之后没有发展后续活动，维护频率极低。
- 数据库的建立非一时一地之功。志愿献血者数据库需要秘鲁地区志愿者与红十字会长时间稳定的、交互的、联系的建立。数据库的建立、维护、后续联系、运用非一时一地之功。

050 塔可钟 Emoji 表情引擎

标签：整合营销、比赛、直播

案例名称：Tacobell：Emoji Engine（Emoji 表情引擎）
广　告　主：塔可钟（Tacobell）餐饮连锁品牌
主创公司：Deutsch 广告公司（美国洛杉矶）
获奖情况：2016 One Show——社会媒体类——金铅笔
　　　　　2016 One Show——互动类——优秀奖

案例卡片

背景与挑战

　　塔可钟是百胜旗下的墨西哥风味餐厅，深受西方国家的喜爱。其特色是 Taco，一种墨西哥玉米卷，在美国非常有名。而在苹果手机系统 IOS 9 以前，系统默认的 Emojis 已经有了美国人爱吃的比萨、汉堡、薯条、鸡腿，就是没有墨西哥卷饼。同属于餐饮业的麦当劳、达美乐等也都利用表情符号进行了大量的相关营销。

目标与洞察

　　在 Emoji 大热的今天，塔可钟心想缺了墨西哥卷饼表情怎么可以呢？于是在 change. org 上发起了 Taco Emoji（墨西哥玉米卷表情）加入 Emoji 表情大队伍的请愿活动，希望此次推广活动加强企业和用户之间的互动交流，提高企业在网络上的热度，促进到店流量和销量，同时形成用户对墨西哥卷饼的第一印象。

策略与创意

　　核心创意：请愿活动 + 表情引擎。营销人员在 change. org 网站上发起为塔可钟获得在 Emoji 中创建表情的请愿活动，激发忠实粉丝的同情心理。在成功请愿之后，塔可钟与创意机构 Deutsch 合作，设计 Taco Emoji 引擎，用户只要在推特上以"@ tacobell（新上线的 Taco 表情）+ 其他的 Emoji 表情"的格式发推文，塔可钟就会自动回复一个将两者融为一体的 GIF 动图，网友无限的想象力使混搭变得有趣。

执行与表现

　　（1）在 change. org 网站，推出名为"The Taco Emoji Needs To Happen"的请愿

活动。请愿活动在网站上获得了 33 000 多名用户的签名支持。

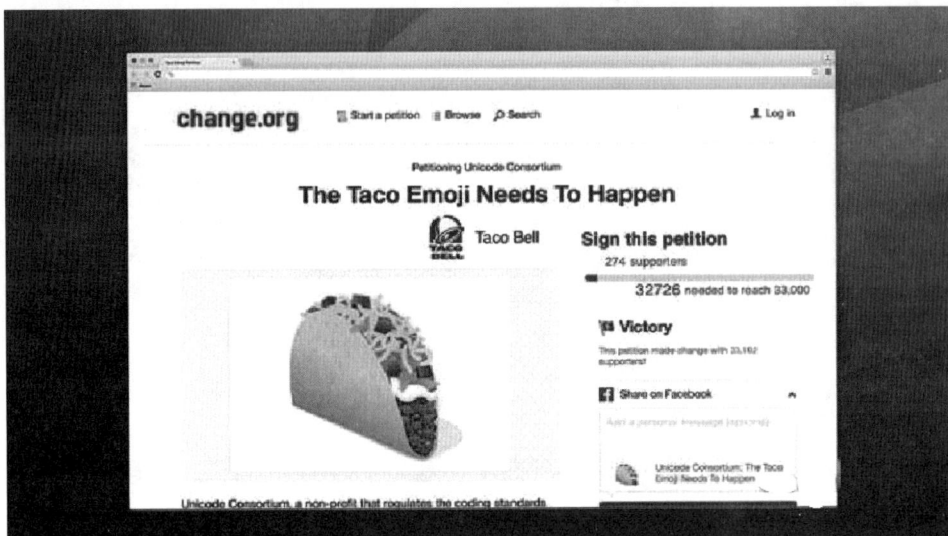

（2）为了庆祝请愿活动取得成功，在 Twitter 网页上推出另一个活动：Taco Emoji Engine。在 Twitter 网页上，用户无需下载 App，只要将新上线的塔可钟的 Emoji 表情加上另一个表情@tacaobell，塔可钟通过与世界上 77 个艺术家合作，将两个表情组合出有趣的图片、GIF、插图、音乐、产品等形式回发给用户。

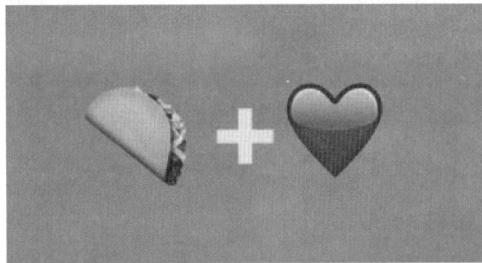

（3）在网友的互动支持下，Taco Emoji 被苹果公司收入了 IOS 9.1 版本的自带表情包中，同时针对 Instagram，塔可钟在美国餐馆开展线下活动，推出了四个限量版"Taco 皮套"。

效果与评价

• 从 Taco Emoji Engine 活动推出开始，Taco 超过其他同类品牌一天内在 Twitter 被提及的次数。推特官方品牌号被@的次数达到每年 798 000 次以上。

分析与反思

赞点

- 视觉传播。没有一种语言是世界通用的，但表情却可以。Emoji 的用户遍布全球，可以超越语言的障碍，促进世界各国文化之间的交流。塔可钟借助 Taco Emoji，以及 Taco Emoji Engine 创造的 GIF 动图打破了语言边界，使这次营销走向全球，让更多人参与到"制作"墨西哥卷饼动图的庆典中来，也让更多地区的人熟知墨西哥卷饼这种食物。
- 沟通元简洁。简洁的内容在一定程度上成为了达到目的、取得成效的关键所在。言简意赅的广告内容所收获的高转化率，促使营销人员将营销的内容变得简单。

弹点

- 内容仍为王。Emoji 无法取代文字，仅仅靠 Emoji 营销无法在市场上出挑。一定要结合其他的营销手段，用别人想不到的方法吸引客户。应在 Taco Emoji Engine 营销活动之后思考如何把握时机，引流到线下餐厅消费，将营销做得更大更深，而不应只停留在娱乐阶段。
- 品牌与营销脱离。这次的营销活动主要围绕 Taco Emoji 展开，在对这种食物的宣传上确实起到了很大作用。但也很难让所有人联系到 Tacobell 连锁餐厅。Taco Emoji Engine 活动中唯一跟 Tacobell 相关的便是在推特上 @tacobell 才能产生 GIF 动图。所以塔可钟公司如何在 GIF 动画中插入对餐厅的宣传，用以区别其他 Taco 餐厅也十分重要。

051 澳大利亚青年精神健康基金会
划词软件反网络欺凌

标签：数字技术、网络欺凌、网络浏览器插件

案例卡片

案例名称：	Reword 划词软件反网络欺凌
广 告 主：	Headspace（澳大利亚青年精神健康基金会）
主创公司：	Leo Burnett Melbourne 李奥贝纳（墨尔本）
获奖情况：	2017 D&AD—数字设计类—黑铅笔奖
	2017 D&AD—产品创意类—黄铅笔奖

背景与挑战

科技能力的日益提高与网络普及的后果之一是由话语权分散、发声门槛降低而导致的网络欺凌，借助互联网这一传播媒介，网络暴力语言传播速度更快，影响范围更广。在 2013 年，超过 45 万的澳大利亚儿童成为网络欺凌事件的受害者；在美国，65% 的 18~29 岁年轻人在网络上受到过骚扰。因此澳大利亚青年精神健康基金会设计了一款叫 Reword 的浏览器插件，以防止网络上的恶言。目前市场上暂时还没有像 Reword 这种专门针对欺凌或侮辱性的语言而进行拼写检查的工具。

目标与洞察

感性上的目标是要以情动人，要了解目标群体的想法，量身定制一个能够打动他们的作品；而行为上的目标则是了解完目标群体以后，创造出能够激发他们对广告中的物品或是服务做出反应的闪光点。Headspace 始终认为 "Once an insult is read, the damage is done（恶言一旦被读到，伤害便已然发生）"，他们希望通过插件的发布引起网络使用者的关注，使其意识到无意间的话语可能会给其他人的生活带来什么样的影响，并在此基础上对自己的行为进行修正。在潜在的欺凌或侮辱性语言面向世人之前利用 Reword 进行检查，从而尽可能减少伤害。

策略与创意

科技使得网络欺凌几乎不可能逃脱，但是孩子们并没有想过他们的话对他人有什么影响，社交媒体平台还没有制定有效的措施来打击这种行为。Reword 意欲寻找一种方式来实现在线环境的真正改变。因此创意来源于所面临的机遇，机遇则是 "网络欺凌" 的发生。

在欺凌或侮辱性语言的流通渠道安装开关闸门，用让人较为容易接受的方式进行劝说，为不能严谨对待自己言论的网友提供第二次机会，从而改善受众的暴力语言使用情况。

执行与表现

（1）Headspace 构建了一个 Javascript 工具和 lexicon 数据库，该数据库使用语法程序来识别暴力语言。在两所学校成功试用后，他们推出了校内项目，并在网上提供免费谷歌浏览器（Google Chrome）进行扩展。同时通过校内的节目和社交活动，邀请孩子们与作者共同撰写侮辱性语言数据库。

（2）广告主官网上，Headspace 引出话题引导界面。

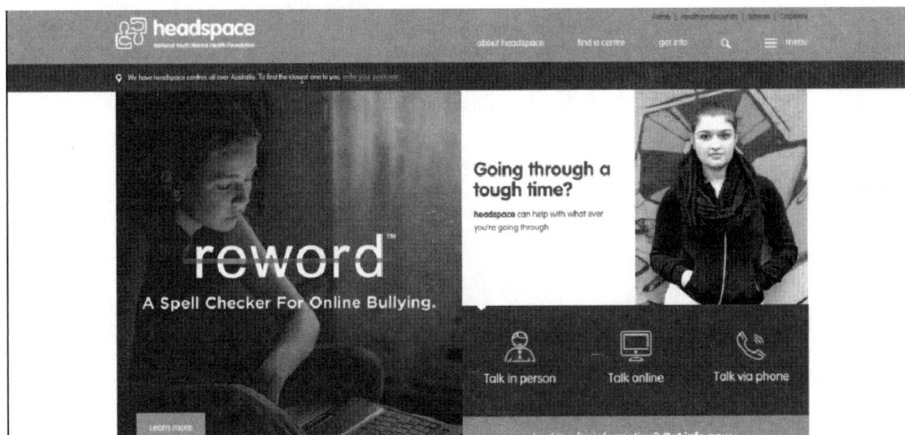

（3）设立 Reword 项目官网，界面使用红线改错风格引起受众注意，引出项目介绍及插件下载界面。

（4）YouTube 上传项目视频，建立订阅号引发讨论。

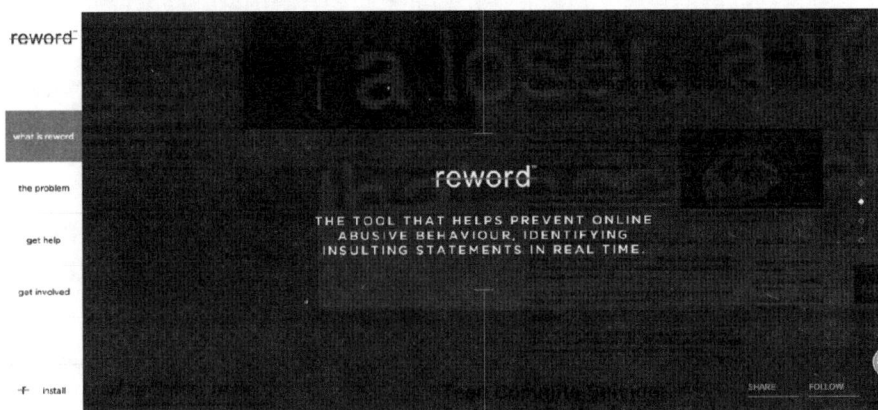

（5）在 Facebook 上设立官方 Page（页面），发布一些文章。

效果与评价

- 自 2016 年 3 月推出以来，超过 90 万人安装 Reword，并在澳大利亚各地的 260 多所学校中推广。
- 话题获得了一定参与量。截至 2017 年 5 月 2 日晚 11：52，在 YouTube 上传的官方视频获得了 88 155 次观看，建立的订阅号放出的 7 个视频获得了 104 个的订阅量；Facebook 上的 Reword 社区获得了 2 892 位用户的关注及 2 906 个赞。

- 项目获得了一部分主流媒体——如 ABC（美国广播公司）、CNN（美国有线电视新闻网）、NPR（美国国家公共电台）和自媒体的关注与支持。
- Headspace 公司首席执行官 Jason Trethowan 认为，Reword 是一种非常有用的工具，可以帮助年轻人重新思考他们对他人的影响。

分析与反思

赞点

- 对受众情感需求的洞察和精准把握。任何时候人们对和谐清新的交流环境的渴望都始终不变。Headspace 的 Reword 插件唤起并强化了人们的良知以及对网络霸凌的关注，被移动端对面那只看不见的手伤害的大众对和谐交流的期盼，成为 Reword 获得一部分人认同的关键。
- 产品投放精准。选择在校园安装产品非常明智，学生是产品的诉求对象，除此以外，学生还能参与帮助侮辱字库的建立，使更多的学生了解到网络欺凌的危害，也能在一定程度上减少自身的网络欺凌行为。

弹点

- 插件的技术性缺陷，易忽略语境和意义判断，对青少年应用网络的现实特征考虑不周。作为一款数字技术应用，技术的不完整使得软件面临着对网络欺凌语言在不同语境中的判定是否准确的困难，可能出现如煽动气氛、带动节奏而不带暴力词性的言论；暴力语言大部分拼写均为简写或特殊符号等，软件不具备教育所拥有的人性化与人工智能化特性，一旦判定有误，则可能在一定程度上妨碍社交。
- 未做好受众与消费者分析。对已经习惯欺凌他人的一方来说，遇到这类插件他们的反应更可能是通过修改表达方式继续施暴，或者选择直接忽略建议。
- 传播层次、形式过于简单，缺少互动交流。浏览插件的推出没有预热，只是简单地发布活动视频，没有与受众深度交流沟通，所有的一切都没有引导，全部依靠受众的"自觉"，使得支持该项目的媒体少于其他事件，最后不被人所熟知，导致应用量、下载量较少。全程活动不温不火，在前期发展不理想的情况下没有加大力度发展后续活动，使得受众逐渐淡忘，对网络霸凌事件的关注度也越来越低。

052 MACMA
男性的乳房

标签：社交媒介、非营利

案例名称：Man Boobs（男性的乳房）
广 告 主：MACMA
主创公司：David Buenos Aires
获奖情况：2017 D&AD—广告创意和营销传播—黄铅笔奖
　　　　　2016 夏纳国际创意节—直接数字与社交—银狮奖
　　　　　2016 夏纳国际创意节—推广和激活数字与社交—金狮奖
　　　　　2016 夏纳国际创意节—媒体数字与社交—金狮奖
　　　　　2016 克里奥国际广告奖—数字/移动公共服务类—铜奖

案例卡片

背景与挑战

　　MACMA 是一个阿根廷的乳腺癌慈善机构，致力于向女性提示关注自身健康问题和传播乳腺癌知识。David 的创意总监 Joaquin Cubri 认为："25 岁以上的女性难以定期检查乳房以预防乳腺癌，但是让她们每五分钟看一次手机并不困难。因此，我们决定通过社交媒体接触到女性群体。"

　　若想准确地展示女性对自身乳房检查的步骤，就意味着画面中需要展示出女性的胸部。然而，Facebook 和 Instagram 等社交平台曾发布规则，规定任何拥有暗示裸露（包括乳房）的视频或图像，即使是母乳喂养相关的画面都会被阻止发布。

目标与洞察

　　MACMA 旨在通过广告活动向社会公众传播企业和服务信息，通过早期诊断来加强女性对自身乳腺癌的预防，展示如何进行乳房自我检查，逐步帮助越来越多的女性抗击这种疾病，同时提高社会对乳腺癌的认知，增强目标受众对尽早预防乳腺疾病的重视。

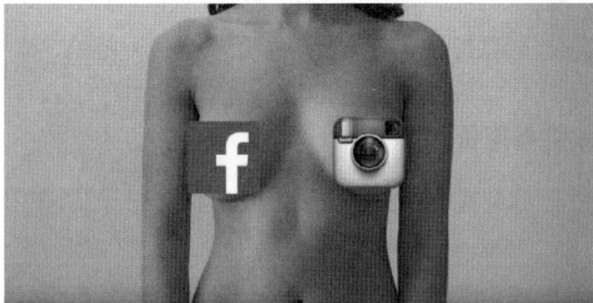

策略与创意

将女性角色换成一名肥胖的男性，通过在该男性乳房上展示如何进行乳房自我检查，运用巧妙的方式来绕过禁止裸露女性乳房的社交媒体规则，达到对女性的提醒和指导的目标。

尽管大多数病例发生在 40 岁以后，但年轻女性仍存在潜在患病风险，同时大多数年轻女性很少懂得自我检查。为了寻找在她们感兴趣的平台上的最佳呈现方式，David 将投放重点放在目标受众使用率较高的媒体，即 Instagram 和 Facebook等平台，最终找到了在平台上逃避规则的方法：妇女的乳头被禁止，但男性的乳头不包括在这条规定中。

执行与表现

这一运动基于一系列的教程视频，每一个视频都是由一个女性解开衣服开始进行乳房自我检查。当她把自己的衬衫敞开时，她再"借用"他的乳房，开始一步一步地展示如何进行检查及预防。

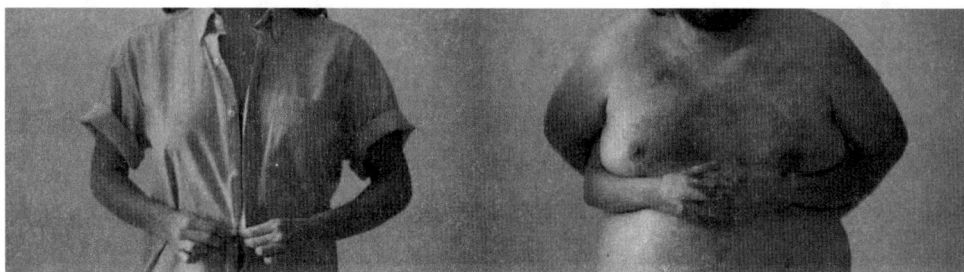

（1）视频最初发表在 MACMA、Facebook 和 Instagram 上。MACMA 寻求当地名人对这项活动的支持，以快速地扩展这一信息范围。

（2）一旦信息自由传播，David 便制定公关计划，开始全球辩论，强调必须清楚地表达妇女应该如何进行不受审查的 BSE（Breast Self-Examination，乳腺的自我检查），以指导早期的乳腺癌检测。

效果与评价

• 社交媒体投资额低于 1 000 元，这一运动在第一周有效地达到了 4 800 万次。"#ManBoobs4Boobs"活动所创造的媒体传播价值达 1 700 万美元，MACMA的粉丝团在发布日就有 20 000 名追随者。

分析与反思

赞点

- 巧妙规避社交规则。巧妙借用男性的胸部进行乳腺检查的科普宣传，预防乳腺癌。使一个简单的乳房 DIY 检查教程能够在 Facebook 和 Instagram 这样的有规定禁止显示女性乳头的社交媒体网站中播出，并且让目标群体在第一时间可以看到该视频。

- 增加了受众群。即使乳腺癌相关信息绝大部分都是女性关注，但"男人胸部"是代表"乳腺癌健康运动"而被开发的，这次的乳腺癌推广不仅吸引女性群体，也使男性提高了对乳腺癌的认识。

- 独特的宣传风格。大部分人对"乳腺"这一话题感到害羞，这次 MACMA 以幽默风趣的方式改变了大家以往的看法，对女性乳房进行社会媒体审查，使议论胸部不再是一件羞耻的事，并且引起了大家对乳腺癌的重视。

弹点

- 活动后劲不足。延续的活动效果做得不佳，使预防乳腺癌宣传活动无法做到更好。

- 利用了广告的双刃剑效应。敏感话题一直是广告中的双刃剑，利用得好，能得到很好的效果，但如果做得不好，广告随时会带来很多不良的影响。

053 PAH
不再驱逐

标签：公益活动 、O2O、社交网络

案例名称： No More Evictions （不再驱逐）

广 告 主： Plataforma de Afectados por la Hipoteca （PAH）

主创公司： Proximity （西班牙马德里）

获奖情况： 2015 戛纳国际创意节—直效类—银奖

2015 戛纳国际创意节—直效类—铜奖

2016 纽约国际广告节—创意营销实效—金奖

案例卡片

背景与挑战

自 20 世纪 90 年代开始，西班牙的经济发展速度十分快，但却因遇上美国次贷危机和欧债危机等问题，经济大受打击，房地产业方面受影响较大。2008 年，西班牙有超过 50 万个家庭因当年的经济危机失去自己的房子，从而无家可归，流浪街头。尽管这些家庭都已用房子去抵债或换取金钱维持生活，但他们仍旧担负着银行的债务，仍旧无家可归。

即使有将近 150 万民众集体签名发出诉求希望国会改善这种状况，国会却没有做出任何政策和行动，使得很多家庭仍然流浪街头、无家可归，导致民众一度对国会失去信心。

目标与洞察

发起一个公益活动以达到以下目标：引起社会各界关注，产生舆论，给国会带来来自世界上各行各业的压力，唤起国会的社会责任，正视这个国家的民众现在所受到的影响和社会问题，要求政府和主管部门制定和改善民众无家可归的政策，改变不公正的法律和银行关于债务的不公平条款，使其适应于其他欧盟国家的现行法律。

下图的各种数据能令人们更清楚地明白：为何西班牙需要这类公益活动，为何西班牙非常适合发起一个这样的公益广告活动，并能引起这么多民众参与其中。

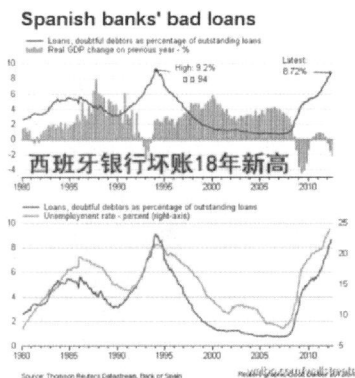

西班牙失业率（%）

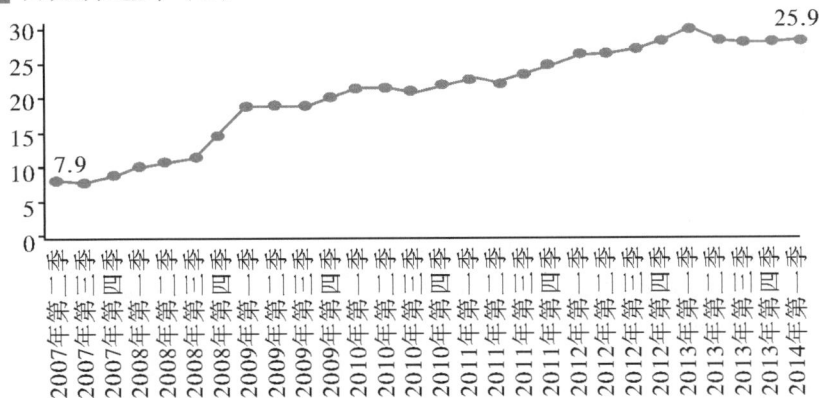

资料来源：西班牙国家统计局（INE）

策略与创意

运用民众更为普遍的交流方法，即用纸币作为公益活动的传播媒介与政府交流。活动发起人在网上发放以参加为前提的免费印章，拥得印章的人即在他们所使用的欧元纸面印上其印章，代表西班牙的人无家可归、流浪街头正是因为金钱问题。借此活动吸引更多媒体报道和世界各国人的关注，确保政府银行都知道此次活动信息，给政府一个正视问题的压力。

执行与表现

（1）"#NOMÁS DESAHUCIOS"印章内容：3个人代表家庭中的父母子女，他们拿着行李箱，下面写着"#NOMÁS DESAHU-CIOS"，这个内容在西班牙语里解释为"别再驱逐"，代表西班牙无家可归、流浪街头的人民的希冀。

（2）"#NOMÁS DESAHUCIOS"印章网上免费订购：民众可以从网站 http://www.nomasdesahucios.org 免费订购橡皮图章。

（3）"#NOMÁS DESAHUCIOS"印章打印活动：每张欧元的图案上均印有一座桥，拥有印章的人们在他们所使用的欧元上的桥下面盖上此印章，拍照并在 Facebook、Instagram 等用户基数较多的社交平台上进行分享以支持活动。

（4）线上传播：制作真实案例，增加活动内容和意义的阐释，上传至 YouTube，以打动人心，提高曝光率。

效果与评价

- 活动获得了各界各媒体的关注，成功被大量媒体报道评论，包括电视媒体、报纸媒体、网络媒体等，从而成功地制造了舆论，令政府和银行不得不正视问题。
- 活动成功地获得民众们的支持，民众积极参与其中，转发并分享在各自的社交平台上，使其传播范围迅速扩大，令更多人知道并继续传播。

分析与反思

赞点

- 精准洞察。纸币是每个人的生活必需品，而免费订购则打消了参与者的犹疑，调动了参与者的热情。用免费订购的印章和使用的纸币作为活动的媒介推行，使多个年龄层的人都能参与其中而不会因资金和物资的不便对活动望而却步。
- 从线下必需品入手，传播力度强。当带有活动信息的纸币流传到下个持有者手上时，人们可能会因为纸上的图案萌生好奇心去主动了解事件，从而使参与人数增加。人数愈多，传播到不同人手上的概率也愈高，人们接触到作为活动传播媒体的纸币机会亦大增，流传到其他使用欧元地区的可能性也越大。
- 创造出新型传播模式。这种新颖的传播渠道打破了广告界以往模式化的传播方式，让我们能以此为鉴，思考更加多元的方式，打破框架寻求新的方式，突破广告界当前的瓶颈，而这种以人人都能接触的东西作为媒介的新传播方式所带来的成果有目共睹。

弹点

- 活动地域属性强。只有一些有亲身经历的人才更有可能参与活动，如其他地区的人就算得知该活动，亦可能是无动于衷。
- 涉及法律的地域性差别。在纸币上印上图案以传播信息，涉及不同地区法律禁止的问题。活动方式可能会被借鉴利用，在纸币上散布违规犯法的信息，影响社会及他人的安危。

054

REI
去户外吧！

标签：借势营销、反向思维

> 案例名称：OPTOUTSIDE（去户外吧！）
> 广 告 主：REI
> 主创公司：Venables Bell & Partners
> 获奖情况：2016 纽约国际广告节—跨平台创意类—金奖

背景与挑战

REI 是全美最大的户外用品连锁品牌，专门贩售户外露营用品，他们在黑色星期五购物潮这天决定闭门歇业，并给员工放一天假，鼓励员工及消费者走入大自然，取代参与周末购物浪潮，呼应品牌的核心定位"创造在户外美好体验"。

但在作为购物狂潮的黑色星期五这天，REI 公司办公室、物流中心、在西雅图的工厂以及 143 家零售店都将"关门休息"，放弃一年中极佳的卖货机会，如此一来，公司亦将承担很大风险和盈利损失。

目标与洞察

工业革命之后，所有品牌及零售商在感恩节这个时间点都采取不停散播广告、发打折券、推广促销活动等策略，务求创造惊人的节日营业额。品牌和企业日益以将商品推销给消费者为导向，而并不在乎消费者真正想要的感恩节和感恩节的意义，只是拼命将感恩节与购物画上等号。作为运动品牌的 REI 觉得美国人民的购物热情逐年升高，已经近乎癫狂的状态，而人们应该回归理性，将业余生活放在亲近自然与户外休闲上面。

策略与创意

REI 制作了一个短片，短片画面是乘风远眺山脉的景色，声音却充斥着新闻报道感恩节购物的实况，音量放大，再放大，最后媒体噪音戛然而止，变成穿过耳边的"咻咻"风声。最后影片出现标语"#OPTOUTSIDE"糅合"OPT OUT"和"OUTSIDE"两个词，两层意思分别为"选择不参与"和"户外"。REI 透过这个影片向消费者传达了每个人都可以选择不追捧拥挤、吵闹的购物潮，而选择走入大自然，给自己和家人一个愉快自由的假期。

执行与表现

1. 广告海报预热

海报的背景是石头山和大量的云层，突出了销售户外用品的广告主，也很好地突出了这个影片想表达的主题。

2. 发布视频广告

3. 创造分享的空间，让使用者发声

无数公园因认同理念而免费开放，140 万人真的离开电脑前而奔向自然。REI 也为响应此举的人们设立了活动网站，记录标注"#OPTOUTSIDE"的户外相片，"#OPTOUTSIDE"标语也让参与者能在社群平台上将经验分享给所有人，从文字、照片到视频，满足人们渴望交流和分享的需求。

效果与评价

• OPTOUTSIDE 不仅拿下了戛纳国际创意节的多项大奖，同时也创造了前所未有的讨论声量，引起 ABC、MSNBC（微软全国广播公司）等多家主流媒体和网站的争相报道，Twitter、Instagram、Facebook 等平台的社群印象与影响力也增长了 7 000%，短片点阅流量在 24 小时内突破 27 亿，并且之后有超过 170 个不同组织争相效仿，已有近 394 万人响应参加 REI 的"#OPTOUTSIDE"活动。

• 不少民众表示他们深深认同且感谢 REI 发起的这个活动，员工更是大方地为自家企业站台，表示他们是一间快乐的好公司，更有网友希望 REI 可以到他们的城市开个分店，甚至有人说虽然他从不曾到 REI 买东西，但从今天起会是 REI 的忠实客户。

分析与反思

赞点

- 在独特的时机下反其道而行。美国感恩购物节潮就好比国内的"双 11"购物节，对任何一个品牌而言都是不容忽视的商机，不少品牌都是依靠感恩节的购物潮转亏为盈，而这样重要的日子，REI 居然敢大胆宣布休假不营业？企业大胆的创新和不以盈利为目的的反向思维不仅使得企业获得关注度，也使企业的文化和精神得到传播，更唤起人们的理性和对生活本质的思考。

- 连接记忆点，创造完整的品牌体验。REI 此次策略也成功创造了品牌的记忆点，与其他零售商、同质品牌区分开，不加入促销推销、购物节折扣的行销策略，改以 "#OPTOUTSIDE" 带给消费者另类的记忆点，消费者从看到 "#OPTOUTSIDE" 短片到行动起来走向户外，这段经验成了对品牌的印象。

- 精准洞察消费者的内心。一般企业只看得到消费者要购买感恩节产品的需求，但从更深层次的需求而言，这些人更需要的是被"体谅"，所以REI 做的就是给这群消费者一个好的理由到户外放松。

弹点

- 传播渠道仅在线上，缺少线下互动。在整个执行与表现中，只有广告海报和视频投放，投放渠道也比较有限。对于从未购买 REI 产品的消费者来说，他们并不会对海报和视频产生多大的兴趣。REI 需要策划具体的线下活动鼓励用户参与其中，线上与线下联动，才能刺激更多的人放弃购物狂欢加入到亲近大自然的活动中。

- 后续乏力，没有及时跟进延续热度。REI 在黑色星期五这一天的活动，最直接的受益者是带薪休假的公司员工，这更像是一场内部狂欢，并没有给其他消费者带来直接优惠或利益。感恩节过后应该趁着活动热度推出面向所有消费者的福利和优惠活动，刺激消费者来 REI 进行消费，将潜在用户转变为忠实用户，将口碑转化为实实在在的销量。

第六章　电子商务

055 金佰利
好奇婴语

标签：社交网络、O2O、B2C

案例卡片

案例名称： 金佰利：好奇婴语
广 告 主： 金佰利（中国）有限公司
主创公司： 奥美上海
获奖情况： 2016 大中华区艾菲奖—单一零售商类—金奖
　　　　　　 2016 TMA 移动营销大奖—内容营销类—金奖

背景与挑战

　　中国是全球最大的纸尿裤市场。据统计，中国每个月都会消费十亿条纸尿裤，而这个数字还在逐步增长。中国的妈妈们对纸尿裤的购买量不仅有所增加，而且有越来越多的妈妈愿意花更多的钱，追求更高端的纸尿裤。通过电子商务网站，妈妈们可以方便地以更便宜的价格购买到高端纸尿裤，这使得好奇铂金装纸尿裤看上去就不值得这么贵的价格了。好奇面临的挑战是捍卫品牌的高端形象。

目标与洞察

　　好奇品牌希望通过这次的宣传活动，展现出好奇铂金装纸尿裤的几大优点，通过社交数字网络平台吸引人们的关注并参与活动，提升品牌的知名度。同时又配合京东母婴商品大促，达到增加销量的目标。

传统的母婴广告形式单一，内容也都大同小异。如何以更加别致的方式展现品牌独特的优势是十分重要的。好奇此次的宣传大胆地放弃"母子"组合，让宝宝用咿呀学语的方式与明星交流，着重突出宝宝穿纸尿裤的感受。

策略与创意

这次好奇铂金装纸尿裤的广告创意，找来了"超级奶爸"邓超和可爱的宝宝组成让人眼前一亮的组合，以邓超发问、宝宝回答的对话形式，让广告像一场脱口秀节目。通过撞衫篇、日午安篇、紧箍咒篇三篇分别展示了好奇铂金装纸尿裤的三大特点，通过邓超夸张而幽默的表演，不仅拉近了广告与消费者的心理距离，还更真实形象地将产品特性传递了出来，邓超和宝宝的互动也让宝宝成了关注点，让宝宝直接表达感受和诉求，让人们真正地去关注宝宝的需求和成长。

执行与表现

1. 病毒视频投放，引爆热点，覆盖网友浏览路径，"疯狂婴语"全面曝光

以综艺脱口秀的形式，明星宝宝表达了自己对纸尿裤的看法。在品牌官网、视频网站、分众传媒等平台播放。

　　　a. 嫩值爆表篇　　　　　　b. 日午安篇　　　　　　c. 紧箍咒篇

2. 线上平台页面发动

发布海报。在新浪官方微博引发话题讨论和线上讨论，受众可通过观看广告抢红包，提高了受众的关注度和参与度，同时微博大V及明星通过微博发布宣言。在微信平台发布相关活动介绍和视频，增大受众面，同时充分发挥了明星效应。

3. 配合京东母婴大促，"品牌视频＋促销"集中曝光

微博的开屏页面凸显好奇铂金装大促，微博转发分享参与抽奖，红包引导消

费，消费者领取红包，官方微博私信提醒消费者，引导更多的消费，品牌广告全程曝光，最终导流至京东商城。

效果与评价

- 新浪微博活动平台话题页阅读量达 5.5 亿，近 149 万网友点击至话题页参与讨论，引发讨论达 105 万条，官方微博粉丝数达 80 万，好奇发放的 20 万现金红包和 40 万卡券红包 5 日内被抢空。
- 品牌好感度提升，这个项目在提升品牌高端感方面达到 20% 的增长，将好奇作为纸尿裤首选品牌的消费者增长了 31%。
- 获得具有影响力的媒体的充分关注和支持。多家网络媒体和报纸媒体进行了关注和报道。

分析与反思

赞点

- 对消费者情感需求洞察的精准把握。让宝宝成为脱口秀的主角，去表达自己的感受和诉求。好奇巧用"明星"和"宝宝"的幽默对话制造轻松幽默的广告氛围，让人们将关注点重新聚焦在宝宝身上，不仅让广告更具有说服力，也让广告充满了趣味和人情味。
- 利用社交媒体进行全面曝光，互动性极强。利用新浪微博作为最主要的传播平台，众多网友参与活动投票、评论和转发吸引了更多用户的参与。从微博开屏页面到发放宣传视频，再到转发参与话题评价和抽奖，最后导流到京东母婴大促，都离不开微博强大的宣传和互动。
- 明星效应和 KOL 粉丝效应引爆话题。邀请明星为产品代言，成为视频广告的主角之一，利用明星的影响力来达到增加受众面和提高受众关注度的目的，网友互动积极性高。
- 汇聚全平台资源覆盖影响。利用好奇官网、新浪微博、爱奇艺视频等网站作为传播平台，大量投放视频广告。同时通过多家网络媒体进行转载和报道，增加了传播广度。
- 发起一系列后续活动以保持品牌热度。视频广告大量投放后，官方微博相继发起了"好奇辣妈探索游学营""看视频抢红包""好奇辣妈疯狂韩国游"等一系列活动，提高了消费者参与度，保持品牌热度。

弹点

- 广告脱口秀视频中消费者参与深度不够。建议让消费者也参与到广告视频的拍摄中，充分与消费者实现线上线下互动。比如建立网站或 App，让家长和孩子们一起组织一场脱口秀，然后拍摄成视频上传到网络，让更多的宝宝表达自己的感受和诉求的同时，也迎合了不少家长爱晒娃的心理，同时提高了品牌的关注度，也让产品获得大量来自消费者的反馈和建议。
- 广告视频传播力度不够，较少有线下体验式活动的配合。从开始的视频宣传到最后导流到京东都是在线上进行的，传播渠道没有扩展到线下或人们的日常生活中，受众主体依然有限。同时没有与之相配合的实体店的体验式活动，缺乏母亲对品牌效果的真实反馈，可能无法在品牌和目标群体之间建立可靠和长久的信任机制。

056 阿里巴巴
人生电梯

标签：微型网站、H5 互动

案例卡片

案例名称：阿里巴巴：人生电梯
广　告　主：阿里巴巴集团（阿里旅行·去啊①）
主创公司：杭州有氧文化创意有限公司
获奖情况：2016 中国广告长城奖—互动创意类—金奖

背景与挑战

　　"阿里旅行·去啊"是 2014 年从淘宝独立出来的在线旅游品牌，是一个较新的品牌，消费者的关注度较小，相比"去哪儿""携程"等为人熟知的品牌，阿里旅行·去啊面临着将品牌推广出去的重要任务，以及占据更大市场份额的挑战。

　　阿里旅行·去啊拥有支付宝的支持，入口多，流量大，拥有众多的机票代理商，合作的酒店高达三万家，目标受众也十分明确，市场定位在年轻的消费者，

---

　　① "阿里旅行·去啊"已于 2016 年 10 月更名为"飞猪"。

可惜宣传力度不够，没有很好的平台让消费者了解阿里旅行·去啊这一品牌，在品牌营销上存在很大的进步空间。

目标与洞察

阿里旅行·去啊希望通过互动参与式的 H5 链接传播内容与促销产品，希望消费者在互动体验中找到共鸣，提高品牌认同感，同时也希望将企业"关注消费者出行需求，为消费者提供优质电子商务服务"这一服务理念推广出去，传递"善待自己，即刻去啊"的品牌理念，打造一个贴近消费者的智能品牌，提高品牌的亲和力与认知度。

策略与创意

电梯是每个白领在公司所要搭乘的工具，也是每天都要与他人相遇多次的地方。"人生电梯"将电梯和人生结合，富有现实性，提高受众代入感，一次次失之交臂的盘点激发出受众出游的愿望，最终到达人生电梯最顶层时，受众会看到蓝天白云，收到"别再亏欠，即刻去啊"的号召，在这种情感刺激下引导消费者行动起来为旅行买单。

这个网站在营销策略上采用了 H5 营销，"人生电梯"微型网站把 H5 技术和手机移动端紧密地结合起来，受众只需用微信"扫一扫"网页上的二维码，即可看到"人生电梯"的 H5 场景，这一方式简单方便，而又创意十足。

执行与表现

1. 建立微型网站

消费者可通过输入"阿里旅行·去啊：人生旅途中，你亏欠自己多少次？"找到网站。

2. 图片传播

上传与"去啊，时光电梯"有关图片到花瓣网，利用这一社交分享平台，让更多网友看到时光电梯的精美画面，引起他们的兴趣，吸引其参与 H5 体验，了解阿里旅行·去啊这一品牌。

3. H5 页面互动

利用 H5 技术制作出 H5 动画场景，用户可通过在微型网站上扫描二维码获得免费体验机会。

效果与评价

· 经过宣传，"阿里旅行·去啊"获得了"出境游破 15 万人次，送 2 万人游美国"的成绩，阿里旅行总裁李少华表示，2015 年阿里旅行"双 11"单日成交超 15 亿，其中出境游预订超 80 万件，酒店预订超 86 万间，国际机票售出超出 30 万张。当日有 30 余家成交超过千万的卖家，并产生 2 个亿级卖家。

分析与反思

赞点

· 情感切入点选择巧妙。从年轻白领忙碌的生活状态出发，唤起他们颇具普遍性的幼年、青年时期的回忆，以这种具有大众基础的经历设置场景。情感切入点符合大多数年轻白领的情感体验，这拉近了与受众的距离，能有效地引起情感共鸣。

· 灵活巧妙地运用 H5 技术，互动感强。H5 跨平台性和免插件播放，这些功能都给受众消费者提供了便利。同时互动参与式的 H5 让每个人都获得自己专属的"人生电梯"，这种互动和沟通体现出了品牌对每个顾客的尊重，无疑会增强顾客的认可度。

· 为品牌注入了生命与活力，深刻体现了品牌理念。"去啊"既是一个鼓励年轻人出行的口号，又是阿里旅行·去啊品牌的象征，更是"给消费者提供更自由的梦想之旅"的品牌理念，"去啊"二字表现了去啊品牌对年轻消费者能够开启自己快乐之旅的真切期望，让受众看到一个具有活力与生命力的品牌。

弹点

- 没有充分利用社交媒体。选取的传播平台只是一个网站，且这一平台宣传力不够，访客流量较少。没有充分利用新浪微博等可以进行病毒式传播的社交平台，无法引发更大的话题，无法与网友进行更深入的互动，导致营销效果不明显。
- 推出后很快被新的创意取代。2016 年"阿里旅行·去啊"改名为"飞猪"，这一改变让带着"去啊"标志的营销创意很快被以"飞猪"为标志的新创意取代，"人生电梯"这一创意在 2015 年年末推出不久后就逐渐被人淡忘。

057 雀巢咖啡 咖啡香水

标签：社交网络、电商平台、O2O

案例名称：雀巢咖啡：咖啡香水
广 告 主：雀巢集团（中国）公司
主创公司：蓝色光标数字营销机构
获奖情况：2016 中国广告长城奖—媒介营销奖—金奖

案例卡片

背景与挑战

雀巢咖啡从 1930 年创立至今，经过多年发展，已成为世界上最大的食品制造商，也是最大的跨国公司之一。公司以生产巧克力棒和速溶咖啡闻名遐迩，拥有适合当地市场与文化的丰富的产品系列。在发展的同时，雀巢不忘提升自己的品牌价值，不断创新，吸引更多的用户。

随着市场的发展，雀巢咖啡也选择了拥抱电子商务带来的新机遇。然而在电商平台，速溶咖啡品类同质化严重，在春节销售旺季，雀巢咖啡如何脱颖而出增加消费者的购买动机是雀巢咖啡在春节促销时需要首要解决的问题。

目标与洞察

春节前两三个星期是咖啡销售高峰期，雀巢咖啡希望在春节期间提升产品销量，在春节送礼高潮中推出一款咖啡礼盒，满足目标消费者在年货采购中的需求。

策略与创意

以春运期间人们在驾驶途中不方便喝咖啡为出发点，从而确定了"让消费者换种形式喝咖啡"的策略，雀巢咖啡联合气味图书馆达成了跨界合作，打造了"可以闻的咖啡"——雀巢咖啡香水。既能提神，又不用像普通咖啡那样需要冲调，具有很强的实用性和很大的便利性。新颖的创意能够引起人们的关注，激发人们的兴趣，更能满足人们的需求，同时以电商站内推广为主，社交平台配合传播，使活动具有社会意义，直击目标受众，引起共鸣，从而使话题在短时间内被广泛传播讨论。

执行与表现

1. 前期发布春运回家视频

视频中司机们长途跋涉，精神状态不佳，引起人们共鸣。抓住人们眼球之后提出"拿来用"而不是"拿来喝"的咖啡概念。

2. 雀巢官方微博微信、天猫官方微博等社交渠道也在活动预热时期配合进行传播

3. 电商平台积极发布相关物料，推进雀巢电商春节活动的上线

在春节前夕，咖啡香水随雀巢"新年礼盒"在雀巢电商平台一同发售，活动在京东和天猫两大电商平台同步进行。只要在京东和天猫雀巢旗舰店购买雀巢咖啡新年礼盒，就可以免费获得雀巢咖啡香水。

效果与评价

- 雀巢咖啡中国发布的单条活动微博收获了 25 000 的阅读量。6 000 份雀巢咖啡礼盒两天内一扫而空，总销售量超出了预期的 300%，分别进行了 3 次补货以满足销售需求。没有抢到的网友争相询问购买渠道，甚至要求雀巢公司长期售卖咖啡香水。
- 获得具有影响力的多家网络媒体和报纸等的关注和报道。

分析与反思

赞点
- 敏锐的洞察力。用春运期间的故事创建了一个有趣的雀巢咖啡新的饮用场景，强化了速溶咖啡的饮用场景和提神的功能性，将雀巢咖啡产品升级打造为春节期间的礼品，与目标群体实现深度沟通。
- 对消费者情感需求洞察的精准把握。回家路上，你牵挂着家人，家人也心系着你。家人都盼望着你能够平安回来。雀巢咖啡抓住人们与家人之间的这份感情，让人们在回家路上多一些保障。

- 抓准了销售旺季期和产品的结合点。雀巢抓准了在春节销售旺季中能与咖啡有效结合的点——春运驾驶疲劳却不方便喝咖啡，创造出咖啡香水这一极有特色的产品，解决了人们春运路上的疲劳问题，有效地打开了咖啡香水的销量。
- 对社交媒体的传播性和扩散性的充分利用。利用微博作为传播平台，众多网友参与活动投票、评论和转发，同时还吸引了众多大号、明星、意见领袖的参与和支持，继而吸引了更多用户的参与。
- 饥饿营销。采取限量供应的方式，使得网络上讨论更为激烈，使"雀巢咖啡香水"这个话题迅速扩展开来。
- 协同营销。雀巢咖啡香水和雀巢咖啡春节礼盒一起推出，为雀巢咖啡春节礼盒售卖制造了一个噱头，并链接了雀巢咖啡各个品类，带动了其他产品的销量。
- 和电商平台结合。利用电商平台的流量及其传播作用有效地引起了大众的关注，在产品销量大量增加的同时，公司的知名度和消费者忠诚度也大大提升。

弹点

- 前期准备不够充分。没有提前做好需求预测，导致活动开始之后产品供应跟不上，总销售量超出预期300%，导致需要进行3次补货以满足销售需求。
- 活动宣传力度不够。活动只在雀巢官方微博微信、天猫官方微博进行宣传，线下并没有做过多的广告来宣传相关内容，宣传面较窄，宣传力度较弱。

058 百草味 杨洋演吃会

标签：粉丝经济、直播、明星代言

案例卡片

案例名称：	百草味：杨洋演吃会
广告主：	百草味食品有限公司
主创公司：	阿里妈妈
获奖情况：	2016 金投赏—媒体公司组—创意奖
	2016 金投赏—社交媒体—金奖

背景与挑战

2003 年，第一家百草味线下店铺创立，截至 2015 年底，已经发展成纯互联网休闲零食品牌。作为一家互联网休闲食品企业，除了给消费者提供优质的食品之外，百草味也一直致力于商业的创新与改变，不断给消费者创造具有舒适感、便捷感的互动体验。

然而在"良品铺子""三只松鼠"等竞品也不断发展壮大的当下，如何吸引更多消费者的目光，如何从众多同质化产品中脱颖而出，如何占据更多的市场份额成为百草味面临的挑战。

目标与洞察

百草味是一个追求健康、天然、年轻的食品品牌。而杨洋青春、健康、阳光、清新的形象与品牌定位非常契合。除此之外，吃货是美食的最佳代言人，而杨洋也是一个非常爱吃的偶像，所以杨洋成了百草味签订的第一位品牌代言人。有演唱会，而百草味又是一个美食品牌，何不创造一个"演吃会"？主角自然是自带大流量、能够成为热门话题的"小鲜肉"代言人杨洋了。百草味借助杨洋的明星效应，洞察粉丝群体的心理，以此为契机开始品牌的新型营销模式。

策略与创意

"百草味杨洋演吃会"是百草味 2015 年的一次营销项目。为了满足消费者"杨洋嗑瓜子我能看完八十集""杨洋代言的东西要多买点""跟偶像吃一样的美食"的需求，全球独创了"演吃会"概念。活动期间，百草味送出 20 万张演吃会门票，并招募 1 万名演吃会片尾出品人、24 名演吃会片尾署名人，创新以"约创"概念打造全新的品牌、明星与粉丝互动模式。

执行与表现

（1）利用杨洋超高人气打破常规，新浪微博制造话题，杨洋、百草味等官方微博带动气氛，提前预热演吃会，在产品中赠送演吃会门票，产品与门票相结合。

（2）发布广告视频——"偷吃门"上线吸引眼球。

百草味：杨洋演吃会预告片   演吃会花絮演技篇

（3）线下活动"约创"启动。

（4）独创演吃会直播。直播杨洋吃百草味零食，"颜值"与"美食"俱全，吸引了大量吃货和粉丝群体的观看。

但一想到这个世界上还有很多好吃的东西需要我

效果与评价

- 活动正值 2015 年"双 11"，购买百草味可以为演吃会筹集直播时间，交易额每突破一千万将多筹一分钟，截至当晚 23：24，百草味旗舰店交易总额突破 1.2 亿元，全渠道营收 1.56 亿元，成功筹得直播时长 12 分钟。
- 这个专为品牌打造的广告片，在优酷平台获得 271 万次播放。百草味打通视频网站与电商平台，整合优酷、土豆双平台多形式的优质资源，内容、平台、资源全部出击，把演吃会办成了全民狂欢会。

分析与反思

赞点

- 协同代言人创造高传播价值，丰富传播内容。多媒体矩阵构筑，多方位资源联动。一手携艺人，一手出创意，一手扣热点，一手握技术，百草味真正在明星营销上做出了自己的成绩。
- 勇于创新，尝试新的营销模式。演吃会是一个有着浓厚互联网基因的产物，在没有任何经验的前提之下，以"约创"概念打造全新的品牌、明星与粉丝互动模式。

- 切合自身品牌理念。百草味对自身的定位是趣味零食探索家，其目的是为天下的吃货们提供好吃有趣的零食。让杨洋充当"探索大使"，代表百草味去探索新鲜，并把这一理念在直播中展现给消费者们。
- 对消费者情感需求洞察的精准把握。百草味主要消费群体是 18~29 岁的年轻群体，以女性为主，她们爱"小鲜肉"、爱"高颜值"。而男神杨洋完美匹配百草味的目标受众。此次营销既抓住眼球，又促进消费。
- 营销流程自然、水到渠成、引人入胜。活动抓住微博、微信的传播力以及当时在消费者群体中受欢迎的游戏模式，恰到好处地带动群众，引领群众参与其中。

弹点

- 宣传没有做到全平台化，直播平台存在局限。除了微信、微博，许多人无法从其他渠道得到信息，不清楚整个演吃会的模式，可以在贴吧加大推广，并且邀请更多的微博大号参与宣传；直播开放平台太少，直播中的互动不足，对消费者来说，透明度也并没有达到其满意的程度。
- 视频资源等制作不够完善。除了前期的"偷吃"视频，以及 12 分钟的直播视频，缺少对整个活动各个阶段的解读，如视频或者图片记录等。
- 相应的商城购物规划可以更加"丰满"。商城活动是在直播之前以成交额来筹得直播时长，还可以在直播活动开始后展开更多促销活动，并且可以与"杨洋"这一名人形象合作，相应地赠送签名或者其他纪念物品。

059 湖南卫视
2015 天猫"双 11 狂欢夜"

标签：T2O（电视到电商）、移动购物、多屏互动

案例卡片

案例名称：湖南卫视：2015 天猫"双 11 狂欢夜"
广 告 主：天猫商城
主创公司：湖南卫视广告部
获奖情况：2016 金投赏—媒体公司组—电视类—金奖

背景与挑战

天猫作为我国最大的电子商务平台，有着庞大的消费用户，而始创于 2009 年的"双 11 购物节"是天猫借"光棍节"创建的线上消费节日。

　　然而，"双 11 购物节"走到第七年，暴露出来的节日弊病和消费疲劳容易降低消费者对"双 11"的热情。天猫此次和电视媒体合作，但观众边买边看的消费习惯还未养成，同时国内大部分电视观众追求收视的连续性与完整性，中断节目而查看商品的 T2O 模式可能会对观众长期形成的收视习惯与看买分离的消费模式造成一定困扰。

目标与洞察

　　为了解决长期以来"双 11"购物的节日弊病与消费疲劳，本次湖南卫视与天猫举办的"双 11 狂欢夜"，旨在借助电视媒体影响力将"双 11"打造成为全民狂欢的节日，实现电商和品牌商家的双赢，既可以借助电视广泛的传播面扩大双方影响，也可以将网络的新鲜血液注入媒体中，使双方知名度、美誉度都得到提升，同时深化"双 11 购物节"的形象，电视台则可以借此 T2O 模式深化实践，更好地实现商业价值的落地。

策略与创意

　　本次"双 11 购物节"创意策略在于湖南卫视和天猫联袂打造的"双 11 狂欢夜"，该晚会综合了综艺内容、明星游戏、移动购物于一体，消费者可以通过电视、网络、手机等平台，通过多屏互动，实现"边看边玩边买"。

　　晚会首先利用明星效应吸引观众，让一些喜爱明星的观众成为潜在消费者；同时利用综艺的娱乐性很好地缓解消费者的消费疲劳；最后利用多媒体来实现多屏互动，多渠道提升晚会影响力，让观众在购物的同时增强与商家、其他消费者的互动，增强活动的新鲜感，解决观众对购物节的审美疲劳。

执行与表现

　　整个活动推广分为三个阶段：预热期，引爆期以及延续期。

　　1. 预热期

　　发布电视广告片、倒计时海报文案，在百度、优酷、360、微博等渠道投放全屏广告，利用微博 KOL 领衔话题，吸引消费者眼球，引起消费者兴趣，扩大活动知名度。倒计时宣传用病毒营销模式，在活动前就获得了网友集体点赞。

蔡依林预告片　　　　　冯小刚预告片　　　　　郭采洁预告片

2. 引爆期

引爆期是在"双 11 购物节"晚会播出的时期。晚会中邀请众多明星来表演，以及通过综艺游戏、"明星为你挑选商品"、节目植入广告等形式吸引消费者观看节目并购物。

3. 延续期

在延续期采用社交媒体继续发酵晚会话题、品牌商家继续打折促销掀销量高潮的方法，持续扩大活动影响力，利用余热增加天猫交易量。

效果与评价

- 根据酷云数据显示，2015 年的天猫"双 11"创下了 912.17 亿的交易记录。晚会收视率位居当晚电视节目榜首。微博话题阅读量高达 8.9 亿。根据芒果 TV 数据显示，芒果 TV 在线观看人数破 200 万，用户评论数达 10 万。优酷、土豆数据显示，该网站晚会直播总播放量达到 3 911 万，在线观看直播总人数达到 3 527 万人，观看人数峰值最高达到 416 万。
- 《人民日报》、新华社、《光明日报》等主流媒体都对这次"双 11"晚会给予了高度关注和称赞。

分析与反思

赞点

- 多种渠道预热。在晚会的预热期，采用了多种渠道进行活动宣传，比如在微博进行倒计时的病毒式营销，在电视上播放"双 11 购物节"晚会的宣传片，在微博的热门话题投放广告，明星线下宣传，平面广告投放等。多种渠道结合预热，提升了晚会的知名度，取得了较好的预热效果。

- "电视＋电商"的跨界整合营销。这次晚会是湖南卫视和天猫电商的一次跨界营销，开启了互相发挥优势、共同提升影响力的"电视＋电商"的新商业模式。
- 娱乐式消费。晚会除了传统的歌曲演唱和舞蹈外，还融入了综艺的元素，让明星在晚会中做游戏、宣传品牌，用娱乐的方式促进观众消费。
- 全过程互动。这次"双11"狂欢晚会从预热到结束都有很强的互动性，预热期用户可以在微博中评论、互动；引爆期晚会中有1元购等环节；延续期观众在移动媒体上依然可以在话题下交流。
- "高科技＋边看边买"。晚会中用到了手机"摇一摇"的新功能，用户参与天猫App或手机淘宝摇一摇，就有机会享受商品折扣。利用高科技实现了用户的"边看边优惠购买"模式。

弹点

- 晚会过于铺张浪费。晚会的举行地点在北京水立方，灯光要求很高，除此以外还启用了赛事专用级别的"飞猫"摄影机，还设有四台虚拟摄像机及虚拟轨道，并且邀请了国内外众多明星，总花费过亿元。

060 哥伦比亚食物银行 购物车援助计划

标签：公益营销、电商

案例卡片

案例名称：	Aid to Cart（购物车援助计划）
广 告 主：	Fundación Éxito-Banco de Alimentos
主创公司：	BBDO
获奖情况：	2016 D&AD—数字营销类—木铅笔奖
	2016 One Show—直效—银铅笔奖
	2015 戛纳国际创意节—直效—银奖
	2015 戛纳国际创意节—媒介应用—银奖
	2015 戛纳国际创意节—推广活动—铜奖

背景与挑战

在哥伦比亚，大量儿童因为食物缺乏而营养不良。食物银行（Food Bank）筹集资金，每天为超过 78 000 名儿童提供食物，但营养不良的儿童数量一直在增加，所收到的捐赠已经难以满足所需。

哥伦比亚食物银行需要寻找更多的筹款方式，筹集更多的资金。但由于当前慈善活动众多且良莠不齐，人们的信任度和积极性不够高，因此需要通过活动，让潜在消费者积极参与活动，引起更多消费群众的关注，为食物银行筹集足够的资金。

目标与洞察

为食物银行 2015 年第一季度增加 35% 的线上捐赠量，降低承受饥饿之苦的儿童的比例，同时为食物银行获得更多关注，增加自身品牌与食物银行的知名度，以便未来慈善活动的开展。

不只是单纯地让人们关注食物银行的网站，而是将电商平台发展成为慈善活动的延展，表明他们所捐的不是钱，而是实实在在的食物；让更多人关注到这一儿童群体，以及其他需要帮助的弱势群体；使慈善的认识度提高，积极性增强。

策略与创意

"Aid to Cart" 的电商平台展示页将同一产品分为两栏，一栏图片是商品 Add to Cart，一栏图片是商品加食物 Aid to Cart，选择食物则价格略高一点，高出的 0.5～1 美金将会捐给食物银行用于购买食物给营养不良的儿童。

选择与制作美食相关的电器销售作为切入点，将两者协同销售，在消费者需要制作美食而购买电器之时为消费者提供两种选择，唤起消费者的同情心、公益心和社会责任感。同时捐赠金额也不大，减少了消费者捐款心理障碍，增加产生捐赠行为的概率。

执行与表现

（1）与电商平台合作，共同推出此项活动。

（2）选定部分与食物相关的器皿，比如面包机、杯子、水果榨汁机等，在商品页面增加一列，放上经过 PS（图片处理）加上相关食物的商品图片。

（3）将商品分为两栏，分别是 Aid to Cart 和 Add to Cart，Aid to Cart 栏里的商品价格略微适当上调，价格差在 0.5～1 美元之内，而多出来的价钱则捐给食物银行。

（4）当消费者选择有食物的一列即是选择捐赠多余部分的金额至食物银行。

（5）食物银行将利用所得钱款购买食物，送给每一个缺乏食物的儿童。

（6）哥伦比亚银行将活动视频上传至网络，比如 YouTube 和 Facebook 等社交平台。

效果与评价

• YouTube 视频播放量总计 7 491 次。

• 在线捐赠实现食物银行筹款历史新高，网上捐款数额增长了 35%，捐赠总额比前一年三个月高出 118%，超过 40 吨食物被送给 32 691 名营养不良的儿童，同时让更多人关注此类公益项目。

分析与反思

赞点

- 活动参与成本低。在网购的过程中可以直接参与捐赠，且每次点击 Aid to Cart 需要多付的金额较少，不论从时间、金钱以及活动难易度来说，目标受众所需付出的都很少，成本低所以参与度高，这一点尤其在人们积极性不够高的领域中体现明显。
- 创意表现直观。两张实物图片对比，一张有食物，一张无食物，再加上 Add 和 Aid 的对比，两者形音相似，易于理解，人们可以直观地看出活动的大致意图，了解到自己点击 Aid to Cart 所产生的效果，更容易参与其中。
- 与受众建立良好的情感连接。首先是活动本身的公益性质，其次是多次出现的儿童形象，以及通过活动让人们更贴切地感受到自己的一次点击、一点点付出能给儿童们带来的帮助，这些都容易与目标受众建立情感连接，从而引导其产生行为变化。

弹点

- 传播策略不完善。Aid to Cart 的活动仅在 YouTube 网站播放视频，在主要的社交和视频网站均少有宣传；活动期间也并未伴随推出相关的话题讨论和媒体报道等，结束之后也没有进行热度发酵。
- 参与渠道少，活动较单薄。食物银行主要与 exito.com 等电商网站合作推出，从平台来看，数量太少，覆盖不够。另外，此次捐款活动仅有电商平台的 Aid to Cart，缺少辅助的活动，而且从参与活动的商品来看，受限于与食品相关的类型，不利于吸引更多电商平台使用者参与。
- 持续性和稳定性欠缺。活动持续时间太短，结束之后也没有全面公开捐赠情况，向参与的公众说明后续情况及借此扩大传播。食物银行本身是一个公益组织，也长期致力于儿童救助事业，可以将这一活动持续下去，扩展到其他的公益活动，把电商平台发展成为长期稳定的筹款途径。

061 味丹
双响泡品牌传播活动

标签："动漫＋真人"、精准定位

案例名称：味丹：双响泡品牌传播活动
广 告 主：味丹企业股份有限公司
主创公司：我是大卫广告股份有限公司
获奖情况：2014 大中华区艾菲奖—金奖

背景与挑战

进口方便面大举进入市场，国产方便面的竞争从未停歇，尤其是针对方便面重度使用者——年轻一族，厂商无不使出全力来出奇制胜，希望能够获得年轻人的青睐，培养品牌好感度与忠诚度。

2014 年，味丹要在这样拥挤的竞争市场中吸引更多消费群体，就需要针对特定群体进行接地气的宣传，同时需要增强品牌效应。

目标与洞察

方便面大厂味丹在 2014 年年初推出网络影片《叫卖哥过年必做的十五件事》，短短两个月就吸引了约 500 万的浏览人次。味丹集团为了乘胜追击、打开年轻族群市场，其旗下桶面品牌双响泡于 4 月底推出 5 个虚实结合的"真人＋动漫"网络广告，希望借此次推广活动提升品牌的好感度，与年轻人互动、沟通，传递青春活力和梦想正能量的品牌理念，增强受众的品牌认同感。

桶面产品的主要使用者是 15～29 岁的年轻人，公司经过观察与调查，发现年轻人喜欢独特、创新，心中存在着不同的梦想，他们喜爱"小确幸"，却也热衷社会议题，充满青春活力，不怕失败和挫折。味丹企业投其所好，找出各种典型来吸引年轻群体的眼球，增强共鸣，从而增加销量。

策略与创意

舍弃传统的以料理图为主的包装，而设计 5 个外形抢眼的虚拟动漫人物"宅男""运动男""痞子""花美男"与"正妹"，分别代表如今年轻人的不同特质。此外，制作迎合年轻族群有主见、喜欢创新的 5 支"真人＋动漫"的视频，以轻松、诙谐并略带超现实的情节，用他们的语言以及常接触的工具，说出他们想听的话。

味丹双响泡系列品牌传播的核心创意就是通过对年轻群体的精确划分，采用接地气的文字表达、幽默诙谐且年轻化的漫画宣传以及有点无厘头夸张的视频进行宣传。这些能够很好地引起年轻消费群体的讨论关注，再以"青春热血"和"梦想力量"的正能量主题直击目标受众，引起共鸣，使活动具有社会意义，让这个品牌能够在年轻群体中受到青睐。

执行与表现

1．发布广告海报进行预热

通过对群体的再细分，并结合简单但非常接地气的漫画方式进行专属定制来吸引年轻群体眼球。

2．病毒视频铺垫

通过 YouTube 平台、台湾各大卫视播放宅男篇、运动男篇、痞子篇、花美男篇、正妹篇等大量系列病毒视频广告。

宅男篇　　　　运动男篇　　　　痞子篇　　　　花美男篇　　　　正妹篇

3．线上平台页面发动

在 Facebook 引发话题讨论和线上活动，受众参与支持活动并观看广告视频。

效果与评价

- 第一支影片《宅男篇》上线后，浏览人次短短4天就冲破30万，在网络上形成讨论话题。一个月内YouTube"味丹双响泡"的广告观看量超过600万。
- 在YouTube平台广告投放期间，双响泡的销售业绩增长78.5%，在以桶面规格为主的便利商店营业额增长94.6%，连锁超市也增长124.3%。

分析与反思

赞点

- 定位正确，投其所好，将消费者群体具象化。味丹双响泡品牌将消费者定位为年轻群体，在这之中又细分为宅男、运动男、痞子、花美男、正妹等有代表性的群体，这次品牌传播建立了一个具有传播潜力的用户图像，特以五个特质不同的、怀抱不同梦想的年轻人物来传达品牌诉求——"为梦想注入满满的热血"，在年轻人不管是追求"小确幸"还是大梦想的路上，都提供他们满满的饱足，一路往前。
- 对于传播载体和表现形式的正确选择。双响泡系列使用了年轻群体喜爱的漫画形式，无论在方便面的包装、双响泡的海报还是电视广告的宣传上都运用了很多漫画的元素，这也是能够吸引消费群体的一个亮点。在电视广告上，也用了许多无厘头的夸张表现手法，配合宣传语"青春热血""梦想力量"，让广告很有整体性，同时也是正面能量的传达。

弹点

- 动画影片，大制作耗工费时。制作一部动漫影片，所耗费的时间与成本相当高，难度绝对是一般广告片的好几倍，而这次双响泡5支网络影片是"真人＋动漫"，如何以真人镜位与动画充分配合，更是困难。
- 不够重视社交网络。仅使用几张海报以及YouTube平台，传播效果和力度有限。尽管在Facebook里有学生自建的讨论组，但是反响平平，没有官方的影响力那么大，因为是针对学生，所以要更加重视社交网络的力量。

062 SIGMU 中兴保全
SOS Running man

标签：O2O、公益、人文关怀

案例名称： SIGMU 中兴保全：SOS Running man

广 告 主： SIGMU 中兴保全

主创公司： 创异广告股份有限公司

Innovate Films

获奖情况： 2016 大中华区艾菲奖—医疗保健类—金奖

背景与挑战

心脏骤停后的 5 分钟是宝贵的黄金救援时间，然而社会上受过 CPR（人工心肺复苏术）训练的人并不多，往往很容易错过短暂的救援时间。

近年推出的自动体外除颤器（AED）是一种便携式的医疗设备，它可以诊断特定的心律失常，并且给予电击除颤，是可被非专业人员使用的用于抢救心源性猝死患者的医疗设备。但由于社会大众对于此类产品的认知度与关心度低，在销售上又属于 B2B 的模式，虽然有其实际需求，却始终未能引起话题与关注。

目标与洞察

信息的交流越来越发达，但人与人之间却有一层隔阂，"事不关己，高高挂起"。除非事情真切地发生在自己的身上，否则很少有人去关心。

中兴保全集团希望能够通过这次推广活动，让更多的人了解 AED，正视 AED，打破大家的观念，强调普及 AED 设备的重要性和必要性，积极传播一种对身边陌生人的关怀精神。

策略与创意

本话题具有公益性和社会性，视频通过运动员与时间赛跑，着重突出黄金救援时间的紧迫，而线下通过震撼的百人"快闪"表现出台湾人日益严重的心肺功能衰竭的问题。结合线上线下的相关活动，体现出普及 AED 设备的优越性和先进性，唤起受众对 AED 设备的重视，引起社会对话题的共鸣，进一步突出集团关怀个人健康生活与城市发展的品牌精神。

执行与表现

1. 有力的网络视频短片

短片开头介绍了三位台湾顶尖的运动员和三位普通的老人。老人心脏骤停倒地后，三位运动员飞奔去寻找 AED 设备，各人用尽全力，然而黄金 5 分钟过去后，三位运动员都未能成功救助老人，三条生命遗憾地永远离开了。视频节奏紧凑，画面始终出现五分钟倒计时，让观众清晰地感受时间每一分每一秒的流逝，从而意识到常备 AED 的重要性。

2. 现实互动

中兴保全集团在台北繁华热闹的街头组织了这样一场"表演"，在被试者毫不知情的情况下，周围的路人纷纷同时倒地，大多数被试者不知所措、呆若木鸡。直到最后远处的天桥拉出了横幅："台湾每天有近百人因心肺功能丧失而倒下，请支持公共场所广设 AED 心脏电击器。"

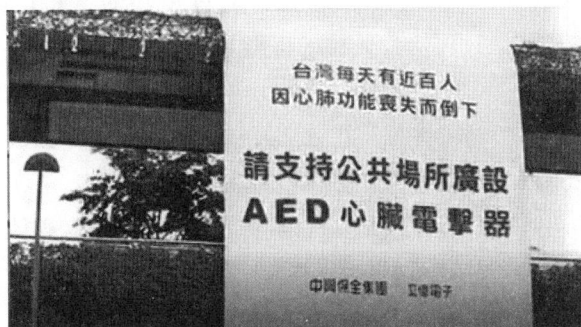

3. 官网宣传

中兴保全亦在集团官网大力宣传了 AED 的使用方法。

4. 手机移动端

推出一款包含全台湾 AED 位置的手机应用 App，能够帮助人们迅速找到身边的 AED。

效果与评价

- 成功地让中兴保全的 AED 设备询问及安装率提升 150% 以上；2013 年 4 月起，台北市内的地铁所有车站、户政事务所、学校等公共场所都开始装设 AED。

分析与反思

赞点

- 小成本的视频短片达到了最大的宣传效果。短片主要用顶尖运动员紧张压迫的寻找过程来烘托出黄金 5 分钟的宝贵，极大地震撼了观看者，进而自然地突出普及 AED 设备对于救人的重要意义。
- 紧贴潮流。以韩国大热的综艺节目 *Running man* 为短片取名 "SOS Running man"，既点出了救援的紧急，又有效地吸引了年轻人的眼球，让他们有进一步了解的兴趣。
- 升华话题，公益性强。话题具有社会性和公益性，让人们更热衷于对其讨论。它对大众发出了道德的拷问，精准洞察了消费者情感上的需求。
- 利用民众影响力反向驱动政府作为。从个人到社区，通过社区逐步影响政府，最终达到广设 AED 的目的。通过精准的策略，切入社区安装 AED 的需求，通过民众督促社区与相关单位装设 AED。

弹点

- 未能更好地利用社交媒体。在社交媒体和个人自媒体已成为重要宣传平台的今天，以新媒介为核心的宣传是非常有必要的。
- 活动预热不足。前期宣传有改进空间，缺乏明星、自媒体大号或意见领袖的支持，但在宣传资本有限的情况下是较难避免的。

063 Yamaha CUXi 115 进击的青春

标签：精准营销、明星代言

案例名称：Yamaha：CUXi 115 进击的青春
广 告 主：Yamaha 台湾山叶摩托车
主创公司：联广传播股份有限公司
获奖情况：2016 大中华区艾菲奖—青少年与青年类—金奖

背景与挑战

　　摩托车是台湾人非常重要的交通工具。台湾的摩托车密度是全球第一，其摩托车数量已经超过1 100万辆。

　　在台湾市场，每年摩托车的销量有 70 万部，但是有 100 款摩托车参与竞争，每一款摩托车都面临非常大的竞争压力和市场推广压力。

目标与洞察

　　Yamaha 希望通过此次推广活动提升品牌的知名度以及年轻群体对 CUXi 115 型号车的认可度。Yamaha 希望通过口耳相传达到更好的广告效果，希望年轻群体每年在买摩托车、选择摩托车、谈论摩托车时，都可以在数百款摩托车品牌中想到 CUXi 115，从而提升该型号车辆的销售量。

策略与创意

　　此次营销的核心创意是借用"追学姐"这一在台湾极具议论性的话题，提升 CUXi 115 的知名度，让消费者在购买和谈论摩托车时能够想到 CUXi 115。

　　从这个主题切入，广告在高校内引起非常大的反响。同时融入四个不同风格的场景来代表四种不同颜色和风格的摩托车款式，激起观看者的兴趣，让消费者在观看广告情景剧的同时，能够记住款式，从而达到对该产品深刻记忆的目的。

执行与表现

　　1. 广告海报预热

　　结合青春主题，配以"没有追不到的学姐，只有不敢冲的鲁蛇①"的文案，

――――――――――

　　① "鲁蛇"为英文"Loser"的中文谐音，意为"失败者"。

给顾客一种敢闯敢做的青春感，整幅海报充满活力与激情，容易引起观看者的共鸣。

2. 视频宣传

通过 YouTube、Facebook 以及电视广告等进行宣传，并在户外播放系列视频广告。

3. 线上平台页面发动

在 Facebook 引发话题讨论和线上活动，受众通过参与活动获得奖品。

4. 明星线下代言

为了展现全新 CUXi 115 的迷人特质，Yamaha 特别邀请到郭雪芙代言，期待以郭雪芙甜美与性感兼具的形象诠释全新 CUXi 115 的不同时尚样貌。

5. 用户线下试用，线上测评

效果与评价

- 各个版本的宣传视频均获得了很大的浏览量，相关视频的浏览总量接近 20 万。
- 宣传启动之后，通过全传播的整合营销，包括电视、网络以及其他平台上讨论的发酵，甚至进行试乘及很多路演，最终使 2016 年的销售成绩增长了 15%。

分析与反思

赞点

- 精准的用户定位，极具议论性的话题。以高校内的社会现象为创意，设计出校园里骑着摩托车的师弟对师姐锲而不舍地追求的情景，符合当代、当地年轻人的潮流思想，最高程度地与消费者产生共鸣。
- 与品牌理念的有效结合。摩托车本身是一个充满激情的事物。而大学生们充满激情活力，勇于尝试，乐于接受这一对他们来说之前没有接触过的摩托车。当他们想尝试时，首选车型即是CUXi。
- 邀请知名明星代言。郭雪芙乃百大性感美女票选第一的明星，自然会吸引年轻人的目光，更重要的是她年轻时也曾为CUXi摩托车疯狂过，也有过关于CUXi摩托车的难以磨灭的记忆，有亲身体验的代言比起只拿代言费而一无所知的代言明星更能让消费者信服和信赖，从而达到提升销量的目标。

弹点

- 活动预热和宣传过于简单。活动前的预热仅有一两张海报，宣传视频播放平台有局限，播放量不足，广告的传播效果和力度有限。对此，应拓展传播渠道和活动平台，进行网络话题讨论等大规模、全方位的宣传，也可邀请明星们于活动前期在他们的官方社交平台上进行宣传，提高活动的知名度和广告投放效率。
- 后续营销推广力度不足，方式单一。在一开始的营销活动之后，吸引了一部分人的目光，但是没有趁热打铁进行更有力度的宣传。

064 杜蕾斯
床头上的中国

标签：社交网络、大数据、O2O

案例卡片

案例名称：杜蕾斯：床头上的中国
广　告　主：杜蕾斯（中国）有限公司
主创公司：北京一点网聚科技有限公司
获奖情况：2016 IAI国际广告奖—数字营销类—金奖
　　　　　　2016中国广告长城奖—媒体类—金奖
　　　　　　2016中国广告长城奖—互动创意类—金奖

背景与挑战

杜蕾斯（Durex）品牌诞生于 1929 年，其占据了世界 40 亿安全套市场份额的 26%。

中国长期以来在性方面相对保守。随着互联网科技的不断发展，杜蕾斯正在不断借助互联网大数据进行两性关系的相关调查，针对中国消费者在性健康、性教育等多方面的现状，进行相应的两性知识普及与品牌营销，将安全的概念传递给更多中国人。

目标与洞察

杜蕾斯致力于打造中国第一个探索年轻人"性"趣市场的大数据品牌——性趣图谱，不断提升两性健康话题的社会关注度，巩固目前的市场领先地位，进一步提高杜蕾斯安全套的知名度，强化品牌形象。

同时，此次营销活动也是在我国性教育缺失和中式的含蓄文化下打开的一个新闻属性窗口，让两性话题以科学理性的形象示人，真正做到让"性"不再晦涩。

策略与创意

在情人节当天，依托对情人节期间用户阅读、订阅、搜索等行为的调查剖析，联合发布了《床头上的中国——情人节性趣图谱》，这是国内首个两性调查报告。报告中含有诸如"性别、年龄和地域"等用户的基础属性数据，包括用户在"一点资讯"平台就感兴趣的两性相关内容进行主动搜索、浏览和订阅行为的交叉分析数据，用户对相关文章点击行为及阅读时长的数据，以及话题 PK（比赛）等互动方式获取的用户直接价值判断数据，最终将以上不同维度的数据经过专业的权重分析来获得用户最真实的行为数据和价值倾向数据。

执行与表现

1. H5 数据报告

一点资讯基于对情人节期间平台用户的阅读、订阅、搜索等行为的调查剖析，发布《床头上的中国——情人节性趣图谱》。该 H5 报告中不仅呈现了诸多有趣、有价值的数据，还与用户积极互动，收到了很多来自用户的反馈。

2．新闻传播

活动期间，数据报告被制作成分析深入且趣味性强的数据新闻内容，在一点资讯及其他合作媒体平台上以新闻形式进行广泛传播。

3．一点资讯

一点资讯通过后台大数据计算，将杜蕾斯数据新闻信息精准分发至消费者情人节期间关注度高的长尾兴趣频道，如夫妻、爱情、婚姻、恋爱心理等。

4．其他平台

一点资讯联合各大新闻平台（网易、新浪、搜狐）共同发布《床头上的中国——情人节性趣图谱》数据报告，让更多人参与到本次活动中来。

5．社交媒体传播

为了拉近品牌与消费者的距离，方便和用户积极互动，此次活动在微信、微博等社交媒体平台也进行了广泛传播。

效果与评价

- 截至专题活动结束预计曝光 15 785 000 次，实际曝光 17 629 330 次，预估点击640 050次，实际点击 1 278 332 次，完成率200%。投放的新闻 CTR 则达到 7.25%。微信公众号的内容短时间内就达到了 10 万以上的阅读量。
- 一点资讯与杜蕾斯跨界合作，该活动引发了行业内媒体的争相报道，行业案例合作的文章内容更是达到了 581 万的阅读量。

分析与反思

赞点

- 跨界联合，基于大数据的精准化投放。该活动依靠一点资讯平台 1.8 亿用户的大规模覆盖，结合兴趣图谱大数据将人群和内容实现精细标签化，帮助品牌多方位真正了解用户群体的潜在兴趣圈和实时动态需求。

- 与品牌的有效结合。杜蕾斯与一点资讯合作，发布《床头上的中国——情人节性趣图谱》用户大数据报告，对大量立体化性趣人群数据的分析，通过"装、数、防、礼、地、势、时、听"呈现出许多有价值的数据理论，将与"性"趣有关的敏感内容用理性的数据新闻形式展现于消费者面前，让群众懂得自己的兴趣与偏好，不断提升两性话题正向舆论关注度，增加了大众对两性话题的认知与关注。

- 充分利用多平台进行传播。利用一点资讯作为主要投放平台，根据用户的订阅栏目进行推送。众多网友进行评论和转发，同时在微博、微信大号上进行投放，继而吸引了更多用户的参与。

弹点

- 活动过于简单，投放平台较少。仅有一份调查报告，传播平台较少，只在一点资讯、几个网站、微博和微信上传播，传播效果和力度有限。"床头上的中国"作为两性方面的调查与知识普及活动，可以考虑在知乎、果壳等用户量较大的知识平台进行相关传播，而不是仅仅局限于资讯应用和社交平台。

- 传播活动戛然而止。没有利用热度加大力度发展后续活动。活动在短时间内取得了一定的关注，却没有继续进行后续活动。热度短暂集中于情人节期间，《床头上的中国——情人节性趣图谱》在消费者一笑而过之后会很快被遗忘。

- 活动文案不够新颖。此次营销只有一个图谱，是靠着大量数据支持的。数据太过于单调，不能给用户带来新颖有趣的消费体验和深刻印象。

065 奥迪
Andy 的"星路历程"

标签：整合营销

案例名称：奥迪：Andy 的"星路历程"
广 告 主：一汽奥迪
主创公司：搜狐视频、一汽奥迪
获奖情况：2016 中国广告长城奖—互动创意奖—金奖
　　　　　2016 中国内容营销盛典—最佳自制/定制内容营销案例奖—银奖
　　　　　2016 金网奖—娱乐营销类—金奖

案例卡片

背景与挑战

为广泛覆盖年轻目标消费人群，近年来奥迪一直主打营销年轻化策略，希望通过符合年轻人喜好的内容合作，锐化奥迪年轻的品牌形象。单纯进行道具、场景植入已无法满足品牌的需求，具有策略性的巧妙植入让产品、品牌成为剧中不可或缺的一员才是最佳合作模式。

如何找到符合年轻人喜好的内容，并进行深度的合作，对消费者的影响不仅仅停留在"曝光"层面；如何巧妙设置话题点，引发社会互动，呈现整体放射性传播；如何将车型的三大创新特点，通过内容自然表现，融入剧情，引起观众的讨论与兴趣，引发消费者的共鸣与自主传播，让项目影响力成几何倍数地增长，都是奥迪需要思考的问题。

目标与洞察

在奥迪与《他来了，请闭眼》的合作案例中，搜狐视频期待一个内容融合升级、融合式商业合作的创新案例。在"凌仕 +《屌丝男士》"的营销模式的基础上，反向输出剧情，在不引起消费者反感的前提下，潜移默化地影响消费者的选择。同时希望通过内容成功锐化奥迪年轻品牌形象，加深奥迪"年轻时尚"的品牌定位认知及认同。

策略与创意

2015 年 10 月，奥迪携手搜狐视频，以搜狐视频自制大剧《他来了，请闭眼》

为契机，进行了一次好莱坞式的高度商业化合作，通过车辆拟人化、剧情定制化、车辆人格化三大创新手段，突破简单植入，开辟"产品角色化打造"的内容营销先河。多元创新方式塑造奥迪品牌形象，产品信息精准传达，深入观众脑海。

执行与表现

1. 反向输出剧情

产品角色化：通过拟人化角色设置，把奥迪全车系车型与人对应，通过演员气质直接体现奥迪不同车型的人格化魅力，巧妙突出品牌产品的智能化。将奥迪车打造成剧中男三号，为奥迪 A6 Allroad 量身定制"Andy"一角，搭载当代顶尖科技。它具备独立思维，是男主角探案及爱情推进不可或缺的贴身助理，博得超高关注。

2. 发布会曝光与爆点共创

利用明星效应、粉丝经济为发布会造势，同时邀请媒体及品牌高管共襄盛举。以有效的资源和形式，根据诉求点与目标受众进行深度沟通，塑造品牌与产品影响力，并根植于消费者心中。

3. 贴片集中曝光，迅速引爆关注

重要的推广时段以形式多样的特型广告充分吸引受众眼球，实现大曝光下的高效聚焦。埋设不同话题点，在各类媒体中进行广泛传播。

效果与评价

- 奥迪的品牌及产品深入目标受众，在微博、微信上用户的自主传播声量越来越高，不断地提升品牌的偏好度。依靠微博、微信等平台的超强传播速度、传播广度、传播热度，提高整个项目的社会影响力及引爆力。

与《他来了，请闭眼》的合作，这是一汽–大众奥迪第一次借助网络剧进行内容化植入的营销推广，通过搜狐视频的影视创作和矩阵资源运营使这部剧实现最大化传播，也使奥迪品牌形象得到更鲜明的提炼和深化。作为《他来了，请闭眼》的独家汽车合作伙伴，此次在网生内容营销形式上有开创性的突破，不仅区别于以往简单的道具植入，还开创了深度情节定制、拟人化角色设置的创新合作模式，其中尤以奥迪 A6 Allroad（Andy）的人格化角色设置最具亮点，把奥迪重视智能科技的核心价值观充分展现。

—— 一汽–大众奥迪互动营销部

分析与反思

赞点

- 创新原生广告形式。奥迪在《他来了，请闭眼》中所做的尝试打破了常规，把影视剧原生广告的价值发挥到了极致：车不只是主人公的出行工具，而是一个有人格、有台词的特殊角色，参与甚至左右剧情的发展——这种需要在影视作品创作前期就介入的原生植入形式，从创意产生之初就烙上了深深的作品印记，自然更容易被受众接受并产生认同。可见原生广告在各种不同渠道都拥有超强的可扩展性和可塑性。

弹点

- 内容营销仍有待发展。《他来了，请闭眼》和奥迪的商业合作，不足以代表内容营销的下一个阶段。本案例的内容营销是入门、较为粗浅和青涩的。但不可否认的是，它确实提供了一个让我们发现下一个内容营销阶段的契机。

066 康师傅
《辣味英雄传 2》IP 互动新玩法

标签：IP 知识产权

案例卡片

案例名称： 康师傅：《辣味英雄传 2》IP 互动新玩法

广　告　主： 康师傅控股有限公司

主创公司： 北京奇艺世纪科技有限公司

获奖情况： 2016 大中华区艾菲奖—单一影响互动传播类、
　　　　　　品牌内容类—金奖
　　　　　　2016 金鼎创意传播大奖—餐饮与零售商类—铜奖

背景与挑战

我国方便面产品近几年一直呈现快速增长的态势，市场容量每年已达到 500 亿元左右。但方便面市场竞争激烈，统一和华龙两大品牌市场增长势头很强劲，品牌集中度非常高。

康师傅方便面的产品布局是以红烧牛肉面为核心产品、发展多种定位不同的副品牌，以吸引不同人群。康师傅需要不断打造年轻、活力的形象，通过新形式的品牌传播与年轻人进行情感沟通，为企业品牌注入新鲜血液，增强自身 IP 竞争力。

目标与洞察

康师傅希望通过该微电影的拍摄加强与年轻群体的沟通，将微电影中的经典场面以及语句转化为康师傅辣味系列的代表符号，潜移默化地让消费者接受其产品，将粉丝的观影热情转化为现实购买力，增加该系列产品的销量，巩固自身方便面龙头产业的地位。

微电影有其特殊的意义，它能更清楚地让观众记得发生在 30 分钟以内的故事，而且在长时间内依然记忆犹新。康师傅通过微电影的播放，可让消费者在接受广告信息的同时，放松其在现实生活中的压力。

策略与创意

《辣味英雄传 2》把康师傅方便面的品牌理念植入故事剧情中，完美地诠释了康师傅代表青春、阳光的品牌理念，同时把产品信息作为剧中道具进行植入，将产品特点通过搞笑故事情节表达出来，依靠有趣动人的故事情节，与广大受众产生共鸣，使消费者在轻松的心情下接受产品。

《辣味英雄传 2》采用创业团队"video＋＋"的互动视频技术，观众在爱奇艺上观看的同时能即看即买、收集画面中的元素进行奖励兑换、为喜欢的明星投票。

执行与表现

1. 发布视频

2. 通过爱奇艺视频网站、微信朋友圈、QQ 空间广告植入，导流到京东购买页面

观众在《辣味英雄传2》专题页观看新剧时，通过"video ＋ ＋"互动技术，会看到各种关于辣味面的有趣标签，点击可直接进入京东商城购买康师傅辣味面，即时地将观看热情转化为消费动力。

3. 视频网站助力

视频剧情里会出现发光的"卡牌"，集齐三张便可参与获得爱奇艺会员，为康师傅的品牌提供娱乐性与用户黏性，实现多重曝光的效果。

4. 通过明星微博、微博大 V 宣传微电影

5. 通过当今很火爆的网红直播助推

6. 通过线下活动推广

效果与评价

- 在微博上，热门话题标签上线三周，话题阅读量突破 5 000 万；在直播平台，"辣味英雄传龙珠直播辣剧"房间观看数达 1 800 万，主播直播观看数达 3 200万。

- 康师傅 2016 年第三季度方便面销售额的市场占比为 44％，成为市场第一。辣味系列营收 1.28 亿美元，同比上涨 20.27％，占方便面总营收的比重上涨 3 百分点。

分析与反思

赞点

- 巧用 IP，故事构思巧妙，广告切入合理。康师傅借用了《爱情公寓》番外篇的噱头，与著名 IP 合作，将原有的粉丝群体进行引流，用生动有趣的方式广而告之，故事情节自然，与魔幻风格混搭，不仅让观众感到熟悉、好奇，也便于观众快速记住故事情节以及产品，对品牌起到积极正面的宣传作用。

- 流行网络语言的使用。在《辣味英雄传 2》中，不仅有许多《爱情公寓》电视剧中的经典台词，"这不是演习""弹一闪""纳尼"等，让广告观众很自然地想起与爱情公寓的密切联系。还有许多流行网络词汇，符合广大网友的审美情趣，充满了大量的时尚元素，很容易引起广告受众的共鸣，提高转发率和点击率。

- 精良的制作团队。这则微电影广告是电视剧《爱情公寓》剧组全程参与制作的，在拍摄上尽量凸显康师傅方便面的信息，在台词设计上也尽量让广告观众联想到方便面，将广告和剧情融合得非常巧妙。

- 用互联网思维，讲述新的品牌故事。通过新颖先锋的互动体验传达了年轻、活力、创新的品牌形象，拓展了线上渠道，刷新了视频创新营销的新案例，成为视频领域的一次革新的风尚标。

弹点

- 后期持续推广力度不大。这则微电影广告的主要投放地点是爱奇艺网站，而其他网站上并没有进行转播，导致在网络搜索中只能看到在爱奇艺网站上的视频，这在一定程度上限制了广告受众，也会削减微电影广告本身的热度，造成话题的持久性降低。

067 小米 Max 超耐久直播

标签：社交网络、网络直播

案例名称： 小米 Max：超耐久直播
广 告 主： 北京小米科技有限公司
主创公司： 小米公司—黎万强及其策划团队
获奖情况： 2016 中国广告长城奖—媒介营销类—金奖

案例卡片

背景与挑战

小米是近几年中国大陆发展得最好的移动互联网创业公司之一，如今小米公司在广告方面的投入日渐增大，但宣传效果却没有显著提升，使资金使用效率下降，从而出现新款手机销量逐渐下降的情况。

当下手机行业发展日新月异，只靠情怀或者传统的饥饿营销方式和社会化营销再难以吸引到众多的爱好者，只有深入了解受众的诉求点才能做到与时俱进。同时随着手机广告铺天盖地地在电视屏幕以及各种广告屏上肆虐，人们对于这些制作精美的手机广告逐渐产生了疲劳。

目标与洞察

哔哩哔哩弹幕视频网（bilibili，简称 B 站）是当下年轻人交流最热烈的平台之一，而小米手机正是针对广大年轻人而开发的。小米公司希望在这个备受年轻人青睐的平台上有更大的关注度，提高小米 Max 的知名度，增加其销售量。

小米公司希望通过以年轻人喜欢的方式来与网友沟通。小米通过这项直播活动，以较低的成本、新颖的直播方式来更好地宣传自己的产品，同时以抽奖的形式来提升观众们的观看热情。B 站上的各 up 主（上传视频音频文件的人）通过使用小米 Max 手机直播，来达到宣传小米 Max 手机超长待机时间的效果。

策略与创意

小米 Max 超耐久直播——是小米员工和 B 站员工鼓捣出的一场名为"我们也不知道这场直播什么时候结束"的活动。小米 Max 插入"小米移动"SIM 卡，连接联通 4G 网络，从 5 月 10 日 16：00 开始，不间断直播。每隔 1 小时点亮手机屏幕一次，如果手机有电，则在 12：00—24：00 抽奖，手机没电后停止抽奖。开奖前 10 分钟，直播等级大于 1 级且绑定手机的用户，发送弹幕即可参与抽奖。这是一个精妙的设定，既赋予这场直播"不可知"的神秘趣味，又牢牢锁回手机电池大容量的营销诉求基点。所有的观众都通过 B 站及其弹幕参与其中，这份参与感正是其他任何方式都无可比拟的。

执行与表现

1. 发布会预热

小米官方测试小米 Max 在单一应用下（看视频、拍视频、GPS 地图导航）的续航情况，对比机型是同为大屏机型的华为 P8 Max 以及 iPhone 6s Plus。

2. B 站直播

在直播过程中，会邀请一些二次元圈的网红、B 站上知名的 up 主陆续来到直播间吃东西、表演节目、玩游戏、客串。而直播中更多的是主持人的即兴发挥，氛围轻松愉快，常常使人开怀一笑，这成就了 B 站生态中的二次元文化大纵览。

效果与评价

- 在长达 19 天的不间断直播里，累计观看人数达到 3 950 万，对于小米而言，这次直播的覆盖量甚至等同于又开了一场发布会。
- 活动结束时，小米共送出了 2 238 台小米 Max 手机和 8 台 70 寸的小米电视 3。

分析与反思

赞点

- 对无聊文化的深度挖掘，增强所有观众的参与度。弹幕的本质是表达和参与，每个人都可以参与其中。在共同话语体系的组织下，即便是在最无聊的场景中，参与者们本身也能发掘出共同在场交流的乐趣。通过视频与弹幕，让用户产生归属感。
- 精准锁定用户群。B 站属性和用户群符合小米 Max 的消费者，这些玩游戏、看动漫、看直播视频的年轻用户的消费能力正好符合这款手机的售卖价格。营销具有明确的针对性，更具成效。
- 对数字媒体和直播形式的新型利用。利用 B 站作为传播平台，众多网友参与抽奖活动及发送弹幕，同时邀请了众多 up 主、明星，吸引了更多用户的参与。
- 逐级传递影响。本次线上活动全程在 B 站上直播，通过 B 站的影响力再将这种影响扩展至二次元世界，再通过二次元世界转移至三次元（现实）世界。通过充分调动各平台资源，使该活动覆盖范围和影响力迅速扩大。

- 原生态的直播，轻松的直播氛围。小米 Max 超耐久直播是真正的直播。直播的摄像机直接架在了 B 站的办公区，轻松愉快的直播氛围，可以使平日里承受巨大压力的学生以及职员在这场直播中发泄自己的压力，使他们爱上这场直播。

弹点

- 活动没有前期预热，准备也略过于仓促。小米 Max 超耐久直播仅仅是雷军在小米 Max 发布会上的口头告知，在此之前并没有预热活动；策划人也表示时间仓促，只有七天的时间去实施策划，导致存在缺陷，比如直播间里经常混乱的秩序。
- 传播活动没有在现实世界得到广泛传播。B 站为二次元的集合地，此处的人群受到广泛的辐射，但其利用热度来发展后续活动的效果不明显，也没有配合多种平台来营销小米 Max 的超强续航能力，略为遗憾。

068 杜蕾斯
赶艾，才敢爱·零艾行动

标签：大数据、精准营销、表情包

案例卡片

案例名称：	杜蕾斯：赶艾，才敢爱·零艾行动
广 告 主：	杜蕾斯
主创公司：	北京搜狗科技发展有限公司
获奖情况：	2016 中国广告长城奖—大数据精准营销—媒体类—金奖
	2016 TMA 移动营销大奖—创意类—金奖
	2016 艾奇奖—营销创新类—大奖

背景与挑战

随着人们对性的观念的逐步开放，杜蕾斯致力于让人们拥有更完美的性爱生活。通过每隔几年在全球范围内进行全面的两性健康调查，杜蕾斯试图了解消费者在性健康、性教育、对于性的态度、初次性行为等诸多方面的现状，从而改善人们的总体"性福"水平。

中国艾滋病患者已超过 84 万，而其中 90% 以上的感染渠道都是性传播，所以此次杜蕾斯展开了"零艾"公益活动。

目标与洞察

杜蕾斯鼓励年轻人以更开放的态度畅聊"性"事，同时掌握艾滋病预防知识，增强健康性行为意识，倡导安全性行为。

基于对艾滋病发病年轻化趋势以及年轻群体乐于使用表情包的深入洞察，此次杜蕾斯与搜狗输入法进行合作，推出"杜杜表情"，当用户在输入与谈论性爱相关的词时，对应的杜杜表情就会自动弹出，用户可以直接点击发送给好友。

策略与创意

在世界艾滋病日这一时间节点打造了以"赶艾，才敢爱·零艾行动"为主题的公益行动。

以搜狗地图、搜狗输入法、搜狗搜索三大产品矩阵助力品牌"推广三步走"：搜狗地图率先引发用户对杜蕾斯表情的无限遐想；随后，搜狗输入法以大数据搜集用户"暧昧词"的使用并触发表情包下载，一步步完成品牌代入与触达。一次表情下载等于一个安全套的捐赠，在满足用户情感表达需求的同时，以实际行动传递了"要爱，不要艾"的理念。

执行与表现

1. 前期大面积网络广告投放

前期散播话题种子，采用探寻需求的方式，极致覆盖至目标受众。撩动爱火，制造悬念，表情包的上线引发用户对搜狗杜蕾斯表情的无限联想，同时为话题造势，聚拢目标群体。

2. 通过搜狗输入法建立用户与杜蕾斯的连接

在畅所欲言中表达自身需求。通过搜狗输入法建立用户与杜蕾斯的连接，形成二次传播，让"赶艾，才敢爱"活动蔚为风潮。发布表情，让表情成为桥梁，让人们大胆谈性，倡导安全性行为，鼓励年轻人以更加开放的心态对待性。

3. 抓住用户心理进行表情包轰炸

抓住目标群体喜欢使用表情包的特点，定制了极具创意的"杜杜罩着你"系列表情包。借助霸屏式国民"搜狗输入法"，当用户谈论相关话题时，通过输入法高频关键词自动触发表情，使用户告别羞怯，和心爱的他/她共同分享可爱表情。

效果与评价

- 这次"零艾行动"得到 30 亿次的内容曝光、500 万次的表情包下载、500 万个"小杜杜"送出。
- 获得 80 多家网络媒体和报纸等主流媒体的关注和报道；获得主要城市免费的 LED 户外媒体资源。
- 杜蕾斯收获了品牌认同，搜狗凭借技术优势和传播资源矩阵高效完成了品牌传播目标，同时也通过人们喜闻乐见的方式极大地提升了年轻群体对防治艾滋病的认知和理解，而这也是搜狗成为社会化传播平台的一个强烈信号。

分析与反思

赞点

- 大数据技术的运用。基于海量用户的每一次真实搜索，在不影响用户隐私的情况下，搜狗收集用户阶段性行为数据和长期属性数据，同时跨屏打通用户 PC 与移动端多种数据维度进行分析，精准描绘全网用户画像，为品牌主精准定向目标客户和寻找潜在客户创造条件，实现广告更有效的触达。
- 目标明确，精准投放。此次活动的目标人群年轻个性，追求新鲜感，并且是对"性"话题敏感的互联网主流群体。因此借助最权威的话题输出工具，激发他们对性的谈论欲望。只要有意见领袖，年轻人就愿意接受熏陶，杜蕾斯显然就是意见领袖。
- 多维产品及时响应。从 PC 到移动端，搜狗以多元化推广形式建立起多维广告产品体系，及时识别用户需求并做出响应，完成"用户行为—实时理解用户需求—瞬时响应用户需求—个性化对接品牌与用户—促进实时交易转化"的营销链，实现品牌主不同阶段的营销诉求。
- 与品牌理念的有效结合。杜蕾斯与搜狗的这次合作，将公益和话题、产品与传播做了一个无缝结合。体现了杜蕾斯的社会担当与人文情怀。

弹点

- 活动预热过于简单。应在前期预热环节就扩大传播和宣传渠道，在活动期间利用全平台资源进行大范围病毒式宣传，可邀请明星及自媒体大号在活动前期进行传播宣传，而不是在活动开始后才参与活动。
- 传播活动戛然而止。活动在短时间内取得了一定的关注和支持，却没有利用热度加大力度发展后续活动。热度短暂集中，消费者很快淡忘。
- 没有公众人物的引导。对年轻人来说，他们往往对各种公众人物更感兴趣，也会更加信服他们所引导的事情，并且印象会很深刻。而仅仅靠表情包、输入法，就可能存在有一部分不使用搜狗产品的年轻人对此次活动毫不知情的情况。

069 长安马自达
了不起的匠人

标签：内容营销、明星营销、线下推广

案例卡片

案例名称：长安马自达：了不起的匠人
广 告 主：长安马自达
主创公司：北京新意互动广告有限公司
获奖情况：2016 中国广告长城奖—媒介营销类—金奖

背景与挑战

自 2015 年起，匠心话题风行，从高端豪华品牌到国内自主汽车品牌，都在通过"工匠精神"打造企业情怀。如何在浩如烟海的传播声浪中脱颖而出，将真正的品牌工匠精神准确传达给用户，成为长安马自达 2016 年传播工作的题中之义。

2016 年，在竞争对手纷纷发布新车、营造媒体和用户高关注的市场环境下，长安马自达发布"不辜负"全新品牌主张，全面诠释长安马自达对消费者、对社会的企业态度，表示将持续秉承造车工匠理念，为用户提供优秀的产品。

目标与洞察

由优酷联合"知了！青年"共同打造的亚洲首部治愈系匠心微纪录《了不起

的匠人》，以精品内容诠释时代匠心，与长安马自达传播理念不谋而合。通过对渠道的洞察以及市场所面临的机遇，自制纪录片的同时借助优势媒体平台进行传播。在传播产业去中心化的当下，网络自制节目是目前互联网用户关注度最高的一种媒体传播形态；微纪录的模式与内容又区别于当下泛滥的综艺节目，在浮躁的信息时代，还用户一片心灵净土。

策略与创意

从用户和媒体感兴趣的话题出发，通过优质内容应对市场挑战，以内容取胜。节目选择了亚洲 20 位顶级匠人，传播匠人文化，弘扬匠人精神，这也正是长安马自达造车工艺一贯秉承的企业态度，表现与纪录片不谋而合的匠心理念，从而提升品牌的关注度和好感度。

执行与表现

1．核心视频媒体优酷独家播出；全集视频前贴片

优酷作为国内最大的视频网站，拥有巨量用户，同时优酷在自制节目上有一定的经验，所以在优酷平台上发布这个纪录片可以达到最大化的宣传效果。

2．产品软性植入

其 20 期匠人的拍摄内容中，全程软性植入长安马自达车型 CX – 5 和 AXELA，以交通工具方式出镜，与匠人的生活互动。软性植入降低了观众对广告的反感。

3．品牌海报

根据节目内容持续发布品牌海报，形成品牌与节目内容和匠心精神的强关联。

4．明星加盟造势

节目邀请林志玲作为分享人，片头出镜，并全程为纪录片配音，以其知性、亲切的形象带领用户探寻匠人世界。

5．在线上平台如新浪微博、豆瓣、自媒体等造势，将匠心理念精准传达给用户

6．播放户外广告，在机场、高铁站等地传播，扩大人群覆盖

7．线下体验

在上海明当代美术馆举办《了不起的匠人》亚洲手作展，匠人作品线下展览，匠人现场分享匠心故事，近距离感受一生一事的执着匠心。长安马自达开辟品牌展区，以匠心品质助阵展出，深入体现"不辜负"品牌理念和企业工匠精神。

效果与评价

- 《了不起的匠人》纪录片在豆瓣获 8.7 分的高分评价，优酷平台总播放量破 6 500万。

- 微博系列话题总阅读量超 3.7 亿。微博视频指数综艺排行榜 Top 3 常客。

选题独特，在强调传承的同时，叙事手法时尚，是对浮躁年代的清新治愈，反映了现实中国和现代社会的正面影响力。

——"金熊猫"国际纪录片节获奖评语

分析与反思

赞点

- 广告定位有新意，与品牌理念有效结合。《了不起的匠人》纪录片传达出了一种时代匠心，这与长安马自达保持"匠心"的企业情怀相吻合，通过在节目中表达自身造车的价值观，让人们重新重视汽车最基本的要求——安全，看到长安马自达始终不忘初心。

- 软性广告植入合理。在 20 期的拍摄内容中，全程软性植入长安马自达的车型，以交通工具方式出镜，与匠人的生活互动。长安马自达车辆在每集中出现的时间不超过 7 秒钟。这样，既不会让观众对广告的插入反感，又起到了品牌的宣传作用。

- 带动社会正能量，创造良好企业形象。《了不起的匠人》所传达出的社会正能量被人们所看重，而由《了不起的匠人》所带来的良好效益也折射到了长安马自达这个品牌，使得长安马自达在消费者中树立了良好的社会形象。
- 广告传播范围广，充分涉及线上线下。通过各种网络媒体的宣传以及在线下的活动来宣传《了不起的匠人》系列纪录片，长安马自达的广告就在该纪录片中，看该纪录片的观众多了，长安马自达的广告宣传人群面自然就会更广。
- 前期创意和执行做得完善，传播效果好。正是因为宣传的准备工作做得好，使得《了不起的匠人》得以让更多人了解，而《了不起的匠人》中的精品内容又吸引了更多的人来观看，从而达到了非常好的传播效果。因为纪录片的成功，这次的广告营销也获得成功。

弹点

- 投入与效果可能不成正比。虽然每集都会出现长安马自达的车型，但是时间很短，只是非常简单地一笔带过，即便观众会有记忆，也不会留下很深的印象。
- 喧宾夺主。纪录片过于精彩，让观众忽略了对马自达汽车的关注。在豆瓣的一些评论中，大部分讨论的是纪录片里面匠人的所作所为，而没有一个话题是讨论马自达汽车的。

070 荷兰国际集团
下一个伦勃朗

标签：大数据、人工智能

案例卡片

案例名称： 荷兰国际集团：下一个伦勃朗
广 告 主： 荷兰国际集团（ING）
主创公司： 智威汤逊—中乔广告有限公司
获奖情况： 2016 中国广告长城奖—技术创新类—金奖
2016 戛纳国际创意节—网络类—全场大奖
2016 戛纳国际创意节—创意数据类—全场大奖

背景与挑战

荷兰国际集团由荷兰最大的保险公司与荷兰最大的邮政银行合并而成，在提供综合性金融财经业务方面，居世界第三位。

然而，互联网银行已迎来 2.0 时代，各大互联网银行大量引进新的技术，更加重视客户体验，而拥有强大基础业务的传统银行积极推出转型策略，同时大数据、人工智能时代已经来临，这些都对 ING 构成了极大的挑战。

目标与洞察

"下一个伦勃朗"模糊了艺术和科技之间的界限，挑战我们思考艺术、历史、创新、科技的方式。整个活动旨在鼓励用户发现数据的潜力，以及通过数据、人工智能等新科技实现创新。同时，ING 希望通过对荷兰的艺术和文化的赞助项目"下一个伦勃朗"提升品牌的好感度，传递创新和敢于以实际行动提供满足或超越顾客需求的服务的品牌理念，深化体验，增强受众的品牌认同感。

策略与创意

通过将虚拟现实（VR）、3D 打印、人工智能、大数据等科技元素与历史、艺术相结合，表达对荷兰艺术和文化事业的赞助与支持。结合线上视频分享、线下作品展出活动，使活动具有社会意义，直击目标受众，引起共鸣，从而使话题在短时间内被广泛传播讨论。

执行与表现

1. 病毒视频宣传

在视频开头，赞助者 ING 提出了"复活伦勃朗"的创新性想法，让受众感受到了 ING 强烈的社会责任感。视频展示了《下一个伦勃朗》长达 18 个月的制作过程以及最后的成果，一股强大而专业的科技之风扑面而来，但同时又饱含一种沉稳、厚重的历史感，加上带有神秘感的背景音乐，整个视频完美地诠释了"科技唤醒历史"的主题。视频以 ING 发言人的一句话来结尾，首尾呼应，画龙点睛，再次强调了 ING 创新、行动的企业精神，让视频观看者对 ING 的前景、对大数据人工智能时代充满了无限期待。

2．线上宣传

智威汤逊—中乔广告有限公司联合技术公司打造了一个精美的网页界面，完整地讲述了《下一个伦勃朗》的制作过程。该网页可以分享给 Twitter 和 Facebook 好友。通过视频网站、Twitter、Facebook 等媒介播放病毒视频广告。

3．线下展出

画作在荷兰阿姆斯特丹进行展出，吸引了不少人观看。真实作品的观看提升了体验度，容易在人们心中留下深刻印象。

效果与评价

• 获得大量具有影响力的媒体的充分关注与支持：赢得 1 250 万欧元的媒体价值、1 400 多篇报道文章和 18 亿媒体印象①；不少传媒自发免费传播此项活动。

• 活动进行期间，ING 股价上升 1.22%，技术支持者微软公司股价上升 0.49%。

• 本次活动中制作出的画作拿去拍卖时获得了高达 16 万美金的交易记录，ING 团队与微软以及 TUDelft 计划将这个新技术用于现存油画残缺部分的修补。在本次营销活动中，技术团队所研发的新技术也将在未来产生更大的价值。

---

① 一篇文章的媒体印象为刊载该文章的报纸或杂志的发行总量或举办报道的电视台所笼盖的观众人数。

分析与反思

赞点

- 对客户需求精准的洞察和把握。客户对高品质服务的渴望是始终不变的。在整个活动中，ING 着重传递了品牌理念中为客户不断创新、行动的精神，精准地把握了客户所想所求，对症下药，让客户毫不犹豫地选择 ING。

- 利用高新技术打造一场艺术和科技盛宴。在 3D 打印、人工智能、大数据风靡全球的今天，ING 充分利用这些技术打造了一场艺术和科技的盛宴——《下一个伦勃朗》，与传统的广告明显区分开来，最高限度地吸引了人们的目光。

- 与品牌理念的有效结合。ING 品牌理念、价值观完美地融入作品的制作过程中，让客户在惊叹数据、艺术之伟大时，也为 ING 的创新与强大行动力所折服，为 ING 对荷兰艺术和文化的大力赞助体现出的社会责任感所感动，得到了客户的认同和好感。

- 对社交媒体的传播性和扩散性的充分利用。利用社交账号、视频网站进行分享等，近 1 亿人参与到活动的评论、转发中，同时还获得了众多名人、明星、意见领袖的高度评价和支持，继而吸引了更多人的参与。

- 线上线下相结合，汇聚全平台资源，形成强大的冲击力和感染力。线上的病毒视频宣传，线下作品的展出，用声波和光波信号直接刺激人们的感官和心理，取得受众感知经验上的认同，使受众感觉特别真实，容易在参与过程中接受广告所传达的品牌理念。

弹点

- 活动预热过于简单。活动开始使用视频方式来预热，但传播效果和力度有限。活动预热时应该加强传播和扩展活动平台，可邀请明星、科技达人们在活动前期进行大范围病毒式宣传，而不是在活动开始后才参与活动。

- 可能引起反对与争议，产生负面宣传效果。由于作品本身是对伦勃朗绘画风格的模仿，如此可能引发艺术家版权、艺术价值的争纷，造成负面宣传效果。

- 成本昂贵。该活动的策划、作品的制作到活动结束，历时 18 个月，时间成本很高。另外，本次项目的参与人员、专家较多，运用了大数据、3D 打印、人工智能等多项技术，人力、技术成本也很高。

071

OPPO R7
充电 5 分钟，通话 2 小时

标签：娱乐营销

案例名称：OPPO R7：充电 5 分钟，通话 2 小时
广 告 主：OPPO
主创公司：华扬联众
获奖情况：2016 金投赏—数字媒介整合服务类—金奖

案例卡片

背景与挑战

"充电 5 分钟，通话 2 小时"，这是 OPPO 当下主打的一句广告语，也被作为最大的卖点不断重复。OPPO 2015 年度唯一旗舰——R7 搭载了 OPPO 独家、全球领先专利技术——VOOC 闪充，其承担着企业核心销量贡献与品牌形象提升的双重任务。

在信息碎片化、推广成本加剧的数字网络时代，传统粗放式的推广已无法满足需求，用户对广告天然排斥，同时用户触媒分散、多样化，如何让 R7 迅速在网络成为焦点，持续保持高关注度？

目标与洞察

OPPO 希望通过"充电 5 分钟，通话 2 小时"的广覆盖，助力 R7 热销，在受众心中建立其闪充技术全球领先地位的认知，从而达到从上市爆发、热销期到后续推广都持续保持高关注度的目标。

智能机时代，手机的耗电量变得更大了，电池又几乎是不可拆卸的，充电则成了一个很大的问题，短时间充电解决基本的通话需求，这是一个很大的亮点。OPPO洞悉消费者的需求，他们亟须快充这样的功能。"充电 5 分钟，通话 2 小时"，十分简单地把功能和特点传递给受众，让每一位用户都能理解和接受，简单而有效。

策略与创意

OPPO 制定了单一卖点集中爆破的策略。以娱乐营销为核心策略，精准把握热点资源，对互联网资源进行立体整合，精心布局传播节奏，巧妙借势、借力，以丰富的合作形式在互联网发起娱乐营销传播战役，让 OPPO R7 "充电 5 分钟，通话 2 小时"快速、病毒式地流行起来。

执行与表现

1. 网络热剧深度合作

（1）《盗墓笔记》爱奇艺合作冠名。锁定年度现象级网剧，制订并开展深度、系统的合作方案。全程包断节目口播及贴片资源，封锁流量入口，强势告知。获取节目人物形象授权，打造"充电"互动区，强化产品卖点。

（2）爱奇艺《偶滴歌神啊 2》行业赞助。凭借国内综艺一姐谢娜首部网络娱乐节目，进一步提升 R7 好感度。前贴片倒一位置全流量，封锁流量入口，强势曝光。

2. 互联网/电视优势资源互补

与《奔跑吧兄弟 2》《中国好声音》这类具有优质资源的网络版权方合作，最大化释放了 OPPO 在电视综艺的传播价值，投放黄金贴片资源的同时，加强边看边玩、边看边买创新互动资源的使用。

3．明星家族造势

（1）腾讯视频零预算推广 OPPO 微电影。以版权换资源的零预算推广方式，实现微电影热播。当红小生李易峰主演 OPPO 微电影，结合腾讯视频资源，获得超过 7 000 万的热播。

（2）联合腾讯视频推广 OPPO MV《诺言》。联合腾讯视频，建立 MV 专属空间，全站推广 MV。通过鹿晗倾情出演，进一步强化 OPPO 品牌年轻形象。

4．借势热点事件营销

借助巴萨足球比赛"口误"营销事件。口误视频传播 OPPO 结盟巴萨事件，明星参与话题讨论，提高 OPPO 结盟巴萨事件声量，增强"充电 5 分钟，通话 2 小时"记忆度。

5．热门 App 互动

（1）滴滴出行"充电 5 分钟，免单 2 公里"。"高用户量 + 高活跃度"的活动形式，配合同句式主题活动强关联性延续广告语传播热度。广告入口覆盖打车全流程，为活动引流，从而可以持续影响。凭借形象且简单的"操作 + 打车券"的直接刺激进行深度传播。

（2）格瓦拉、时光网"充电 5 分钟，特工 2 小时"。借势《007：幽灵党》上映，通过强相关 App 开展高契合度的互动游戏传播，辅以观影券激励，效果明显。热点 App 强势资源播放，曝光最大化，强势告知。活动页面与电影深度结合，可看性强，参与度高，实现深度传播。

效果与评价

- 2015 年 OPPO R7 市场销量第一。
- MV 及微电影播放量超过 9 000 万，互动累计参与超过 800 万人次，累计影响 70 亿人次。

分析与反思

赞点

- 对消费者需求精准的洞察和把握。广告语刚好抓住了年轻人的这一心理，单一卖点集中爆破，同时抓住年轻人追逐偶像、热衷娱乐的心理，使得这次娱乐营销策略大为成功。

- 生动形象而又朗朗上口的广告语。"充电 5 分钟，通话 2 小时"形象地表达了 VOOC 的闪充技术。广告语简短，朗朗上口，过耳不忘，为传播打下了很好的基础。
- 对社交媒体和公众人物的传播性和扩散性的充分利用。利用腾讯、爱奇艺等平台以及李易峰、谢娜等社会公众人物的影响力，以活动参与等形式吸引大众参加互动，继而吸引越来越多的用户。
- 汇聚全平台资源覆盖影响。本次活动覆盖了电影、综艺、体育、热剧、热门 App，全方位覆盖，无处不在，用户到处都能看到、听到、感受到"充电 5 分钟，通话 2 小时"的信息，自然就达到了广告的目的。

弹点

- 预算大，广告成本高。OPPO 作为最受年轻人欢迎的手机品牌之一，在广告预算上较为充足，所以能实现电影、综艺、体育、热剧、热门 App 及线下活动的全覆盖，以高投入达到高产出的效果。对于其他品牌来说，借鉴成本很大。

072 欧莱雅男士 劲能极润护肤霜墨迹天气篇 标签：社交网络、O2O、环境影响

案例卡片

案例名称： 欧莱雅男士：劲能极润护肤霜墨迹天气篇
广 告 主： 欧莱雅（中国）有限公司
主创公司： MRM/麦肯
获奖情况： 2016 金投赏—代理公司组—金奖

背景与挑战

在中国，要将护肤产品卖给男性并不容易。通常而言，中国男性的护肤观念较为落后，平时极少主动关注并且使用护肤品。但是当男性在皮肤出现问题的时候，对护肤产品的关注度将大大增加，而冬季室内室外的巨大温差是影响他们皮肤状况的重要因素。欧莱雅男士推出的冬季必备劲能极润护肤霜，所独有的神奇"温度变化防护体系"，能帮助皮肤表层形成防护网，抵御温差带来的皮肤损伤。而要如何利用这个时机推广产品是最大的挑战，以往普通的广告形式往往无法做到这一点。

目标与洞察

欧莱雅男士不断探索，用最创新、最亲和、最有效的方式和消费者进行沟通，不仅推出最适合中国男士皮肤需求的产品，更始终以男性关注和喜爱的方式提醒他们时刻保持"型男"形象。

一般来说，最能让男性体会温差伤害的时候，就是进出室内外那冷热交替的一瞬间，因而第一点就要抓住这一个时机把产品推到男性面前。

策略与创意

创新跨界，随"肌"应变推广活动。除吴彦祖代言领衔的一系列传统广告宣传之外，顺应数字化和跨界营销潮流，基于"护肤"和"温差"的结合点，由上海 MRM/麦肯策划执行，让"最懂天气"的 App 与"最懂男士护肤"的欧莱雅男士进行品牌对话，就此点燃了一场冬季男士有型保卫战，体验什么是随时随地"随肌应变"。

通常进出室内外的时候，手机 Wi-Fi 也将会随之改变，变为断连状态。后台监测 Wi-Fi 断连状态，并且调用天气数据，在用户进出室内的第一时间，为其推送最精准的温差伤害预警，显示实时状态，提醒其皮肤正面临由温差引起的皮肤危机。

执行与表现

1. 微博话题预热

欧莱雅男士官方账号配合实际天气状况，发布送给墨迹天气的情诗海报，通过与墨迹天气官微的互动，一周内持续炒作品牌"和墨迹天气在一起"的合体趣闻，为营销活动聚集人气。

2. 墨迹天气 App 画面定制

无论从开屏画面的全屏广告，到随着天气实时变化的背景，还是各种小墨哥手持"应变神器"——欧莱雅男士劲能极润护肤霜的多变造型，都能为全国用户提供贴心穿衣指数，让都市男性关注形象，每天都"有型"。随着用户所属地域的变化，小墨哥手中的欧莱雅男士劲能极润护肤霜还会换上不同服装，充满童真逗趣的造型，体现着当地文化特色。

3. 网络视频传播

通过知名演员"型男"代表吴彦祖的参演，提高知名度与影响力。

4. 线下活动现场呼应

线下门店张贴海报、发放传单，以提高该次活动的影响力与知名度。

5. 优惠券发放

为了将线上与线下实现无缝结合，全国各地的用户可根据其所处地区以及当日天气获得个性化温差报告以及皮肤温差预警，温差越大，获得的折扣越大。通过扫描所获优惠券，可至全中国大陆的线下屈臣氏门店购买产品，达成 O2O 的营销模式。

效果与评价

- 该活动上线的第一天即吸引近 40 万人次进入网站，测量温差领取折扣。
- 2015 年 11 月 16 日上线，截至 12 月 27 日，累计吸引了 777 万人进入网站测量温差，屈臣氏折扣券下载率高达 37%（普通活动电商转化率约为 5%）。
- 此次欧莱雅男士与墨迹天气的跨界合作，也开创了天气服务类媒介与男士理容领导品牌合作的先河。

分析与反思

赞点

- 明星效应的精准把握。启用国际最具影响力的明星吴彦祖作为本次活动的形象代言人，明星形象与本次活动产品目标形象高度契合，且高知名度能造成的影响力不容小觑，可以在一定程度上促成消费的"明星效应"。
- 联合活动的推广。依靠墨迹天气 App 用户多的特性进行大规模覆盖，并且推出一系列拥有共同主题和信息的预警，将"护肤"与"温差"巧妙结合，让消费者在使用线上天气 App 时能享受到线下护肤品的折扣优惠，建立起广告信息的累积效果。

弹点

- 活动预热看似有创意实则收获甚微。仅依靠企业官博的宣传并不够，建议能让明星微博或微博热门博主参与互动，才能引起网民更大的关注度。
- App 中广告植入过于生硬。通过地区定位来投放具有地方特色的卡通人物画确实有亮点，但广告画风与产品画风明显不同，且画面制作不够精良，让欧莱雅的产品在墨迹天气 App 中出现有一种生硬的插入感，十分容易让墨迹天气用户产生反感。
- 用户群体定位不够精准。欧莱雅男士润肤霜的目标群体为温差较大地区的中国职场男性，但墨迹天气 App 仍有 43.1% 的女性用户与近 40% 的非青年用户（均不排除潜在消费群体），女性用户也是很大的一个潜在用户群。同时女性用户更容易为身边的男性亲友购买产品，从这一方面，可以通过明星效应等方式对女性用户进行产品推广。此外，温差较小的地区（南部）在接受广告的同时不能获取该地区同等的较大优惠，可能转移目标购买其他品牌同类产品，建议针对这些有潜在客户的地区投放更适合的产品广告或推出特别的优惠活动。

073 十三五之歌

标签：对外传播、讲好中国故事、传播好中国声音

案例名称：十三五之歌
广 告 主：复兴路上工作室
主创公司：天联广告
获奖情况：2016 金投赏—国内营销—金奖

案例卡片

背景与挑战

2015 年 10 月 26—29 日，中共十八届五中全会在北京召开，"十三五"规划是这次会议的核心议题，未来五年中国经济社会发展的蓝图也将在本次会议上公布。曾经制作了《领导人是怎样炼成的》短片的复兴路上工作室，26 日推出了好听、好看、好玩儿，提神、醒脑、长知识的单曲 MV《十三五之歌》。

目标与洞察

什么是中国特色的民主政治？如果用一般性的文字介绍，老百姓很难明白，触达率很低，传播效果很差。音乐无国界，制作方于是想到用流行的说唱音乐的方式来传递信息，在歌词中反复歌唱"分散调研、集中讨论，再分散调研、再集中讨论"。所以，借由此歌曲，可提高人们的接受程度，更可以凭借歌曲的吸引力，使更多人关注。

策略与创意

中国现在热门的话题之一便是"十三五规划"。说起"十三五"，外国人第一个反应可能以为是"十三舞"。究竟什么是"十三五"，四个欧美年轻人用一部短片 MV 轻松愉快地说唱出来。

这首长 3 分钟的"神曲"以轻松、欢快的旋律反复吟唱"十三五"。它在 10 月 26 日发布于优酷视频网站上之后，27 日新华社也在其官方 Twitter 上推出，按照"十三五"是什么、谁制定、怎样制定、制定完成还要执行、完善等逻辑顺序，

层层推进，对每个问题的诠释、演绎都非常通俗，不但深受年轻人喜欢，连广场舞大妈都直呼"赞"。

执行与表现

四个欧美年轻人努力创作这个短片，而短片的内容也是别出心裁，仔细定格某些画面，可以发现其中的中国元素及隐含寓意也是诚心满满。

（1）2015 年 3 月由人民日报评论部编写的《习近平用典》，刚好解读了 135 个典故。

（2）十三五规划将擘画未来五年中国发展的路径、蓝图，和每个中国人息息相关。

（3）通过视频网站、腾讯微博和网络渠道以及户外渠道播放视频广告。

（4）线上平台页面发动。在微博引发话题讨论和线上活动，受众参与支持活动、观看广告等。

效果与评价

- 视频最先上传到中国的优酷视频网站上，一天之内有了约 56 万点击量。随后，中国社交平台微信上有用户在其朋友圈分享该视频。中国官方媒体《人民日报》和新华社都在其官方的视频频道播出了该视频。而新华社给它的标题是"欧美歌手说唱'十三五'洗脑神曲在国外火了"。
- 《纽约时报》称，长期以来，中国坚持用社会主义式的现实主义风格制作宣传片，而这段视频把中国的宣传模式带进了新时代。
- 《赫芬顿邮报》表示，该视频避免了咄咄逼人的宣传和过度的民族主义，中国正在推动国有媒体走向世界，赢得海外民心，这个视频为当前一系列复杂的中美事件提供了有吸引力的和积极的斡旋方式。

分析与反思

赞点

- 视频立场坚定。不羞于宣传中国政治的价值观，这样一来就非常清晰地划定了自己的队伍界限，方便持类似观点的人来站队。而且，整个视频的核心理念很清晰，层次也是循序渐进，让人非常顺畅地了解中国的"十三五"。因为一旦核心理念含含糊糊，受众也会变得犹疑不决，不敢坚定地选择立场。

- 唤起中国人的民族自豪感。这部视频制作流畅，内容明了，中国人也很喜欢这首歌，感觉很骄傲。除了成为人们朗朗上口的歌曲之外，在各大视频网站也能轻易搜索到相关视频，在微博上已是刷屏式的存在。

弹点

- 外国人未必有兴趣。并没有完全达到通过该视频向外国人介绍和宣传中国"十三五"规划的目标。首先从制作手法上来讲，外国人并不一定能听懂"十三五"；其次，他们也未必有兴趣了解中国。

- 被视为"洗脑"病毒。视频风格基本追随了 Motion Graphic（动态图形）以及 Flat Design（扁平化设计）的潮流，不落伍。音乐本身也还行，但是内容比较单一。

074 宝洁博朗
知乎全平台颜值提升计划

标签：内容营销、内容驱动、精准洞察

案例卡片

案例名称：	宝洁博朗：知乎全平台颜值提升计划
广 告 主：	宝洁博朗
主创公司：	致趣联媒
获奖情况：	2016 大中华区艾菲—移动整合营销—金奖

背景与挑战

博朗剃须刀一直主打德国科技，给人以专业高端的形象，售价较贵，面临国内消费者年龄逐渐下沉的局面，与年轻消费者之间仍存在距离感。同时年轻消费者媒介习惯呈现移动化、碎片化趋势，不容易把握其媒体影响点。博朗需要借助消费覆盖度高、黏度高的平台，以更平易近人的形象示人，向更年轻的目标消费者扩展，对其进行品牌教育。

目标与洞察

博朗观察到，以一二线城市为主的 18 ~ 25 岁年轻男性逐渐注重自己的形象，希望成为一个有品位、有格调的人。如何变帅是年轻男性青春躁动阶段的不变主题，谁不想成为谈吐举止得体、备受异性青睐的人气王呢？博朗与知乎通过对目标受众心理的洞察，将如何变帅简单直接地设定为与品牌达成共鸣的主题，让原本高高在上的品牌更具亲和力、更接地气，使博朗成为年轻用户心中的颜值专家，从而产生信赖感。

策略与创意

在新媒体时代，商业创意内容和传统的媒体内容之间的界限变得越来越模糊。好的植入性内容营销不仅不会引起受众反感，反而会自备传播力，引发人们的主动分享。剃须刀品牌博朗的博朗 3 系剃须刀结合知乎日报平台，以"接地气""够瞎扯""有格调"三个角度去展示博朗颜值改造计划，使内容更具备丰富性、实用性，影响对变帅有不同需求的众多年轻男性。

执行与表现

整合知乎品牌移动端优质原创广告资源，以三个不同角度讲述博朗剃须刀在男生变帅过程中的重要作用，有效触达不同喜好的男性受众。

1. 知乎日报时间线广告

主题："我要变男神"。以风趣幽默的虚拟访谈节目形式，道出一个真人经历，及其改造后变男神的故事，并在访谈内容、真人图片中巧妙展现博朗品牌和新品。

2．真人上阵：真人故事、裸身上阵

利用知乎用户的真实经历改编，并邀请到本人裸身上阵，在虚拟访谈中展现变身后的效果对比，引起讨论，激励用户共勉。

3．知乎日报《瞎扯》栏目：品牌广告与吐槽段子的完美结合

知乎日报《瞎扯》栏目首次开放商务合作，为博朗品牌定制"剃须"相关的趣味问答：定制吐槽用户名额、结合吐槽内容、添加链接跳转品牌官网等。

4．知乎品牌 H5

按照知乎一贯的风格，打造一本变帅秘籍，从发型、皮肤、着装、体魄、整洁等方面讨论"如何才能变帅"，并自然植入品牌，引导电商购买。

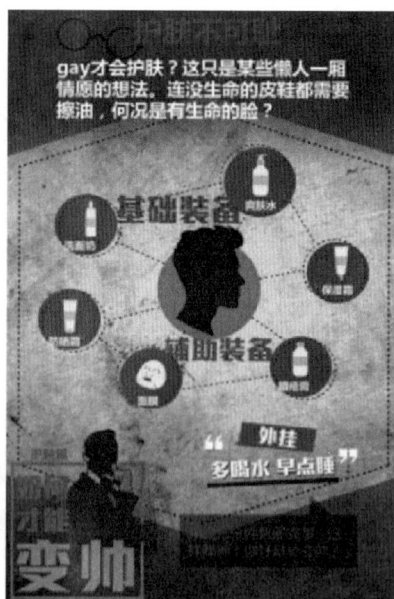

效果与评价

- 知乎日报时间线效果：这是知乎日报近三个月《这里是广告》栏目阅读最多的一篇文章，影响周期持续达 5 周（本栏目一般影响周期为 1 周）。阅读、点赞、评论、收藏、分享等数量均高于平均量，用户对品牌、产品及广告好评如潮。

- 知乎日报《瞎扯》栏目效果：4 期总阅读量几个高达 740 万次，分享数接近 6 000（未计算二次分享），点击跳转超过 16 万次。

分析与反思

赞点

- 整合资源，优质内容驱动营销。依托知乎这一年轻人聚集的平台，多管齐下。博朗抓住知乎优质用户群，整合知乎移动端原创广告资源，从三个角度讲述博朗剃须刀在男生变帅过程中的重要作用，以触及不同喜好的男性受众。

- 对消费者需求洞察的精准把握，注重用户体验。博朗与知乎很好地抓住当代年轻人的心理需求，邀请真人裸身上阵，以幽默访谈的形式来展示"逆袭"的可能性，将广告直接植入用户视觉焦点当中，使他们不自觉地产生共鸣。

- 使用友善的使用者界面，加强和用户的沟通互动。知乎日报《瞎扯》栏目为博朗品牌定制与剃须相关的趣味问答，发起一场段子手的狂欢，吸引更多用户参与其中。

弹点

- 封闭平台。博朗 3 系剃须刀结合知乎本身的品牌特点来打造广告内容，同时也使得这套有趣好玩的广告被局限在这一个平台上，而不能进行多平台的投放，这意味着在某种程度上无法覆盖到其他流量渠道。

- 缺少线下互动。网络营销更多的是讲究时效性和新鲜性，传播快，沉得也快，为了更好地提高用户的产品认知和加强用户对产品的黏性，适当的线下活动也要同时进行。

075 伊利谷粒多
爱奇艺《奇葩说》"扛饿营销"

标签："扛饿营销"、视频营销

案例名称：伊利谷粒多：爱奇艺《奇葩说》"扛饿营销"

广 告 主：内蒙古伊利实业集团股份有限公司

主创公司：爱奇艺（北京奇艺世纪科技有限公司）

获奖情况：2016 金投赏—媒体公司组—金奖

案例卡片

背景与挑战

伊利"谷粒多"燕麦奶，力求让"牛奶＋谷粒"的健康饮食结构成为众多现代人士代餐首选，为中国消费者提供了一款可以随时随地补充营养的最佳选择。

然而，在谷粒多进行战略扩张之时，它也将面临一些接踵而来的严峻挑战。谷粒多想要在这个市场中脱颖而出，必须在短期内获得目标人群的关注，并形成较大规模的传播，提升知名度，让消费者认知到谷粒多所代表的健康内涵的产品诉求点。

目标与洞察

毫无疑问，伊利谷粒多营销活动的核心目标在于提升该品牌知名度，提高其在产业市场中的占有率，以及其在目标群体中的影响力。

作为伊利布局年轻人消费领域，重点迎合年轻人而打造的扛饿牛奶，谷粒多希望成为一个最受年轻人欢迎且有态度的品牌。伊利谷粒多注意到了年轻人如今最喜欢产品与设计结合的营销方式，因此谷粒多选择了与《奇葩说》进行连续两季的合作。

策略与创意

伊利谷粒多通过与《奇葩说》的合作，坚持了其固有的营销战略：一方面巩固"国际扛饿大品牌"带给年轻消费者的良好品牌印象；另一方面将产品与节目结合，积极扩大影响人群范围，将品牌信息传递给更多目标消费群体。谷粒多在广告植入上做了很多细节上的有创意的突破。

目标受众通过品牌的内容营销，可以感受产品的内涵，理解产品带给自己的好处，甚至强化或重启一种生活方式，从而形成品牌黏性，进行二次（循环）购买。

执行与表现

1. 节目海报与产品包装预热

简单却触动人心的广告口号配合节目海报吸引人们对节目及品牌的关注。

2. 与《奇葩说》节目完美融合的内容营销

马东的招牌花式口播"洗脑"：通过节目的不间断露出，主持人马东的招牌花式口播"洗脑"式地将伊利谷粒多的"国际扛饿大品牌"的定位直接灌输到了每一位观众的脑海中，见缝插针且无违和感的广告植入，不仅没有让观众感到生硬，反而为节目效果锦上添花。

3. 明星嘉宾配合广告进行饮用

大量明星嘉宾不由自主地拿起谷粒多饮用，甚至主动为谷粒多打起广告，这对观众产生购买意愿形成了不可小觑的行为引导。

4. 辩论植入

奇葩辩手脑洞大，大到可以在紧张的辩论环节巧妙地把谷粒多植入己方的论据当中，让左右摇摆的观众听完后会心一笑。诸多细节的突破，让谷粒多成为观众对《奇葩说》联想度最高的品牌之一。

5. 节目视频的暂停画面的广告插入

6. 线上平台配套宣传活动

在微博引发话题讨论，基于话题开展的系列活动激发了大量 UGC，其中"国际扛饿广告大赛"以 PK 马东花式口播为噱头，激励网友自拍谷粒多花式口播短视频，由此产生的网友自制内容更是花样百出，在《奇葩说》开播期间掀起了不小的浪花。

7. 线下活动现场呼应

8. 推出奇葩说定制版谷粒多

效果与评价

- 获得了很大的参与量、话题量："谷粒多"微博提及量达 233 544 条，影响粉丝 36.7 亿人次。

- 消费者的关注与搜索量大幅提升：2015 年 7—9 月及 2016 年 3—5 月（《奇葩说》热播期），谷粒多搜索指数明显高于平时，搜索量较播出前增长 211%。

- 谷粒多销量激增：截至 2016 年 5 月，伊利谷粒多在天猫平台牛奶品牌销量跃至前三。

分析与反思

赞点

- 打造"内容性产品"，让产品成为共同话题。伊利在产品上市之时通过《奇葩说》注入"内容基因"，将谷粒多燕麦牛奶打造为"内容性产品"，形成自营销；借马东的招牌花式口播"洗脑"，赋予目标消费者一种强烈的身份标签，让他们有社群归属感，让消费者在选择购买这个产品时产生情绪共鸣。

- 善用意见领袖引导消费者情感。为了保持年轻化路线，谷粒多选择了《奇葩说》中的几位奇葩辩手，并塑造了他们的高认知角色，每个角色都有其广泛受众和粉丝，如此，人气选手的粉丝就会追随选手的动作，进入产品的体验场景里，加深对谷粒多的认同感。

- 配合节目营销，重点强化线上销售渠道。作为以年轻人为核心用户群的品牌，谷粒多充分迎合年轻人的消费习惯，重点强化电商渠道，通过微博、爱奇艺等主要内容营销平台实现与电商的紧密捆绑关联，并配合节目播出节奏进行周边买赠、抽奖等可以让消费者切实得到红利的活动，成功将谷粒多推为牛奶界"网红"。

弹点

- 营销活动形式较为单一。伊利谷粒多与《奇葩说》的"扛饿营销"主要是在节目之中展开，再配合一系列的线上活动。然而，以线上活动为核心也存在不足：与线下实体营销的互动不足，难以形成全范围营销的态势，不能让更多的潜在消费者接触到这个节目以及伊利谷粒多的产品。

- 缺乏持续传播的热度。热度短暂集中，虽然短时间内取得了一定的关注和支持，但缺乏强有力的接档营销活动，消费者可能很快便淡忘，"国际扛饿大品牌"的概念可能成为明日黄花。

076 《经济学人》快来注册吧

标签：数字营销、互动展示

案例名称：《经济学人》：快来注册吧
广 告 主：《经济学人》（*The Economist*）
主创公司：Proximity London
获奖情况：2016 戛纳国际创意节—创意时效类—金奖
　　　　　2015 Masters of Marketing Awards—最佳方案或营销业绩活动

背景与挑战

《经济学人》杂志一直以来被看作智力主义的代名词，然而这给人们造成了一种思维定式，即《经济学人》是一本纯粹的知识杂志，这给其潜在消费者带来了品牌距离感。如今《经济学人》的读者和订阅量达到了顶峰并保持平稳，难以突破目前的销量瓶颈。

目标与洞察

《经济学人》希望改变其过去固化的纯学术、严肃枯燥的形象，通过社交数字网络平台，吸引非读者和非订阅者的关注并让其参与活动，使更多人转化为读者和订阅者，增加长期订阅数量。

研究表明，总有一篇文章可以让读者意识到《经济学人》的内容是其他出版物无法替代的，但是首先必须让受众开始阅读才能转化成为忠实读者和订阅者。

策略与创意

利用大数据识别人群。通过《经济学人》的数据库来识别读者的身份属性，并且结合其他大数据集将人群进行分类。

趣味性话题与创新式报道。优质内容是信息泛滥时代下吸引注意力的关键所在，即使是广告。《经济学人》通过有趣的话题头条作为触发器，吸引潜在读者的目光，并通过机智幽默的横幅广告，引起读者对特定目标网页的兴趣。

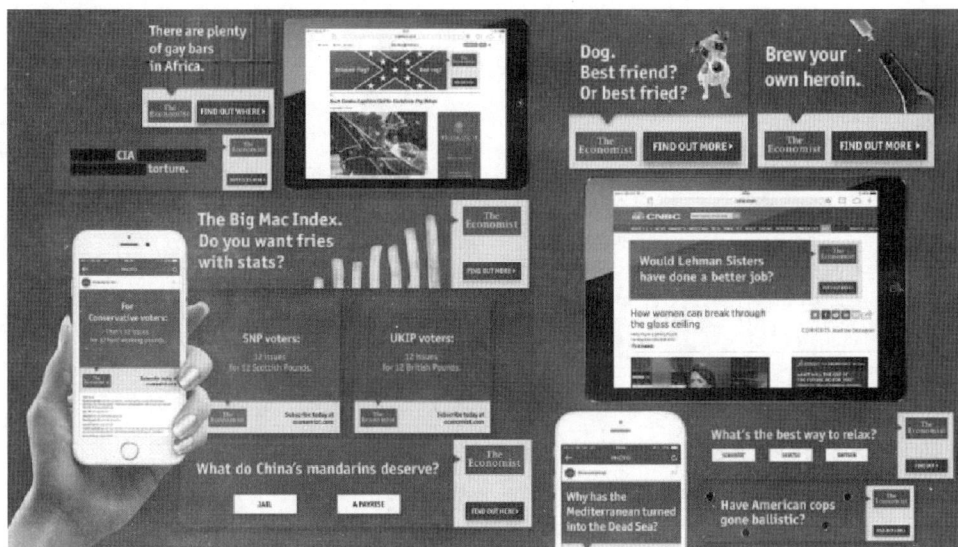

定制化内容。在受众注意到广告并点击之后，页面跳转到可以阅读文章和订购杂志的区域，在该区域内，可根据个人偏好来选择定制内容。

执行与表现

1. 前期的大数据分析

通过大数据分析《经济学人》最活跃订阅者的网络和应用程序使用情况，从而了解读者的阅读习惯；利用 Cookie 数据与各种其他数据集相匹配，将构建的内容精细划分。

2. 广告的网络投放

在媒体的选择上，使用 Facebook 和 Twitter 以覆盖大众；而所展示的广告内容是根据用户当前浏览网页与其个人资料实时投放的。

效果与评价

• 本次活动有超过 3 617 000 名用户采取行动，实现了 520 万的点击量，增加了 8 000 个新订阅者；而杂志本身获得了广告资源，赢得 500 万英镑（约 447 万元人民币）的附加广告收入。

分析与反思

赞点

- 大数据的支撑。本次活动利用了强大的数据库以及网络用户的上网 Cookie 等数据，使网页广告投放精准有效。
- 实时性广告内容。与一般程序化广告不同，《经济学人》此次投放的广告内容匹配了用户实时浏览网页的上下文和受众的个人资料，成功捕获受众注意。

弹点

- 实时匹配内容难度大，难以大范围推广。正因为此案例的内容是匹配网页上下文和受众个人资料而定制的，所以对广告团队创作的要求特别高，大范围的推广难以保证广告效果。

077 西班牙国家彩票
Justino

标签：社交网络

案例名称：西班牙国家彩票：Justino
广　告　主：Loteríad Y Apuestas Del Estado（西班牙国家彩票）
主创公司：Leo Burnett，Madrid（马德里）
获奖情况：2016 戛纳国际创意奖—互动类—全场大奖

背景与挑战

由西班牙国家彩票发行的大胖子彩票是全世界规模最大、奖金最高的彩票之一，于每年圣诞节前夕开奖，是西班牙人民每年关注的热点。而近几年大胖子彩票销量下滑，西班牙人民对其关注热度也不复往昔。

目标与洞察

提高人民对国家彩票的认知，吸引人们购买彩票，提高彩票的销售量。通过网络广告打动西班牙的年轻群体，并通过社交平台分享给更多的人，传播西班牙的彩票文化。

移动互联网和社交媒体的兴起，吸引着年轻人花费更多的时间在互联网上，而有趣的内容更能引起网络用户的主动传播与分享，形成病毒式的传播效果。

策略与创意

CG 技术。运用 CG 技术打造了一个带有皮克斯风格的微电影，给观众带来一种观看了动画大片的既视感。

以情动人。用温馨治愈的剧情感动受众。微电影讲述了人体模型仓库值夜班的保安 Justino 一直以来跟同事没有交集但他却给人们带来温暖的故事。在圣诞节期间，大家也为 Justino 送上彩票，并以中大奖作为结局。电影渲染中奖后"有福同享"的气氛，推动受众做出真实购买决策，以分享喜悦。

真实互动。为了增加真实性和互动性，广告传播期间还开通了 Justino 的 Instagram账号，用来分享广告剧情中的内容。

执行与表现

1. 前期制作

广告动画制作从人物形象设定、3D 技术运用到声音设计，都力求打造一部高质量的动画广告，从视觉效果上带来良好的体验感。

2. 活动开展

网络广告圣诞节前夕投放至 YouTube、Facebook、Twitter 等社交平台，引发网络用户围观。同时，Facebook、Instagram 等社交平台上注册了广告主人公 Justino 的虚拟账号，从 Justino 的视角出发，发布自拍与搞怪创意。

justino_vigilante 关注

Justino Fan de la ciencia ficción, aunque yo crea que no es ficción. ¡Hay vida ahí fuera! Por las noches trabajo como guarda de seguridad. on.fb.me/1MwWC5A

7 个帖子　　8,597 人关注　　正在关注 11

效果与评价

- 片子上映第一天获得超过百万次的观看记录，四十余家不同媒体关注报道。
- 超过 10 万人关注了 Justino 的 Instagram 账号，网络平台上的关于 Justino 的分享超过 15 万次。
- 西班牙人均彩票支出迅速增长到 55.42 欧元（约 416 元人民币），彩票销量在第二年连续上涨。

分析与反思

赞点

- 好内容与好技术的完美结合。*Justino* 这部片子紧跟潮流,结合了 CG 技术，以动画的形式呈现，非常吸引年轻人的眼球，加上紧凑有趣的剧情，饱满的人物性格，让人有观看了一部皮克斯动画大片之感。
- 拟人化的社交互动，增添真实感。在视频广告上线社交平台的同时，主人公 Justino 大叔的个人社交账号也在 Facebook 等社交平台上登录，像现实生活中的一位有着喜怒哀乐的人，给关注的人们带去欢乐与温暖。

弹点

- 卡通形象没有后续开发。西班牙国家彩票本可以延续 Justino 大叔温暖的形象，开发卡通 IP 的周边，让动画人物成为国家的一个标志，进一步延续彩票的销量，然而其后续却没有利用本次广告片的热度，只形成一时的轰动效应。

技术卡片

CG 是英文 Computer Graphics 的缩写。是通过计算机软件所绘制的一切图形的总称。随着以计算机为主要工具进行视觉设计和生产的一系列相关产业的形成，国际上习惯将利用计算机技术进行视觉设计和生产的领域通称为 CG。它既包括技术也包括艺术，几乎囊括了当今电脑时代中所有的视觉艺术创作活动。

078 芝加哥艺术博物馆 梵高的卧室

标签：社交媒体、O2O

案例名称：芝加哥艺术博物馆：梵高的卧室

广 告 主：芝加哥艺术博物馆

主创公司：李奥贝纳

获奖情况：2016 戛纳国际创意节—直销类—户外广告类—
设计类—金奖

2016 克里奥国际广告奖—品牌设计类—户外类—互动与参与类—金奖

案例
卡片

背景与挑战

芝加哥艺术博物馆是美国历史最悠久、藏品最丰富的重要艺术博物馆之一，每年参观人次达 20 万。但是由于博物馆预算不足，其准备推出的新展"梵高的卧室"不能投入大量推广费用。另外，由于技术的发展，信息、图片等内容可以通过互联网轻易获取，出门逛博物馆似乎已经没有必要。同时，年轻群体由于繁忙的工作，很少有时间去博物馆，从而导致人们对艺术渐渐疏离。

目标与洞察

芝加哥艺术博物馆希望通过推出一个新的梵高展览，吸引除艺术爱好者以外的公众，尤其是年轻群体。近几年，Airbnb（爱彼迎）崛起，并成为许多年轻的旅游爱好者的最佳选择。芝加哥艺术博物馆希望通过和 Airbnb 的合作吸引更多的年轻游客参加梵高展览，提高对自身的好感度。

策略与创意

广告公司李奥贝纳为宣传芝加哥艺术博物馆新展览《梵高的卧室》，与 Airbnb 携手将梵高的卧室还原重现。根据梵高的画，复原了他在法国阿尔勒的卧室，并将这个房源挂在 Airbnb 上，希望借此可以吸引来自世界各地的艺术爱好者租住，增加展览的参观人次和提高美术馆的知名度。入住者还可以获得美术馆展览的免费门票，更加深入地了解梵高的内心世界。芝加哥艺术博物馆让观众近距离观看梵高最私密的空间，而公众只需要付出 10 美元（梵高称用来买油漆）

便可接受梵高的邀请，在这个房间度过一个晚上，用最真实的方式体验梵高的生活与艺术。

执行与表现

1. 前期预热

前期在线下通过有关梵高艺术展的海报与宣传单进行预热，让人们对活动有一个初步了解，并激起人们对梵高艺术展的兴趣。

2. 活动展开

通过博物馆的网站发布并完成预订，并通过可以链接到梵高展览的简介和视频页面吸引游客注意。与 Airbnb 平台合作，出租梵高的卧室，吸引人们尝试成为这间特别卧室的入住者并关注梵高展览。

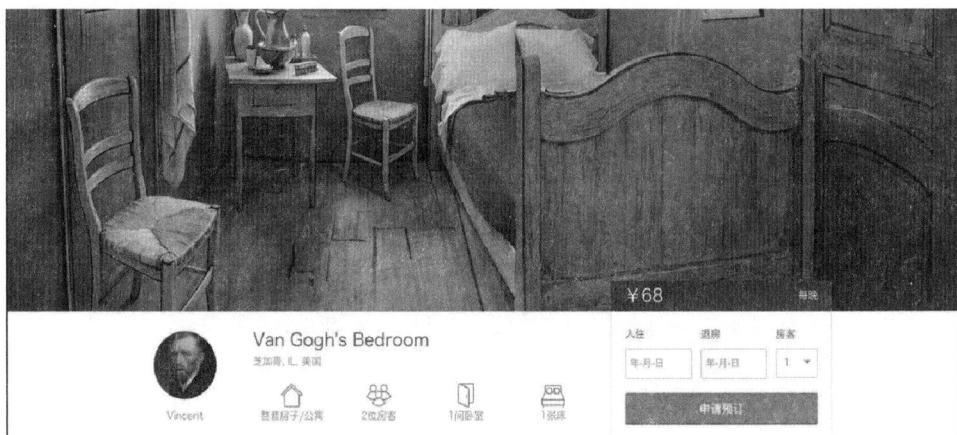

3. 线上开展

通过社交媒介发布消息，设置话题，增加展览知名度；吸引各新闻媒体争相报道，扩大其影响力。住客利用 Instagram 的图片标签——"#vangoghbnb"分享在梵高的卧室的难忘入住经历，引发相关话题讨论。

效果与评价

- 《梵高的卧室》展览的在线预售票增加了 250%，参加人数超过 10 万，成为芝加哥艺术博物馆近 15 年来参观人数最多的展览。

- 活动覆盖了 100 多个国家，获得了 6.23 亿的媒体印象；官方账号发布的信息达到 4 000 次转发，获得一致好评。

分析与反思

赞点

- 创意体验。亲身参与往往是引发兴趣的最有效途径，将梵高的卧室搬进现实中来，让人们亲自体验梵高的生活，以激发人们对梵高展览的兴趣，到博物馆参观梵高的作品。
- 跨界合作。借用 Airbnb 这一平台找到和年轻人的交流方式，不仅覆盖目标用户，更是最大限度地将活动信息传播开来；同时改变了博物馆固有的形象，使其赢得当下年轻人的青睐。

弹点

- 社交媒体利用度低。此次活动在社交媒体上的宣传并不显著，大多通过官方账号发布信息，在社交媒体上并没有形成轰动效应。
- 缺少后续传播。活动进行期间引起大量反响，但芝加哥艺术博物馆和 Airbnb 没有利用热度加大力度推广与延伸。这在一定程度上造成了传播价值的流失，活动带来的营销效果没有得到有效的延续。

079 通用电气
通用剧场频道—The Message

标签：协同创新、数字营销

案例卡片

案例名称：通用电气：通用剧场频道—The Message
广 告 主：美国通用电气公司
主创公司：天联广告公司
获奖情况：2016 戛纳国际创意节—网络类—品牌形象类—金奖

背景与挑战

通用电气（GE）作为全球的多元化服务型公司，其业务推动着全球经济发展和人们生活条件的改善。而在与年轻受众沟通的形式上，GE 一直没有突破性的媒体解决方案，从而影响品牌价值的提升。

目标与洞察

通过播客这个受众范围广的年轻媒体，建立起不一样的品牌形象；在播客上用新奇有趣的故事套住听众，让更多人了解该品牌，扩大品牌的影响力。受众喜欢听故事，对真正的科学与科幻有极大的兴趣，并愿意通过播客搜索、分享资源。

策略与创意

原生内容。GE 在播客上开创了一个科幻故事频道——"The Message"，将科学（GE 声波疗法）与科幻解码故事融合起来生产高质量的品牌原生内容，让听众更好地享受故事并为之着迷。

音频传递。能够使听众在收听时用头脑来描绘画面，从而勾起收听愿望与想象。

执行与表现

1. 前期宣传

通过天联广告公司制作视频对 GE 自己的播客进行市场宣传。

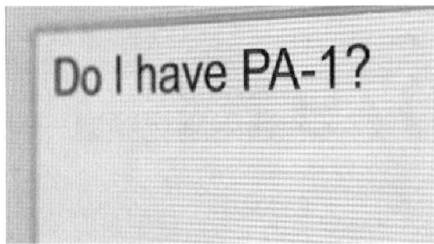

2. 网络扩散

通过视频网站 YouTube、社交网站 Facebook 等扩大传播范围。

效果与评价

- GE 科幻故事频道"The Message"下载量达到 440 万，收听观众总计达 500 万。
- 引发 2 亿媒体播报量，受到科技类出版物的称赞。
- 听众自发创建一个 Subreddit（话题）和维基百科条目，并继续在社交媒体上对"The Message"进行讨论。

分析与反思

赞点

- 对流行媒体的运用洞察。GE 另辟蹊径，参考美国大火的播客、播主的成功点，用播客的广播来进行传播活动，出奇制胜。
- 拉近大品牌与受众距离的数字营销活动。GE 选择播客推广运作，能够广泛接触到年轻受众。品牌直接在你的耳边"说话"，使得它成为能够随时随地、不受外界载体影响的打动受众的好形式。
- 新颖而打动人的播客营销手段，精准的媒介投放选取策略。虽然播客在数字媒体市场还较小众，但随着播客的迅猛发展，音频信息的接收阻力越来越小，接收者更不容易产生阅读疲劳，且不受地域限制。

弹点

- 无法确定传播效率。一方面，不同于主流媒体，在使用播客传播的过程中，其传播效率很大程度上不可预测；另一方面，受限于技术的发展，播客在信息检索和快速浏览方面不如文字方便，更加剧了其传播效率的不确定性。

080 华盖创意
无限可能

标签：社交网站、数字营销

案例名称：华盖创意：无限可能
广 告 主：华盖创意
主创公司：AlmapBBDO
获奖情况：2016 克里奥国际广告奖—整合营销类—全场大奖
2016 戛纳国际创意节—印刷与出版类—金奖

背景与挑战

华盖创意创立于 1995 年。

作为视觉内容传播类企业，华盖创意的营业收入主要来自大量的小规模零售交易、网站提供的会员注册服务以及与图像资料交易相关的附加服务。目前的用户互动和购买已满足不了自身战略需要，现阶段其主要目标是提高营业额，占领更多广告市场。

目标与洞察

吸引广告商，占领更多的广告市场。通过有针对性的营销活动吸引用户，获取更多点击量和交易次数。同时，提升在社交网络上的关注度，向有创意使用与编辑需求的目标用户传递"多样化""无穷无尽"的产品形象。

随着业余摄影师的增多，专业摄影师被忽视，华盖创意的授权费也在一路下跌。所以，华盖创意希望增强受众对华盖创意的认知，让受众明白它的专业性所在，并通过社交数字网络平台，吸引人们的关注。

策略与创意

华盖创意从使用自身数据库中数以千计的鼻子、耳朵、眼睛等五官元素出发，将其重新组合、创造公众人物的面貌，让用户与各种面孔进行交互，与此同时，使广告更具社会意义，引起共鸣，使其在短时间内被广泛地传播讨论。活动提出"无限可能性"的核心创意理念，向广告市场展示自身多样化的视觉内容和功能。

执行与表现

1. 前期预热

选取国际著名人物的脸孔面部图像，利用华盖创意数据库中的五官元素图像进行重建，并将该重建过程以影片形式呈现，在各大视频网站进行投放，引发社交网络关注。

2. 活动开展

向广告专业人士发送各面部重建图片和制作的网页以及手机端的微型网站链接，引发广告人士转载，吸引广告商。拼贴后的人物图像则以海报形式进行广告宣传，引发媒体关注及报道。

效果与评价

- 该广告系列的图像销售增长了20％，客户群得以扩大，新增大量小规模零售交易。
- 活动获得许多媒体、网络用户以及摄影爱好者的关注。
- 活动广告由百位专业广告人士共享，并在几大关于营销和广告市场的网站上发表。

分析与反思

赞点

- 创意策略。提出"无限可能"的核心策略与"8 000万张图像"的核心概念，传递了照片元素创作的无限可能性。活动通过这一理念成功向消费者传达企业的品牌价值，从而与用户建立起情感联系。
- 精准洞察。活动成功洞察到面孔交互功能可以满足用户强烈的好奇心，从而通过创意策略提升目标用户好感，获取更多的点击量及交易。
- 借力营销，助力推广。广告由百位专业人士共享，通过借助知名广告人士在社交网络上传播，引发各界关注，并成功向广告市场传递企业形象与创新精神。

弹点

- 宣传策略存在缺陷。仅借助业内知名广告人士在社交网络上传播，宣传途径较为单一。
- 后期跟进不足。活动中期建设的微型网站没有进行后续的营销推广与延伸，同时重建图像的创意作品除了吸引受众注意以外，未加以利用，一定程度上造成了创意流失。

081 Bonds
男孩们

案例名称：Bonds：男孩们
广 告 主：Bonds
主创公司：Clemenger BBDO Melbourne（天联 BBDO）
获奖状况：2016 克里奥国际广告奖—全场大奖
　　　　　2016 夏纳国际创意节—影视类—银奖

案例
卡片

背景与挑战

Bonds 是澳大利亚的百年内衣老品牌，其卡通人物 Chesty Bond 甚至被认为是澳大利亚的标志。Bonds 在男性内裤市场上也占有较大份额，但相比较有米兰达·可儿代言的该品牌女性内衣，男性内裤则缺少宣传和爆点，市场表现不佳。

目标与洞察

提升 Bonds 品牌的关注度，通过策划"The Boys"活动，让男性消费者也关注自己贴身衣物的舒适度，产生被关怀的感觉，从而提升男性消费者对品牌的好感度，并获得其认同。

如今很多男性在挑选内裤上不太上心，可能会认为能穿就行，不会太在意内裤的舒适度、功能性等方面。所以，让男性关注自身健康，向其传授一些男性健康知识是一个新的切入点。

策略与创意

通过对男性身体日常状态的分析，将其下半身以拟人化的视角呈现，让大众具象地了解到男性们的下半身是如何"思考"的，并将这一过程记录下来做成广告视频。

广告户外投放采用根据平均温度改变广告内容的技术，同时通过使用实时 RSS（简易信息聚合）订阅技术将该技术生成气温实时报告。高科技与创意融合，再配合人体诙谐表演，十足的趣味性引发男性受众关注，让普罗大众关爱男性健康。

执行与表现

1. 线上展开

YouTube 上推出三个系列视频，分别对应不同场景中男性生殖器官的不同表现，用两位真人演员扮演男性生殖器官，并用趣味的表演对比了使用 Bonds 男士内裤与没使用时生殖器官的状态。

2. 线下展开

线下以户外广告形式在澳大利亚墨尔本伯克街购物中心的大型广告牌上刊登，通过运用根据平均温度改变广告内容的技术来实现天气预报和内裤广告的结合。真人演员模拟睾丸受到天气影响会热胀冷缩的状态："温度降低，'小弟弟'们就会蜷缩在广告屏上端。温度升高，他们又舒舒服服地挂下来了。有风了，他们又会摇摇晃晃地摆起来。"制作广告的 Clemenger BBDO 的负责人介绍道。

效果与评价

- "The Boys"系列广告在 YouTube 上播放量超过 100 万，多家媒体进行了报道，引发广泛讨论。
- 虽然这个大胆的创意也引来不少吐槽和争议，但 Bonds 还是很得意于自己的创意，并且试过把两个"小弟弟"贴在官网首页。同时，YouTube 上的评论大多也在赞赏这个广告创意十足，十分幽默。

男性的生理器官每天要承受很多，比如随时变化的天气。所以我们设计了这样一个广告屏幕，不仅预报天气，还展现了生理器官如何受到天气的影响。

——BBDO 墨尔本分公司首席创意官　Ant Phillips

分析与反思

赞点

- 创意别出心裁。活动另辟蹊径，通过深入剖析男性日常活动（如游泳、骑车）时生殖器官的状态，以夸张幽默的方式让两个演员进行脱口秀并做成视频，让人觉得眼前一亮。虽然用隐私器官作题材却不显低俗。
- 技术与创意内容结合。通过实时 RSS 订阅技术来进行线下推广。同时，广告内容根据实况天气变化，使得广告生动有趣。

弹点

- 前期预热不足。虽然 Bonds 已经在澳大利亚拥有很高的知名度，但活动预热程度还不够。在 YouTube 上投放视频之后也没有进一步和受众展开讨论，因此，除了视频点击量过百万之外，并没有极高程度地提高人们的参与度和讨论。
- 活动结束后未及时推广。在线下活动开展之后，并没有紧跟着活动热度开展一系列推广。例如举办征集"男人之痛"之类的活动，让男性大胆讲出生活上的不便，以此加强男性消费者对 Bonds 的整体好感度。

082 人头马君度
100 年

标签：创意内容、口碑传播

案例卡片

案例名称：人头马君度：100 年
广 告 主：人头马君度集团
主创公司：Fred & Farid（法国）
获奖情况：2016 克里奥国际广告奖—全场大奖

背景与挑战

人头马路易十三是世界殿堂级干邑品牌，其生产标准高于干邑产区生产法令规定的标准，陈化期在 50 年以上。路易十三制作工序繁杂，但对消费者而言，却无法了解其繁复的酿造过程，也无法了解人头马君度集团作为拥有千年历史的老品牌对工序的严苛标准，其品牌精神无法有效地传达。

目标与洞察

让消费者切实感受到路易十三酿造过程的不易以及保存期长达百年之久的价值积淀，从而传递人头马君度集团的文化底蕴，提升品牌价值，再次赋予路易十三奢华感。

路易十三的"百年酿造"这一卖点本身极具高级感，同时带有历史色彩。一百年后的现实是大多数人无法触及的，而人头马君度集团则是要将"百年"这一概念与受众相结合，让受众体会到百年的对比，也感受到路易十三的珍贵。

策略与创意

创意传递。Fred & Farid 广告公司为传达"百年酿造"这一概念，将未来世界展现给消费者看，让消费者深刻感受到时间的长度，同时告诉大家，现在能看到的路易十三，都是一百年前的酿酒师所做出来的。

结合科幻电影元素。以"去寻找 100 年前的干邑——路易十三"为时间线，利用科技新元素，打造三支极富未来感的预告片，集聚好莱坞顶级阵容打造，运用多种电脑特效表现，阵容之庞大更凸显出路易十三的奢华地位。

执行与表现

1. 线上开展

由 Fred & Farid 所制作的科幻预告片三部曲进行线上投放，画面场景引人入胜，科技元素所创造的视频效果让受众惊叹。

2. 线下活动

路易十三于亚洲金融之都——香港揭秘其银幕原创 100 *Years*，各界名流应邀到场观看该预告片，并一致做出好评。同时，名流发挥其意见领袖的作用，在社交网站上分享观影感受，再一次引发话题热议。

胡兵 🆅
2015-11-20 10:38 来自 iPhone 6

置顶 受@干邑之王路易十三 与 @智族GQ 的朋友邀请在好莱坞参加了最特别的"首映礼"：电影《100 Years》，一部"此生看不到的电影"。John Malkovich 对我说，这部作品不是为了今天，而是留给100年的后代！2115年参与真正的首映礼时，看到我们今天的合影，不知是否会被"时间"折服？cheers！

☆ 收藏　　　📷 5534　　　💬 4994　　　👍 1284

效果与评价

- 路易十三预告片 100 *Years* 获得全球各界名流的充分肯定，名流们在社交网站上发表好评，让受众对品牌的认知度与好感度都有了较大提升。

路易十三完美诠释了对时间的绝对掌控。我们力求创造一部前瞻之作，探索过去、现在和未来之间的动态平衡关系。

——路易十三全球执行总监　Ludovic du Plessis

当我第一次收到邀请的时候我非常喜欢这个创意，或者说在某种程度上我希望所有我拍摄的电影都能在 100 年后才上映。我无法想象这将改变多少人对这些电影的看法。

——约翰·马尔科维奇

分析与反思

赞点

- 顶尖制作。该科幻预告片采用顶尖制作团队、一线演员、最前沿的技术，将科技与未来融合在一起。精致的广告视频制作对应路易十三精细的酿酒技术，让消费者从广告片的质感中感受到品牌的魅力所在。
- 广告策略清晰。在内容层面，利用科技元素来丰富整个影片；在执行层面上，选择在亚洲金融之都香港宣传，吸引社会名流观看，提升了品牌的价值和档次，还带来良好的宣传效果。
- 深度内容联系产品。影片内容联系人类的共同问题：地球的未来究竟怎样？未来人类会有什么样的行为？在这个思考过程中，路易十三的品牌形象也渗透至消费者记忆中。

弹点

- 三部曲内容单一。预告片三部曲都是采用同一个故事线，略显重复与单调。
- 过于凸显未来。预告片主题，包括时间的变化都是营造未来的环境，而路易十三还可以采用更多样的元素让对比反差更加强烈。

083 Netflix
纸牌屋—FU2016

标签：互动展示

案例名称：Netflix：纸牌屋—FU2016
广 告 主：Netflix
主创公司：BBH New York
获奖情况：2016 戛纳国际创意节—推广活动—金奖
　　　　　2016 戛纳国际创意节—整合营销—品牌内容—全场大奖

案例卡片

背景与挑战

　　Netflix 出品的悬疑政治剧《纸牌屋》讲述的是一个冷血无情的美国国会议员及与他同样野心勃勃的妻子在华盛顿白宫中运作权力的故事。2016 年正值美国大选，Netflix 也准备推出第四季。

　　在现今美剧百花齐放的时代下，政治题材的电视剧一直都不是最受观众欢迎的。而《纸牌屋》作为一部贴近现实的政治题材电视剧，其第三季中过多的情感纠葛戏份已引起部分观众不满，题材走向也有偏离。

目标与洞察

　　通过整合营销传播并发挥剧情特性将《纸牌屋》与现实紧密连接，将不满其第三季剧情走向的观众再次拉回到政治走向中，重新获其认可。《纸牌屋》结合现实热点，吸引人们的关注并参与此次主题推广活动，为第四季的开播造势。

策略与创意

　　剧情与现实完美契合。《纸牌屋》第三季主角弗兰克·安德伍德（Frank Underwood）成功篡得总统之位后，第四季剧情围绕安德伍德为连任而参加总统竞选展开。在这个时候上线，《纸牌屋》的剧情和现实中的总统大选重叠，娱乐和政治的结合更易激起受众兴趣。

执行与表现

1. 前期预热

在 CNN 播出的一场共和党党内竞选人辩论中插入一则剧中男主角的"Frank Underwood for President"的竞选广告，在结尾显示这是《纸牌屋》在为第四季新片做的推广，吸引观众眼球。

2. 线上宣传

在宣传片发出的同时，为男主角 Frank Underwood 专门做了一个竞选主页，并在宣传片中展示网址——FU2016. com. 网址也被插入到 Facebook 中，受众在进入网站进行互动的同时还可以购买相关周边。在 Twitter 上若关注了"@ House Of Cards"，则会收到通知支持者们在辩论期间注意安德伍德总统的特别公告。

3. 线下活动

在南卡罗莱纳州设立了 FU 的竞选总部，选民不仅可以领取 FU2016 的小物料，还可以拿到关于男主角 FU 的竞选宣传册，并且可以和翻版的白宫总统办公桌合影。现场还发放免费食物，上面写的是剧里面 FU 最爱的 Freddy's BB 的餐牌。

效果与评价

- 获得非常大的参与量和话题量。广告在 24 小时内获得近 700 万的视频观看次数，推广活动获得了超过 66 亿的关注人次。
- 品牌好感度提升。根据网友评分，《纸牌屋》第四季评分为 9.0，相比第三季的 8.3 分有较大提升；而 Netflix 全球范围内共增加会员 674 万，收视率也上升了 63%，大大超过预期。
- 获得名人助阵。美国总统奥巴马的顾问、其夫人米歇尔·奥巴马的幕僚长，以及美国第三十六任总统约翰逊的礼宾司司长等政客名人们均出席了安德伍德"总统"在美国国家肖像画廊的揭幕活动。

分析与反思

赞点

- 寻找与现实的最佳契合点。《纸牌屋》的推广时间正好与美国大选重合，且剧情本身就和现实相关。
- 对消费者的情感洞察。将受众对现实中总统大选的积极性关注转化为对剧情的关注，利用消费者的情感进行营销。让观众从虚构的剧情中找到现实的影子，从而建立和受众间的情感联系。
- 充分利用社交网络的传播性与人脉力量。建立一个类似于竞选官网的独立网站 FU2016.com，利用 Facebook 和 Twitter 传播"竞选"消息；给支持者提供贴纸和海报等各种周边，和受众产生互动，最后邀请现实的知名政治人物为其背书。

弹点

- 忽视国际市场。Netiflix 的国际用户约是美国本土用户的两倍，可见其全球市场潜力巨大。但 FU2016 整个推广活动都未将海外用户的体验考虑进去。虽然《纸牌屋》的推广与美国大选形成了无缝营销，但对国际用户来说，则会由于国情不符而无法形成共同认知。

084 金馥力娇酒
来一杯金馥力

案例名称： 金馥力娇酒：来一杯金馥力
广 告 主： Southern Comfort（金馥力娇酒）
主创公司： Wieden +Kennedy（纽约）
获奖情况： 2016 克里奥国际广告奖—金奖

案例
卡片

背景与挑战

Southern Comfort（金馥力娇酒）是 1870 年由酒保 M. W. Heron 调制出的新品种威士忌酒。为了顺应千禧一代"自由、随性"的特点，以"Whatever's comfortable"作为宣传口号，获得了年轻人的认可。近年来 Southern Comfort 的竞品层出不穷。而 Southern Comfort 原来的口号也逐渐失去特色与吸引力，Southern Comfort 亟须给品牌塑造一个全新的形象，以便在威士忌市场中脱颖而出。

目标与洞察

加深消费者对品牌的印象。延续品牌旧有的"Whatever's comfortable"的特点，同时融入全新的流行文化元素，以加强受众对品牌的认同。

快节奏的时代驱使人们向往简单又具有个性的生活方式。年轻人总会在有空的时候去酒吧小酌一杯，酒精和音乐的结合能够让他们的身心与大脑得到释放，而 Southern Comfort 打算以音乐为切入点，以此与年轻消费者产生共鸣。

策略与创意

音乐与酒精的结合，使受众能够立即联想到在酒吧释放身心的感觉。通过音乐的动感，使受众的听觉与味觉相互产生感官刺激，以此带动消费者的消费欲望，深化品牌体验。同时结合现在的流行文化创造出一个朗朗上口、能让受众口口相传的新口号。W +K 为 Southern Comfort 设计了一个全新的口号"SHOTTASoco"，是 Shot of Southern Comfort（来一杯 Southern Comfort）的缩写，他们将这一句去酒吧点单时必说的话缩略成一个词语，变成朗朗上口的口号。

执行与表现

1. 线上开展

全新的口号诞生之后，W+K 与台湾 Next Media 合作，创造一系列台湾动画风格的 SHOTTASoco 短片。视频在 YouTube、Vimeo 平台上进行病毒式传播，以增强受众对品牌的记忆。后期在营销视频中添加电子音乐与真人演员两个新元素，创作真人与动画结合的音乐 MV。

2. 线下开展

SHOTTASoco 一词的创造者 Ricky Björnsson 线下召开 SHOTTASoco 发布会，让更多的人认识这个品牌以及它的新口号。

效果与评价

- 在 Instagram、Facebook 等社交网站上都可以找到 SHOTTASoco 的相关贴文，网民自发性地发表言论，形成二次传播。
- 品牌获得高曝光度，音乐 MV 在 YouTube 和 Vimeo 的平台上共达到了 500 万观看次数，并登上多个地区排行榜，另外其他网站的该视频观看次数也超过了 340 万。

分析与反思

赞点

- 对消费者特质洞察明确。通过消费者洞察，当下人们快节奏的生活使得他们更加喜欢用简单又个性的方式生活，将 Shot of Southern Comfort 缩略成 SHOTTASoco，简短有力的口号更能使消费者接受。
- 动画技术与真人的结合。用不同于以往真人实地表演的方式，将台湾动画技术与真人实景进行结合，利用动画技术脚本从不同角度展现品牌。
- 音乐与画面的结合。音乐 MV 呈现的视频，配合着节奏感十足的电子音乐，以及视频中绚烂动感的画面，使得受众能够从中获得各种感官体验，洗脑式的歌曲在潜移默化中印入受众脑海，让他们在不知不觉中记住 SHOTTASoco。

弹点

- 线下活动不足。宣传活动以在线为主，包括音乐 MV 和电视广告，缺少了线下宣传，因此减少了一部分消费者对品牌的认识和购买欲望。同时没有利用热度发展后续活动。

085 宜家
最好的睡眠

标签：社交网络、创意营销

案例卡片

案例名称：宜家：最好的睡眠
广 告 主：宜家（瑞典）
主创公司：thjnk
获奖情况：2016 纽约国际广告节—创意营销效果—银奖

背景和挑战

瑞典的全球知名家居品牌宜家旨在为所有人提供家居产品和解决方案，并以"为大众创造更美好的日常生活"为理念，各种功能与风格的家居均有提供。

宜家推出的"鼓励人们给予他们的卧室和浴室应有的关注"这一年度主题活动并没有受到消费者的广泛关注，目前消费者并未培养出"床垫对睡眠习惯有重要影响"的意识。

目标与洞察

向消费者传达健康睡眠的理念"一个良好的睡眠需要有一张适合自己的床"。培养消费者关注睡眠产品的意识，提高人们对床垫的重视，传递为大众服务的经营理念，进一步提高宜家在消费者中的品牌知名度与好感度。通过社交网络平台，吸引人们的关注并参与活动，唤起人们对宜家提供的各种个人睡眠解决方案的兴趣。

策略与创意

宜家通过 Schlaf Gut 旅馆的体验活动提高人们对床垫的重视，创建"The Great Sleep（最好的睡眠）——让所有人拥有一个完美睡眠"的主题，让消费者切身感受在不同环境中床垫对睡眠质量的影响。活动体验现场的场景布置得非常精致，参与者能舒适入睡，从而使受众感受到一个完美睡眠方案的重要性，也体现出宜家的核心理念——为大众创造更美好的日常生活。

执行与表现

1. 前期在线调查

在 Facebook、Instagram 等社交媒体上在线调查用户的睡眠习惯，吸引用户分享自身经历，以引起他们的兴趣，切实增强参与度。

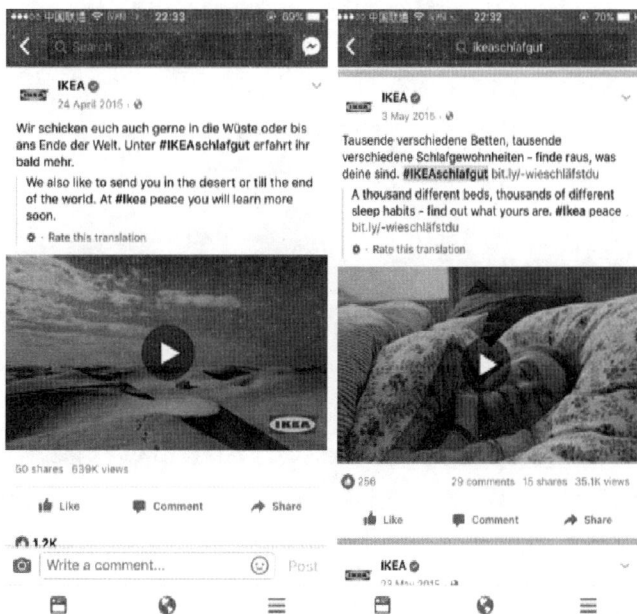

2. 体验活动开展

在线下抽取 4 位幸运儿参与体验活动，在社交平台播放四位参与者和他们伴侣进行睡眠体验的视频。同时在 Facebook、YouTube 等社交媒体上引发话题讨论，吸引受众参与、支持活动并观看视频。

效果与评价

- 广告投放后，在媒体中共获得 16 亿的互动，获得大量话题参与量。
- 宜家销售额增长了 26%，卧室销售额增加了 16%，其 IKEA. de 卧室部分的浏览页面创造了 1 800 万的访客量。
- 不少用户在 Facebook、Instagram 等社交平台表达了对此活动的赞赏，Schlaf Gut 旅馆体验的参与者更表示不会忘记如此美好的一夜。

分析与反思

赞点

- 准确把握消费者的情感需求。好的睡眠质量是每位消费者的需求。本次活动让消费者知道宜家可以满足每个人的不同需求，获得更高质的睡眠，提升个人的生活质量。
- 对社交媒体的充分利用。本次活动依靠 Facebook、YouTube 等线上平台进行话题覆盖，同时也引发众多网络媒体的报道。
- 与品牌经营理念的有效结合。具有社会性话题的"宜家体验 Schlaf Gut 旅馆"活动，让宜家一直倡导"为大众服务"的经营理念再次深入人心。活动自身的社会意义体现了宜家时刻将用户需求放在第一位的品牌理念，完成了一次成功的线上线下体验式营销活动。

弹点

- 缺乏线下互动环节。活动只在线发酵，即受众在社交网络进行了很多互动，但缺乏线下的活动配合，使受众难以有实感，无法对活动留下深刻印象。线上与线下活动相辅相成，消费者才能和品牌进行更多互动。
- 活动后期蓄力不足。该活动前期就引起众多热议，曾一度取得高度关注和支持，但宜家没有乘胜追击开展后续活动，导致该活动被消费者淡忘。
- 缺少知名人士互动。该活动主要以普通用户为主，没有邀请知名人士参与或评论，因此缺少名人的带动与引流效应。

086 沃尔沃卡车
看！是谁在驾驶？

标签：社交网络、互动展示

案例名称：沃尔沃卡车：看！是谁在驾驶？

广 告 主：沃尔沃卡车

主创公司：Forsman & Bodenfors

获奖情况：2016 夏纳国际创意节—视频广告—金狮奖

2016 伦敦国际奖—剧本的短片—品牌娱乐—金奖

2016 Eurobest（吉太新）—病毒电影—金奖

2016 艾匹卡（Epica）—在线与病毒视频—金奖

2016 克里奥国际广告奖—短视频—金奖

背景与挑战

沃尔沃是世界第二大卡车制造商，在卡车市场上进行了强有力的、最具创新性的建设。由于沃尔沃一直以长途运输卡车而闻名，在施工卡车这一领域较薄弱，因此需要进一步巩固其领导地位，力争成为长途运输卡车这一市场的领导者。

目标与洞察

沃尔沃希望通过展示卡车在最严苛的环境中也能轻松应对来表现沃尔沃卡车的安全性。沃尔沃卡车公司聆听了大量运输行业客户和卡车驾驶员的故事，总结出 6 个卡车核心关注点，分别是工作效率、运营时间、安全性、保障性、节油性和驾驶员感受。沃尔沃决定从产品、服务和以人为本为三个关键发力点，展示其卡车性能，以此更加贴近客户。

策略与创意

为表现卡车的安全性与操作的简易性，沃尔沃选择了一个 4 岁的小女孩和一辆 18 吨遥控卡车 FMX 作为最新现场测试的主角。他们让孩子遥控一辆卡车翻山越岭，突破各种障碍。同时将测试过程制作为广告视频，以广告标题"Look！Who's Driving？（看！是谁在驾驶？）"来设置悬念，并以"世界上最贵的遥控车"为噱头引起网民大量阅读与转发。

执行与表现

1. 线下测试视频制作

沃尔沃把新推出的 FMX 大货车改装成遥控驾驶，并让 4 岁小孩操控。孩子利用特制的遥控器，便能够简单地控制 FMX 在测试场地上前进后退、左转右转，卡车突破了诸多障碍，凸显其安全、耐用。

2. 线上视频投放

共有六个"现场测试"系列广告片，以"Look！Who's Driving?"命名，并通过 YouTube 视频网站、腾讯微博等网络渠道播放。这六个病毒视频广告片以极富创意且壮观大气的方式展现了卡车不同寻常的创新性功能，成功引发了受众在社交媒体上的关注与讨论。

效果与评价

- "Who's Driving"系列视频已经收获超过 10 亿的点击量，被不同平台分享超过 800 万次，获得 7 万点赞数及 2 506 条评论，并引发模仿热潮。
- 获得具有影响力的媒体关注，各大广告网站以及优酷、土豆等视频网站均对视频进行转发，相关电影和新闻资料也用于全球出版。

能在全球品牌市场上获得如此重大的认可，对于一个卡车品牌来说几乎是不可能的，因为与我们竞争的都是世界上最大、最知名的消费品生产公司。但是现在，我们赢了！在调查中我们发现，几乎一半的汽车买家在看过广告片后表示，沃尔沃将成为他们下一辆卡车的首选。

——沃尔沃卡车品牌公关及媒体关系主管 Per Nilsson

分析与反思

赞点

- 对消费者洞察精准。这支广告牢牢抓住消费者心理，从安全角度展开，针对交通运输中的安全问题，用强烈对比来表现沃尔沃卡车的安全性能在极端条件下也十分优秀。
- 成功转移传统媒体昂贵的预算。沃尔沃不走常规路线，他们用一种意想不到的方式甩开竞争对手，那就是拥抱移动媒体。勾起人们愿意将其分享给他人的欲望，"口碑效应"像病毒一样"低成本，高效率"地传播。
- "纪录片"式的好莱坞广告视觉。汽车特性并没有通过复杂的特效表现出来，而是通过纪录片的形式呈现出好莱坞大片一样的感觉，用最好、最吸引人眼球的方式去展示这些特性，为消费者展现最真实的一面，让观众真正近距离了解产品。

弹点

- 缺乏后期的沟通。拥有如此好的广告创意，但没有更深一层地与消费者沟通互动，使消费者很快丧失了对产品的热情度和关注度，甚至失去印象，广告的影响作用也随之淡化。
- 过分凸显安全因素而忽略其他。广告中确实完美地表现了安全的特性，但在竞争越来越激烈的市场中，固执地只表现安全性已不足以在市场站稳脚跟，应在广告中加入更多能表现其他方面特性的因素，而不只是表现卡车本身。

087 吉尼斯啤酒
橄榄球运动

案例标签：品牌娱乐

案例卡片

案例名称： Guinness Rugby Campaigne（吉尼斯啤酒橄榄球运动）

广 告 主： Guinness（吉尼斯啤酒）

主创公司： AMVBBDO

获奖情况： 2016 纽约国际广告节—品牌娱乐类—金奖

2016 夏纳国际广告节—狮子娱乐—铜狮奖

2016 蒙特勒—电视电影运动—金奖

背景与挑战

Diageo（帝亚吉欧）旗下的著名啤酒品牌 Guinness（吉尼斯）是世界上最大的啤酒制造商之一，其主要竞争者——喜力啤酒，成为 2015 年橄榄球世界杯的全球合作伙伴，拿到了在橄榄球世界杯所有 13 个赛场中提供饮料的独家权利。吉尼斯面临着提升品牌知名度的压力。同时，举办世界杯期间，13 个赛场都是禁止酒类饮品的，喜力在其他非酒精饮品领域有一定成就，但吉尼斯比较专注于啤酒方面，因此吉尼斯也面临着在特殊环境中彰显自身品牌价值的挑战。

目标与洞察

通过广告片让人们体会到橄榄球和吉尼斯的精神——诚信和品格，这不仅是橄榄球运动所要传递的，也是吉尼斯的品牌理念。通过这两个关键词提高品牌的知名度和美誉度，让消费者对品牌有更深入的认识，刺激购买，提高市场占有率。

橄榄球是英国非常具有男子气概的运动，比赛时"泥泞""战斗""疤痕""坚持""团结"等的特点正好与啤酒的产品特性相符，在赛事期间，橄榄球与啤酒能进行完美的结合。

策略与创意

广告分别讲述了两位知名球星——加雷斯·托马斯与威廉姆斯私生活中的阴暗面，以及他们在困境中如何被队友鼓励与拯救。广告利用好莱坞拍摄纪录片电影的手法拍摄了两段微电影，同时将球星们戏剧化的故事与残酷的橄榄球比赛画面相结合，给人一种震慑感。

执行与表现

1. 线上开展

在各大线上平台如 Facebook、YouTube 等发布两部时长各为 4 分钟的微电影短片，详尽地阐述了两位球星背后的故事，吸引受众关注。

2. 线下开展

在英国和爱尔兰的电视和电影院等线下平台进行视频发布，两则 60 秒的广告通过主流媒体广泛传播，也覆盖了各类型的消费群体。

效果与评价

- 6 个月内吉尼斯的销量在英国上涨了 4%，而同期啤酒净销售额则上涨了 3%。
- 广告视频的在线观看人数在 4 个月内达到了 2 200 万，同时在传播期间得到了各主流媒体的关注。
- 在社交媒体上获得大量转发与话题讨论，视频发布第一天 YouTube 上的播放量就达 16 万次。

分析与反思

赞点

- 广告主题与产品特点的完美契合。利用两位著名球星私生活中的阴暗面作为切入点，通过一系列的渲染带出橄榄球运动和产品本身的理念，同时让消费者知道光鲜背后的苦涩与不易，就像黑啤一样。
- 独特广告表现手法。运用好莱坞式的纪录片电影拍摄手法，使整条广告片看上去十分忧郁阴暗，加上球星口述自己的阴暗面，更为广告本身增添一份深邃。
- 广告多渠道投放。两段式的多渠道大范围投放，使广告传播的效果及议论性更强，一定程度上扩大了明星效应、品牌属性及事件热度。

弹点

- 缺乏与消费者的互动。该广告只采用大范围的线上及线下投放，并没有与消费者进行互动，过分依赖广告片本身带来的传播效果，忽略了对事件及产品的进一步营销。

第八章　协同创新

088 雪佛兰
看不见的黑暗

标签：创意营销、O2O

案例名称：雪佛兰：看不见的黑暗
广　告　主：雪佛兰（中国）投资有限公司
主创公司：北京苏豪坊数码科技有限公司
获奖情况：2014 大中华区艾菲奖—机动车-汽车后市场
　　　　　类—金奖
　　　　　2016 金投赏—户外及环境媒体类—银奖

案例卡片

背景与挑战

　　雪佛兰想要推出一款叫雪佛兰特劲浓缩机油添加剂（简称雪佛兰特劲）的产品。这个添加剂主要目的是让汽车的汽油提升油品，并且消除积碳。

　　燃油添加剂能够保护发动机远离积碳的危害，但是由于中国车主对此类产品长期无感，再加上一些加油站销售人员的强行推销，致使多数车主从根本上丧失了兴趣。如何唤起人们对燃油添加剂的兴趣，是雪佛兰推广添加剂面临的主要问题。

目标与洞察

　　雪佛兰特劲希望通过此次推广活动提升品牌认知度，引起人们对积碳问题的关注，深化体验并增强受众对品牌和产品的了解与互动。通过"看不见的黑暗"艺术展，吸引人们的关注并参与活动，激发用户购买的欲望，增加销量。

　　然而由于积碳存在于发动机内部，人们无法看到，也就无法意识到积碳的危害。雪佛兰需要描述这个"看不见的黑暗"，并告知消费者积碳是躲在引擎底下的一个现实。

策略与创意

　　以"看不见的黑暗"为主题，创办一个阐述积碳对引擎危害的艺术展，集合三位艺术家，以积碳为绘画介质创作风格不同的艺术作品，让人们意识到积碳的危害。

执行与表现

　　1. 第一阶段：创意预热

　　以"看不见的黑暗"积碳艺术展邀请函的方式，利用社交媒体网络、垂直媒体网络等进行广泛传播。利用三位艺术家用积碳创作的精彩视频引起消费者兴趣，促进消费者积极参与到积碳创作中来，制作自己的积碳作品，转发并分享。

　　2. 第二阶段：线下互动

　　"看不见的黑暗"线下艺术展在北京侨福芳草地举办，分别了邀请美国纽约现代艺术家、独立动画人、插画艺术家三位艺术家用积碳创作，并在现场设置互动区域。

　　3. 第三阶段：线上传播

　　将线下会展搬到线上，举办在线艺术展，持续向全国受众传播展会内容，为消费者提供清除积碳、养车爱车的有效方法。同时，通过公关文章，持续扩大展会的影响力。

效果与评价

- 总计 98 000 000 次的在线媒体曝光，共吸引 340 000 人次点击媒体广告，社交平台视频浏览量达到 234 000 次。

- 微信传播内容获得 420 000 次阅读，23 024 位独立用户参与手机端微信 H5 互动，增加 885 个公众号粉丝，且其中一半粉丝提交个人车型信息，希望进一步获得雪佛兰特劲产品资料。

分析与反思

赞点

- 艺术展与营销结合。雪佛兰邀请三位艺术家合作，以"看不见的黑暗"为主题，以积碳为介质创作艺术品，将积碳转化为能够与用户共同交流的创意概念，并延伸为执行手段。让消费者意识到积碳对发动机的危害，并了解他们对燃油添加剂的需求，增强人们对雪佛兰特劲的购买欲望。

- 充分利用社交媒体的传播性和扩散性。利用微信作为传播平台，使众多网友参与活动创作自己的积碳作品，吸引了众多自媒体大号、明星等意见领袖的参与和支持，继而吸引更多消费者。

- 汇聚全平台资源覆盖影响。线下活动结束后，雪佛兰继续举办线上艺术展，通过凤凰网等网络新闻媒体，持续向全国受众传播展会内容。通过不断发布推文，实现影响力的持续扩大。

弹点

- 线下活动时间较少。"看不见的黑暗"艺术展为期两天。由于展会是现场创作，所以应该给与会者更多的时间去了解积碳，欣赏作品，创造作品，进而为后续网络传播提供坚实的基础。

089 国泰金融
给人幸福，就是幸福

标签：社交网络、互动展示

案例名称：国泰金融：给人幸福，就是幸福
广 告 主：国泰金融控股股份有限公司
主创公司：台北奥美广告股份有限公司
获奖情况：2016 大中华区艾菲奖—金融产品与服务类—金奖

背景与挑战

　　国泰金融控股股份有限公司于 2002 年正式成立，是一家结合保险、证券、银行等多种业务的金融机构，现发展为台湾地区寿险业第一品牌。

　　随着越来越多的竞争对手涌现，国泰金控更不能掉以轻心，还需继续累积优质的品牌形象，塑造良好的企业文化，使之成为客户心中最值得信赖与托付的金控公司。

目标与洞察

　　塑造一个充满正能量的品牌形象，将品牌与"幸福"这一概念相联系，利用消费者对幸福的向往，以积累民众的信赖。同时传达出品牌内核，即"在当下浮躁的社会中，寻找幸福感"。

　　幸福感的来源多种多样，但通过帮助他人获得的幸福感是独一无二的。国泰金控以"给人幸福"为重点，呼吁大家多行善事，做个热心的好人，为社会带来更多正能量。

策略与创意

　　国泰金控用广告视频讲述了一个乐队和一个梦想成为鼓手的失明小男孩之间的故事。

　　视频运用纪录片的形式，以一个失明小男孩在网上的求助开始，到一个乐队的鼓手一直尽力地教他、关注他、走进他的生活，以最后为小鼓手开的演唱会达到高潮为结束。视频中的小男孩最后实现了梦想，找到了幸福，而一直帮助他的乐队、鼓手则是给人幸福的人，他也获得了幸福，从而完美诠释"给人幸福"的主题。

执行与表现

1. 前期视频制作

国泰金控通过问卷调查了解孩子们的愿望，最终选定希望成为一名鼓手并能公开出演的盲童吕岳骏作为幸福任务的主角。选定主角后，开始记录孩子与爷爷相依为命的日常生活，选择了四分卫乐队担任孩子的老师和表演嘉宾。

2. 线上视频互动

制作团队在 Facebook 上创建了一个"小小鼓手演唱会"的账号，分享盲童的音乐梦想，并每天真实直播其练习过程，蓄养第一批品牌故事传播者。

3. 线下宣传

在通过 Facebook 推广的第一阶段后，整个团队开始以海报、街头宣传、人群口碑等线下传播为主，告知受众即将举办能实现盲童梦想的演唱会。

4. 后期活动举办

推广完成后，整个团队开始筹备最后的高潮：演唱会。团队选择了合适的场景，做大力宣传，演唱会当天受邀而来的众多观众是品牌故事传播的第二批，最终演出顺利结束，吕岳骏也成功实现了其梦想。

效果与评价

- 网民们都对小岳骏表示支持，也激励了很多人重拾自己的梦想。同时，团队把网上所有支持小岳骏的评论打成盲文出册，以延续温情。
- 视频在 Facebook 等社交网络上传播甚广，国泰的品牌自然获得了极高的美誉度。

分析与反思

赞点

- 完美利用数字营销。无论是前期还是后期的推广，整个团队都有效地利用了数字营销的理念。前期团队通过 Facebook 等社交网络迅速吸引了公众的目光，让越来越多的人开始关注这次活动。而后期利用纪录片的方式，依靠腾讯平台 8 亿人群的大规模覆盖，让这次充满正能量的活动深入消费者心中，通过数字营销完美地实现了从线上到线下的结合。
- 符合社会主流价值观。这部作品得到了各界的热切关注，也与人们"急切需要幸福，寻找幸福"的愿望相契合，符合了社会主流价值观。
- 树立了良好的品牌形象。这部作品传达了"幸福就是给人幸福"的理念，让人们感受到了社会的温暖，找到了追寻幸福的道路。作为广告主，这部作品自然被贴上了国泰金控的品牌标签。

弹点

- 没有进行后续的活动。这次活动得到了一定的关注和支持，但是国泰没有利用热度大力发展后续活动。因而当这次活动过后，品牌影响力也逐渐消退。

090 上海金橄榄
"秀她所绣" ——绣娘帮扶计划

标签：社交网络

案例名称： 上海金橄榄："秀她所绣"——绣娘帮扶计划
广　告　主： 上海金橄榄文化发展中心
主创公司： 阳狮广告有限公司广州分公司
获奖情况： 2016 大中华区艾菲奖—公益类—金奖
　　　　　　 2016 金投赏—社会化营销媒体类—金奖
　　　　　　 2016 中国公益广告黄河奖——金奖

背景与挑战

在现代化的冲击下，位于我国欠发达地区的羌族妇女，不得不放弃传统绣作，外出打工。羌绣作为一项拥有 1 500 年历史的文化技艺，正濒临消亡。

羌绣有着足够的灵韵与吸引力，只是缺少让更多人看见的机会。如果能够发挥绣娘们所长，不仅能体现其自身的价值，也使羌绣这一传统技艺得以流传。

目标与洞察

具有公益性、富有生态主义理想的话题总能成功吸引都市白领的眼球，而具有社会意义的活动也更能引起广泛共鸣。绣娘是中国独特的文化记忆之一，其传播价值在于为经济不断强盛的中国匹配同样旺盛的文化软实力。这次活动让传统羌绣进入人们的视野，也再次唤醒中国人关于绣娘的记忆，深化传统文化理念。

策略与创意

要明确为羌族妇女解决的问题不是资助善款，而是工作机会。让她们可以留在家乡继续生活的同时传承羌绣手艺。阳狮广州联合公益项目"稀捍行动"，利用羌绣口袋将其民族技艺引入日常生活。通过一个特殊的口袋，将古老的传统手工艺羌绣与流行品牌结合，让羌绣重焕生机，为羌族妇女创造未来。

执行与表现

1. 前期预热

结合简单却动人心弦的文案做成系列海报，简要地说明主题，号召大家关注并参与活动。在腾讯微博引发话题讨论，发布"秀她所绣"活动的羌绣口袋，吸引受众观看广告、参与支持活动；通过视频网站和 LED 户外媒体资源播放系列病毒视频广告，扩大传播路径。

2. 活动开展

联手"淘宝造物节"，打造一个实体"美好商店"，展出精美商品，吸引年轻人了解传统文化。与上海公共艺术协同中心合作，参加澳门国际设计展览。联手上海时装周的设计师，用羌绣口袋做了新系列服装发布，吸引国内外时装界的关注。

3. 线上互动

利用社交平台分享活动情况，并开通专门的微信公众号，保证公益事业品牌化。利用名人效应引流，吸引网民积极分享，使"秀她所绣"活动在朋友圈、微博等社交平台上掀起风潮。

效果与评价

- 该公益活动帮羌绣搭建了一个产业链，为汶川地震后的文化重建工作做出了宝贵的贡献。
- 募集到了 3 万个口袋，为羌族妇女带来 18 万小时的工作时间，为 186 个家庭提供了一年的工作量。

分析与反思

赞点

- 对社交媒体的传播性和扩散性的充分利用。利用腾讯微博作为传播平台，借助众多自媒体大号、明星、意见领袖的影响力，吸引了众多网友参与活动评论与转发。
- 对社会需求的精准把握。面对快节奏的都市生活，"秀她所绣"活动精准抓住了城市人群对自然生态、传统文化的心理认同感。

- 与品牌理念的有效结合。在玩创意的同时，"稀捍行动"肩负起了它一直提倡的社会责任感与使命感。创意不仅要做美好的事情，更要为这个世界做出贡献，带来动力。

弹点

- 活动宣传平台单一。本次活动将过多的宣传资源放在自己的门户网站上，没有与其他平台进行良好沟通，传播面不够广泛。

091 神龙汽车
Fami–Navi

标签：互动展示、协同创新

案例卡片

案例名称：神龙汽车：Fami–Nani
广 告 主：神龙汽车有限公司（中国东风汽车公司与法国标致雪铁龙公司合资公司）
主创公司：北京电通广告有限公司
获奖情况：2016 中国广告长城奖—无线—App 类—金奖
　　　　　2016 釜山国际广告节—直销类—银奖
　　　　　2016 One Show—移动端类—铜奖

背景与挑战

神龙汽车旗下的东风雪铁龙一直致力于向用户传达"安全可靠、人性设计"的品牌属性，以用户的诉求为核心，以"人性科技"提升用户的生活品质。

而在中国，随着汽车数量的不断增加，交通状况急剧恶化，交通事故以每年10%的速度迅速增加。与世界发达国家相比，中国驾驶者的交通安全意识较低、驾驶习惯较差。如果驾驶者的心态不改变，日益进步的汽车安全技术也无法改善交通安全状况，更无法带给人们良好的生活品质。

目标与洞察

提升品牌的好感度，传递"人性科技、创享生活"的品牌主张，深化体验，增强受众的品牌认同感。通过开发新 App，吸引人们关注并下载体验，用一种新型且温暖的方式督促驾驶者安全驾驶，从而改变驾驶者的心态和开车习惯，在提升品牌美誉度的同时为社会问题提出解决方案。

驾驶员独自开车时，一切都会以自我为优先。当有自己关爱的人同车时，驾驶者的开车习惯会有所改变，而这正是能够改变驾驶员不良驾驶心态的切入点。

策略与创意

活用 Idea × Mobile 的方式，开发一款新型 App——"Fami – Navi"。通过 App，孩子可以跟家人一起朗读录音绘本，学习交通礼仪，并录制他们的声音。将语音识别科技与地图数据相连接，将录制的声音转化为导航语音，随驾驶员一同出行。家人的声音会提醒着驾驶者要注意交通礼仪，谨慎驾驶。用家人的声音导航，就如同家人坐在身边，更能督促驾驶者安全驾驶。

执行与表现

1. 前期预热

雪铁龙官方网站上发布新款 App——"Fami – Navi"的图片以及使用流程介绍，帮助用户了解并下载使用 App。

2. 活动开展

开展公益主题活动"用爱改变车生活",对"Fami-Navi"进行推广。2016年3月19日,Fami-Navi正式上线App Store。

效果与评价

• 90%的App用户能在路上更谨慎地驾驶,有效改变驾驶者不良的驾车习惯,提高了安全行车意识。

评委能看到案例背后的洞察,能立刻感知到案例对人性的理解。受众在安装这个App后,也能直达自己的内心,我们利用自身的创造能力,为社会问题提供解决方案。

——该广告创意人 津布乐一树

分析与反思

赞点

- 公益广告与商业价值相结合。创意先行，用内容打动用户。这次公益活动不仅为社会提供了交通安全的解决方案，更能借此提升品牌的美誉度，增强用户对品牌的信任度。
- 巧用情感营销策略。用家人的声音作为导航，让用户能时刻感受到"有重要的人在身边"，从而抑制开车时烦躁与随意的心态，改变不良的驾车习惯。
- 技术与创意相结合。技术让互动营销原有的媒体平台和营销工具更加智能化，同时也丰富着广告创意的表现形态，加强与消费者的互动。

弹点

- 前期预热不足。除了 App 在各大应用市场低调上线外，并没有在网络平台上做相应的宣传活动，就连东风雪铁龙的官方微博都未曾提及此公益活动。

092 多乐士
微信运动添彩童年

标签：社交媒介、公益

案例卡片

案例名称：多乐士：微信运动添彩童年
广 告 主：阿克苏诺贝尔太古漆油（上海）有限公司
主创公司：腾讯
获奖情况：2016 中国广告长城奖—媒介营销公益类—金奖

背景与挑战

多乐士是帝国化学工业公司旗下著名的油漆品牌，其在全球 25 个国家开设油漆生产厂，产品行销全球 120 个国家，并且在多个国家雄踞市场领导地位。多乐士一直以来坚持公益，为山区孩子及学校粉刷教室、赠送教学用品。在人们注意力分散的移动互联网时代，如何将公益项目声量放大，让更多人知晓、加入，是其面临的一个挑战。

目标与洞察

在移动互联网时代，微信被普遍认为是中国覆盖范围最广的社交媒介。而微信运动是微信中能记录用户每日行走步数并产生排名的一个应用，其活跃用户已达到上千万。将微信运动的用户作为目标群体能引起广泛关注并产生较大影响力。同时，具有公益性且切合消费者情感需求的话题总是能引起大众的讨论和媒体的关注，公益活动结合微信用户数量基础，可达到最佳的传播效果。

策略与创意

让微信用户捐献自己的行走步数，步数换算成等价公益基金，由多乐士代为捐赠公益基金。让用户运动的步数，变成山区孩子们的礼物。通过整合微信运动数据，将现代技术与公益活动完美融合，实现了线上线下联动沟通的全民公益。

同时联合腾讯旗下的 QQ 健康，让活动在 QQ 健康上同步进行，扩大影响范围。利用腾讯公益、腾讯网、腾讯游戏进行传播推广，整合腾讯旗下的各大应用，为公益宣传造力。

执行与表现

（1）用户关注微信运动账号，微信自动感应用户运动行为。

（2）后台记录用户每日行走步数，以 10 000 步为单位进行捐赠。

（3）多乐士将用户的步数兑换成现金，捐献给山区学校，用来完善学校基础设施，为学生购置学习用品。

效果与评价

- 5 天捐献超过 50 亿步，平均每天捐献 10 亿步，将步数换算成公益基金能让 20 所山区小学的孩子们受益。
- 多乐士客户对该项目高度认可，品牌好感度得以提升。
- 微信捐步项目标准化，成为微信运动的常设功能。吸引其他品牌也陆续进行微信运动公益活动，马化腾称之为"互联网 + 公益"的新创举。

分析与反思

赞点

- 活动平民化。利用微信运动的功能，让每个安装了该应用的人都能参与到公益活动中来，只要通过日常的行走便可以献出爱心，参与方便。
- 与品牌理念有效结合。多乐士倡导的品牌理念即"多乐士，多彩开始"与本次为孩子提供帮助，让孩子的生活更为多彩的公益活动相吻合。
- 内容与技术新颖。通过对新兴内容和媒体技术的运用，突破了以往的营销互动模式，使该项目在内容创造上始终保持着新鲜感、前卫感，为用户提供更具沉浸感的创新内容，进一步强化了内容的营销价值。

弹点

- 没有凸显产品。活动宣传片仅仅是展示了如何去捐献步数，而没有对成果的展示。可以适当在活动中对产品进行展示，比如可以对帮助孩子们进行粉刷后的建筑效果进行展示，从侧面突出展示产品优点。

093 新浪 跨海星空跑

案例名称： 新浪：跨海星空跑
广 告 主： 新浪
主创公司： 新浪大连
获奖情况： 2016 中国广告长城奖—事件营销媒体类—金奖

案例卡片

背景与挑战

2014 年国务院颁布了《关于加快发展体育产业促进体育消费的若干意见》，第一次把体育产业上升为国家战略。同时，随着国民收入提高，人们的体育健身热情近年来也不断高涨。

一方面，随着移动终端和社交媒体的进步，交流趋向虚拟化，民众参与线下活动的意愿降低；另一方面，健身对大部分人而言是偏私人化的活动，难以聚众。

目标与洞察

新浪大连希望借此次推广活动提升品牌的好感度，传递互联网与生活融合、人文情怀和爱的理念，深化体验，增强受众的品牌认同感。通过社交数字网络平台，吸引人们的关注并参与活动，推动新浪参与流量。

新浪拥有强大的媒体影响力和庞大的用户群，能利用线上资源促进广大网友参与到活动中。同时，新浪之前也在其他城市举办过类似活动，拥有丰富的经验。

策略与创意

大连星海湾大桥是中国首座海上地锚悬索式跨海大桥，在这样一座具有标志性意义的大桥上夜跑，对一个跑步爱好者来说可能是一生仅有一次的回忆。

新浪大连借势星海湾大桥的开通，为健康中国品牌打造一生只有一次的全民式"跨海星空跑"活动。聚合社群影响力联动线上与线下；同时让吉尼斯级活动穿插其中，用数据让世界瞩目。

执行与表现

1. 前期预热

线下通过设计以星海湾大桥和星空为背景的海报进行宣传，配合了"跨海星空跑"的主题，吸引人们参与这个"全民疯跑"的活动。线上新浪利用自身优质平台进行推广：用微博引发话题讨论，通过新浪视频投放视频广告。同时也进行了国际化推广，在美国时代广场用 LED 大屏播放活动宣传片造势。新浪利用多个平台和渠道扩大活动影响力，吸引受众积极线上报名。

2. 活动开展

活动现场有明星参与领跑，打造亮点，同时结合其他领域的活动设置奖项与主题，扩大参与范围。在跑步途中策划求婚事件，以契合唯美浪漫跨海跑主题；同时参加跨海跑活动的人也可以进行 Cosplay 变装，增强现场的氛围。同期新浪举行线上虚拟跨海跑活动，即除了 1 000 名能够参与线下"跨海星空跑"活动的民众，其他运动爱好者还可以通过悦跑圈等 App 线上参与。

效果与评价

• 新浪大连跨海星空跑活动总体影响 2 亿以上人次，微博话题阅读量达到了 1 875万，H5 曝光量达 2 436 517 次。

• 成功举办中国首个千人跨海夜跑活动，创造了新的吉尼斯世界纪录。

• 被 80 多家主流媒体关注和报道；获得主要城市免费的 LED 户外媒体资源；中央人民广播电台音乐之声、凤凰都市传媒免费自发传播此项活动。

这次活动的意义甚至比一些正式的马拉松比赛更加广泛，特定的环境下，你无法再次有第二次的体验，这给很多人开启了跑步的动力。

——新浪高级副总裁 魏江雷

分析与反思

赞点

- 完美利用自身主体优势。依靠微博平台4亿用户群的大规模覆盖，全力推动活动进行。利用自身主体优势进行强推送，攻占热搜，覆盖大面积用户。
- 精准洞察用户心理。通过洞察当代市民尤其是年轻人的运动需求，利用从众心理，打出"一生只有一次"的口号，吸引了众多的大连市民甚至外地市民群体报名参与。
- 广告植入联动线上与线下。"跨海星空跑"活动在广告植入方面，完成了一次线上到线下的成功营销。

弹点

- 受众覆盖有限。网易、搜狐等其他主流媒体网站与新浪为竞争对手关系，因此本次活动的受众面局限于自身品牌下的用户群，活动参与者大都是新浪品牌用户。
- 推广目的在活动中体现不明确。在活动之中，新浪公司打出"一生只有一次"的口号，吸引了大量的参与者与话题讨论者，并围绕大连的跨海大桥持续宣传。但新浪在整个过程中体现的只是平台身份，对自身产品的宣传力度不大。

094 美的
制冷王空调桑拿奇葩战

标签：社交网络、内容营销、创意互动

案例卡片

案例名称：	美的：制冷王空调桑拿奇葩战
广 告 主：	美的空调
主创公司：	新好耶数字技术（上海）有限公司
制作公司：	爱奇艺
获奖情况：	2016金投赏—视频类OTV商业创意奖—媒体公司组—金奖
	2016金鼎传播奖—家电和家具项—铜奖

背景与挑战

夏季高温天气，空调需求量很大。但是由于外部环境温度过高，严重影响了空调的制冷效果。美的新推出的使用创新冷媒环技术的制冷王空调，面对 60℃ 的高温环境依然强劲制冷。美的希望借助这一强势性能打动消费者。

空调市场历来竞争激烈，能打动消费者的卖点也越来越少。空调作为传统家电，其广告诉求的方式很受限，尤其是在与年轻消费群体的沟通上，欠缺创意表达。

目标与洞察

以往空调广告传播都注重用传统方式介绍其性能，没有从消费者的角度表达，也忽视了年轻消费群体的市场特性。互联网背景下的消费者，热衷于接触网络上的各种新事物，如网络综艺节目《奇葩说》就十分受年轻群体欢迎，成为众多年轻人的必看节目。

策略与创意

"深井冰"（"神经病"谐音）是流行于网络群体中的一种调侃之称。爱奇艺决定征集网友们的奇葩升温创意，通过"深井冰"最爱的《奇葩说》人气选手现场演绎这些创意来"烤验"美的制冷王空调，突出其超高温环境下依然强劲制冷的性能。让传播产品的性能卖点变成一次有趣的全民创意互动挑战，实现 UGC 与 PGC（专业生成内容）的完美结合。

执行与表现

1．第一阶段

邀请网络红人马薇薇制作宣传视频，围绕"奇葩之星"打造 H5 创意广告，号召网友们参与互动，提供升温创意。

2．第二阶段

在"深井冰"的聚集地《奇葩说》宣传挑战活动，每周五接档《奇葩说》上线，在网友浏览《奇葩说》的路径上，如在邻近广告位、节目前贴片上等处投放广告，为视频进行引流。用视频网站的"弹幕"形式作为征集网友升温创意的一个渠道，并用实时弹幕抢大礼的方式激励网友参与互动。

3．第三阶段

借助《奇葩说》辩论节目的核心记忆点——"选手金句"模式，为美的制冷王空调打造具有互联网传播价值的金句。

效果与评价

- 视频播放 2 503 万次，H5 页面访问量 151.1 万次，参与互动人次达到 437.6 万。
- 三大微博话题引发关注，讨论量达 33.7 万条，媒体报道 51 篇次新闻稿，共获得 4 491 万次曝光量。
- 活动结束时，美的制冷王空调的百度搜索指数保持在 900～1 000，日均自然量同比增长 333%。

分析与反思

赞点

- 充分发挥自身平台优势。《奇葩说》作为爱奇艺网络媒体原创的综艺节目，其节目受众同美的空调产品的目标消费群体有着极高的重合度。美的空调此次携手爱奇艺，摒弃了单纯的植入式广告，创造娱乐营销新模式，引发受众主动关注。
- 多平台互动。活动联合了微信、微博、爱奇艺等平台，通过视频、弹幕、H5 等多种形式与消费者进行互动，有效地将品牌、媒体、消费者三者融合在一起，增强互动体验，大幅度增加了产品曝光度。

- 发掘用户创意。通过 H5 和弹幕互动的众筹方式向受众征集百种升温创意，同时告知受众参与互动便有机会参与抽奖，以激发受众参与的兴趣。实现了 UGC 与 PGC 的完美结合。

弹点

- 活动周期较短。整个活动集中在两个月，但对于像广东等高温持续时间较长的地区而言，活动没有考虑到地域性差异，错失了很大的商机。
- 活动目标受众范围受限。弹幕受众集中在"90 后"，尤其以"95 后"更为突出。这部分受众虽然活跃在视频网站、社交平台上，但多为在校学生或刚参加工作的大学毕业生，购买能力薄弱。而空调的直接用户主要为家庭，因此受众定位产生偏差。

095 布鲁塞尔旅游局
致电布鲁塞尔

标签：互动展示

案例卡片

案例名称： 布鲁塞尔旅游局：致电布鲁塞尔
广 告 主： 布鲁塞尔旅游局（Visit. Brussels）
主创公司： Air Brussel（比利时布鲁塞尔）
获奖情况： 2016 One Show—互动—金铅笔奖

2016 One Show—直效—优秀奖

2016 Jury's 优秀战役卓越效果奖—观光与旅游类—优胜奖

2016 EMEA SABRE Awards —比利时区域—金奖

背景与挑战

2015 年的"巴黎事件"给欧洲旅游业带来冲击，随着欧洲地区安全形势的恶化，法国遭恐怖袭击后，仅几天之内布鲁塞尔城内酒店的入住率就下降了 50%，其他欧洲城市也遭拖累。布鲁塞尔的安全城市形象严重受损，在动乱的社会环境下，任何媒介力量都无法给受众安全感。

目标与洞察

为恢复城市形象，挽救旅游业的颓势，布鲁塞尔旅游局与 Air Brussel 联手，力图塑造"安全布鲁塞尔"的城市形象，以重振旅游业。同时改变布鲁塞尔在全球旅游消费者认知中的形象，重新建立与消费者之间的信任关系。

当前形式下，通过"人与人"直接交互的方式，更能够跨越信任障碍，达到重塑形象的目的。

策略与创意

Air Brussel 与布鲁塞尔旅游局联手共同寻找维护城市形象的有效方式，即从信息传播渠道入手，采用最基本的人际传播方式，让不相信布鲁塞尔很安全的人直接听到本地人的描述，通过特殊的传播者来增强信源可信度。

让致电者通过网络电话直接询问布鲁塞尔的路人，电话设置在穿梭的行人中，并设有镜头，致电者可以看到路人接电话时的现场环境。没有任何机构力量的参与，让受众感受布鲁塞尔最真实的生活场景。

执行与表现

1. 前期预热

通过 Facebook 和 Twitter 等社交媒体发布消息，号召世界各地对布鲁塞尔有好奇心但不敢来旅行的人向布鲁塞尔本地居民打电话，了解当地人的生活现状，判定是否安全。同时创意团队在布鲁塞尔游客较为集中的地方安装 3 个电话亭，致电者可通过网页看到接听者。

2. 活动开展

受众通过 Call. Brussels 网页打来电话，自主选择 3 个电话亭中的一个，并在网页上看到接听者和电话亭的周围环境。每当电话铃响时，过往行人接听电话，回答致电者的问题，用切身体会告诉致电者希鲁塞尔的安全、美丽。

3．活动延伸

该活动同时提升了布鲁塞尔本地市民的满意度，鼓励其主动上传活动照片到社交平台。

效果与评价

- 活动期间共有 12 688 个来自 154 个国家的电话被接听，国际致电者高达 74%。
- "致电布鲁塞尔" 在 Twitter 上被设置成 "#CallBrussels" 标签，标签浏览记录超过 9 317 000 次。
- 受到《泰晤士邮报》、《时代》杂志、《卫报》等世界顶尖媒体的报道和关注，在全球范围内广泛曝光。

分析与反思

赞点

- 巧用特殊传播方式。创意团队了解到同一层级的沟通更容易带来信任和共情，因而采用让消费者（怀疑者）与当地居民（证明者）直接对话的方式来打消顾虑，让他们对布鲁塞尔的安逸环境和美丽景色重新树立起信心。

弹点

- 传播力度不够。在 Facebook 上 "#CallBrussels" 的相关帖子很少，Twitter 上的相关帖子和转发也仅有 4 条，并未发现如报道所说的 "轰动" 的社交媒体效果，仅仅是发布方用自有媒体进行发帖。

096 MTV
我就是我的 MTV

标签：品牌互动、社交媒体、病毒营销

案例卡片

案例名称： MTV：I Am My MTV（我就是我的 MTV）

广 告 主： MTV International（MTV 国际频道）

主创公司： VIMN MTV World Design Studio（MTV 世界设计工作室）

获奖情况： 2016 D&AD—品牌营销—黄铅笔奖

背景与挑战

MTV 是美国专门播放 MV 的有线电视频道，一直以年轻人为主要消费群体。但目前年轻消费群体是"网生代"，网络及社交媒体日益成为其核心消费群体的主要接触方式，流媒体及网络视频对传统电视收视率带来了巨大冲击，电视观众数量持续下降。同时，加上自身品牌老化，MTV 无法吸引更多年轻观众，亟须进行品牌升级。

目标与洞察

重塑 MTV 品牌形象，使品牌年轻化，拉近与年轻观众的距离，增加品牌与受众的黏度，跟上目标群体的步伐，获得"网生代"青睐。

"网生代"具有创造力、自发性，甚至"自我陶醉"的特征，同时 MTV 也发现年轻人热爱在社交媒体上用一些属于他们所在群体的特殊符号来表达自我。而短视频在 Instagram、Facebook、Twitter 等社交媒体上的兴起，为 MTV 提供了良好的营销契机。

策略与创意

MTV 通过搭建一个平台（移动端的 App 和 PC 端的网页）——MTV Bump（MTV 炸弹），使观众可以自行创作视频，从自己的社交媒体如 Instagram、Twitter 等直接上传视频，然后使用 MTV Bump 平台提供的贴图、背景、动画、音乐元素等，制作出一个新的音乐视频。同时，观众自己制作的音乐 MV 将会在 MTV 电视台播出，以迎合年轻人"I Am My MTV"的诉求。

执行与表现

1. 第一阶段

搭建 MTV Bump 平台，吸引观众自制病毒视频进行传播。同时，与 B-Reel Creative 公司合作，对那些用"#MTVbump"标签定义、分享在 Instagram 和 Twitter 上的视频及娱乐生活小视频进行采集、筛选，最后进行实况转播或借助其他平台播放。

2. 第二阶段

MTV 邀请多个国家和地区的新兴艺术家们自由创作一些新奇的创意视觉表现。同时，MTV 与王牌节目（如 *Catfish*）进行合作宣传，增强影响力。

效果与评价

- "#MTV Bump" 话题在社交媒体上形成热点，获得年轻人的追捧和流量，完成了 MTV International 品牌形象重塑，使品牌更加年轻化。
- "I Am My MTV" 的视频在 MTV International 电视频道播出，触达全球五十万家庭，形成全球化的影响力。

我们的观众一直希望 MTV 能够打破界限、勇于突破，并且我们也坚信，通过这次品牌改革以后，MTV 的国际频道将呈现出焕然一新的面貌。在全球，目前还没有哪一家公司可以将用户制作的节目内容像这样快速地进行广播。"#MTVbump" 让我们更接近时事、更快获得信息，最关键的一点是它可以通过对用户足迹进行定位，以满足用户的需求。

——MTV 国际部的总裁　Kerry Taylor

分析与反思

赞点

- 精准洞察年轻人个性。MTV 此前 "I Want My MTV" 的诉求还是由 MTV 提供内容，受众被动接受，这在强互动的社交媒体时代是行不通的；而品牌升级后的新口号 "I Am My MTV" 更能戳中年轻人的痛点。
- 联动传统媒体与新媒体。MTV Bump 有效抓住社交媒体上的年轻用户，利用 UGC 内容将用户引流到 MTV International 电视节目上，将用户转化为电视观众，探索出一条传统媒体发展的新思路。
- 视觉艺术的表达方式。MTV 与多个平台合作，通过视觉语言表达，不仅链接了网络群体的特性，视觉语言的创造更是替代了一般语言表达的平淡与普通。

弹点

- 后续传播力度不够。2016 年 2 月份过后，在 MTV Bump 上传的视频与流量逐渐减少，观众对 MTV Bump 的兴趣和热度减少，MTV 没有行之有效的后续运营。
- 缺乏明确竞争优势。在如 YouTube 这样的视频网站上，用户已经能够收看到很多高质量的 MV，也能上传自己制作的视频节目。相比之下，MTV 国际频道也就没有什么显著的竞争优势。

097 妈妈反枪支协会
杂货店禁枪运动

标签：社交网络、公益

案例名称：妈妈反枪支协会：Groceries Not Guns（杂货店
禁枪运动）

广 告 主：Moms Demand Action For Gun Sense In America
（妈妈反枪支协会）

主创公司：葛瑞（加拿大）

获奖情况：2016 D&AD—数字营销类—黄铅笔奖

2016 One Show—公关类—金铅笔奖

2015 戛纳国际创意节—公关活动—网络类—金奖

背景与挑战

枪支泛滥一直是美国社会犯罪率居高不下的主因，允许持枪入店有很大的安全隐患。Moms Demand Action 是一个公益组织，母亲们希望政府对持枪行为进行管制。她们要求企业或商店禁止消费者荷枪实弹入内，许多像 Target 这样的零售商也已经采取了措施，但全美最大的杂货连锁店克罗格却公开支持顾客带枪入店。

目标与洞察

促使杂货连锁店克罗格公司改变自己的立场并制定新政策，即禁止持枪者进入他们的商店，同时唤起社会大众对持枪危险性的意识。

杂货店禁枪运动的目标受众是因为持枪法而忧心忡忡的母亲们和经常带孩子到克罗格杂货店购物的家庭。她们是最恐惧持枪者的群体，时刻担心自己和孩子的人身安全。而杂货店克罗格让本该给予人们安全感的购物场所变得危险，这与普通民众希望的和平安全的社会环境相悖。

策略与创意

克罗格杂货店一直以来禁止的物品与行为如滑板、外带食物、光着上身、带宠物等与持枪行为相对比反而微不足道，这些生活常态与威胁生命的枪支放在一起形成强烈对比，会轻易激发公众对持枪者的反感与恐惧，以及对自己和孩子人身安全得不到保障的担心。

执行与表现

1. 第一阶段

在 groceriesnotguns.com（杂货店禁枪运动网）的官方网站上发布系列海报，配合文案："他们两个有一个不受克罗格杂货店的欢迎，猜猜是哪一个？"以反差性的答案引发大众关注。在官方网站和视频网站发布视频广告，呼吁公众不到克罗格杂货店购物。

2. 第二阶段

发起"到克罗格竞争对手商店购物"活动，通过搜索附近有哪些禁止持枪者入店的商店，呼吁人们到这些店进行消费。同时在收据清单会显示每一个活动参与者在克罗格竞争对手店的消费情况，统计出克罗格的经济损失，以引起克罗格杂货店的紧张与重视。

3. 第三阶段

线下发起"Groceries Not Guns"的请愿签名活动，呼吁公众不到克罗格杂货店购物消费。

效果与评价

- 广告视频点击率超过 3.5 亿，活动官方 Twitter 和 Facebook 账号上有超过 150 万条留言。超过 120 000 个新用户注册参加活动，共收到约 16 000 个投诉电话录音。线下有超过 360 000 个人签署了"Groceries Not Guns"请愿书。

我们有很多事情要了解，这一案件如何影响了枪支管制的辩论，并以有效的方式刺激了 100 万名母亲。

——阳狮集团纽约首席执行官 Carla Serrano

分析与反思

赞点

- 洞察准确，策略巧妙。葛瑞巧妙地规避了与美国法律为敌的风险，而为受众树立了一个反对和宣泄不满的目标靶子——大公司克罗格，把对克罗格的抵制作为受众抗议不满的最快途径。
- 联动线上线下，凸显主题。线上广告让人意识到超市持枪的危险性，"抵制克罗格"的线下参与活动引导受众对"持枪令"做出有效的抗议举动。线上线下活动全部围绕"超市无枪"这一公益主题，不仅指出了问题，还为公众提供了解决方案，正是广告获得成功的关键。

弹点

- 活动最终目标没有实现。整个广告目标是要求克罗格禁止持枪者入内，但至今克罗格允许持枪入店的政策仍没有改变。
- 公益价值观与合法政策有冲突。克罗格商店不允许外带食品、宠物狗等入内的规定同样是出于为顾客提供更好的服务而设立，广告宣传将其和允许持枪放在一起刻意制造矛盾冲突。但持枪原本就是美国合法的政策，有法律支持，这一点让广告说服力下降，也是最终广告效力无法解决问题的原因。

098 微软
广告牌生存挑战赛

标签：互动参与

案例名称：Microsoft（微软）：Survival Billboard（广告牌生存挑战赛）

广 告 主：Microsoft

主创公司：McCann London

获奖情况：2016 One Show—平面与户外类—金奖

2016 Webby Award—广告与媒体—金奖

2016 Clio Award—娱乐营销—金奖

案例卡片

背景与挑战

在渠道多元化的同时，载体也在不断地合并。Microsoft 想在同一个载体的不同渠道与受众进行实时智能互动，就要对各个渠道品牌与发言人进行整合，确保同步性。

互联网背景下的受众可以通过各种渠道接受一切相关信息。相比过去把握话语权的广告主而言，受众现在拥有绝对的主动性；但对企业而言，用户却变得更难把握也更易流失。

目标与洞察

利用"古墓丽影"系列的最新作《古墓丽影：崛起》作为切入点，告知消费者 Microsoft 旗下的 Xbox 独占古墓丽影新作，尽可能吸引古墓丽影爱好者购买 Xbox One，提升 Xbox 在全球的销量。

Microsoft 竞争对手的户外广告以老式海报为主。因此，若想要从众多户外广告中脱颖而出，必须结合足够的创意去吸引受众。

策略与创意

McCann London 为 Xbox 制定 Survival Billboard 的互动游戏广告牌，创建了一个极具互动性体验的游戏。活动找来 8 位玩家，他们将站在 McCann London 制作的特殊广告牌上接受考验。所有考验场景都由公众通过手机投票选出，包括暴风雪、雨、风、热等，能够忍受完所有恶劣天气与环境的玩家则获胜。

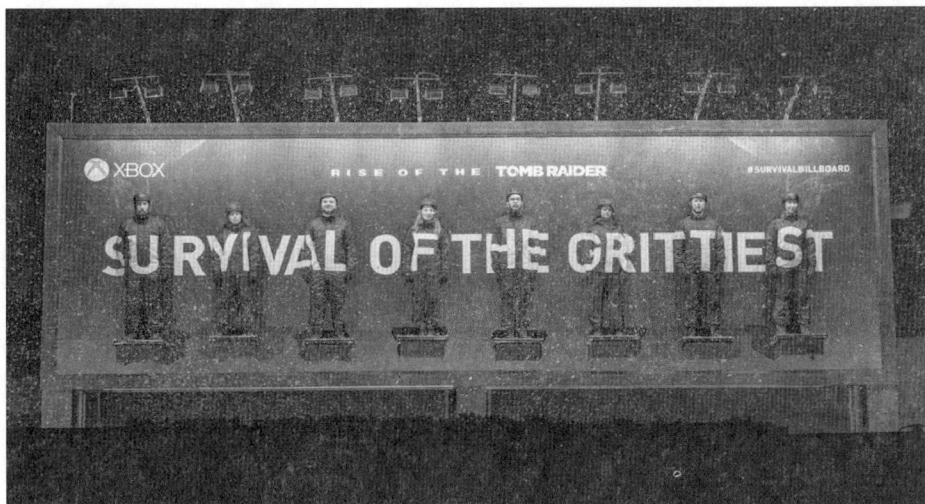

执行与表现

1. 前期预热

在活动发起前，借"古墓丽影"系列十周年的机会，向玩家们征召志愿者：只要在 Survival Billboard 的生存挑战中坚持到最后，就能免费到古墓丽影中的场景所在地旅行。报名者千余名，在进行体检后共挑选了 8 名志愿者。同时，这一过程也为 Survival Billboard 活动做了宣传和预热。

2. 活动开展

McCann London 及团队把字母印在了每一位挑战者的衣服上，而且每个字母的高度和位置必须和广告牌完全匹配。连续几个星期测试天气效果，要确保活动既要有挑战性，又不能影响视觉效果。

活动通过全球一流的游戏直播平台 Twitch、Xbox Dashboard、Banner Ads、Digital OOH 等进行直播，观众通过一个 App 来投票决定 8 名志愿者将体验哪一种天气，通过鼓励观众参与来调动其积极性。

效果与评价

• Survival Billboard 户外广告牌获得了观众平均长达 8 分钟的停留观看时间。

• 在 Survival Billboard 活动期间的 22 小时内，有高达 350 万的评论量，11 000 位观众坚持收看了长达 22 个小时的直播。

• 游戏期间，每小时有 1 000 人对天气进行投票，付费媒体收入 380 万英镑（约 3 384 万元人民币）。

分析与反思

赞点

- 多渠道整合营销。Survival Billboard 活动是一场优秀的多渠道整合营销案例，包括了户外广告、真人秀、网络直播、平台投票等。其中户外广告是本次活动的主战场，真人秀则替代传统户外海报作为户外广告的主要内容。网络直播是第二战场，观众通过投票一起参与到活动中。
- 准确把握消费者喜好。McCann London 准确地把握住人们喜欢玩大型虚拟游戏却无法和游戏有更近一步参与的失落情绪，以及人们玩游戏时的强大控制欲等心理。而本次活动既能让玩家体验挑战极限的感觉，又能让其他参与者体验到操控玩家的畅快。

弹点

- 活动控制难度大。首先是对玩家的身体素质要有严格要求，同时活动现场必须有律师审核合同、保险公司与医疗团队随时待命，以防出现任何突发性事件造成不可逆转的伤害。其次对天气的要求也十分严格，因为是室外活动且时间长达 22 个小时，若天气有所变化很可能要随时中断活动。
- 活动没有转化为实际销售效益。Survival Billboard 广告推出一年后，数据显示《古墓丽影：崛起》这款游戏在 Xbox One 平台上的销量很低，并没有当初广告推出时那么火热。

099 美国防止枪支暴力协会
枪与历史

标签：公益活动、O2O

案例卡片

案例名称：	美国防止枪支暴力协会：枪与历史
广 告 主：	美国防止枪支暴力协会（States United to Prevent Gun Violence，简称 SUPGV）
主创公司：	葛瑞（美国纽约）
获奖情况：	2016 One Show—跨平台—金铅笔奖
	2015 戛纳国际创意节—内容与娱乐营销—媒介应用—户外—金奖

背景与挑战

美国防止枪支暴力协会是一个 32 个国家联合附属机构的基层网络，致力于使美国的社区和家庭更加安全。他们通过跨国合作努力减少枪伤和其他伤害，努力建设健康社区。

美国的民有枪支占世界民有枪支的一半。随着枪支持有量的增长和枪支犯罪的增多，美国大众普遍持有"拥有枪支可以保护自己的安全"这一态度。2014 年的调查显示，自 2000 年以来，越来越多美国人支持拥有枪支并考虑购买枪支，这个数据到 2015 年已攀升至 60%。

目标与洞察

通过唤醒民众对枪支危险的认识，用民众的呼吁和对美国防止枪支暴力协会的支持，动摇持枪的法律和政策。倡导减少枪支购买和滥用来预防枪支暴力，获取大众对美国防止枪支暴力协会的支持和资金捐助。

当人们不经意间得知自己所接触的物品背后有着骇人听闻的真实故事时，会颠覆自己的先验认知，重新审视自己的行为，改变对物品的态度。

策略与创意

开设一家真实的枪店，将每支枪背后的真实故事直接展现在枪支购买者面前，并记录购买者戏剧化的反应。同时，让枪支购买者反思自己的行为：持枪就真的能保护自己吗？而当意外发生时，是否会造成无可挽回的悲剧？

将这一过程记录下来拍摄成视频，并提出一个标语："每一枪都有历史，我们不要重复。"用这个短短的标语，警示每一位看到这个视频的人，呼吁大家联合支持加强枪支管理，让政府做出修改法律的决策。

执行与表现

1. 第一阶段

精信广告纽约团队在纽约曼哈顿东部的核心区域租了一个为期 2 天的店铺，将其布置成真实的枪店，在门上贴上"我们会帮助第一次购买枪的人"，吸引潜在买家询问购买枪支。随着客户询问一把特定的枪，店主给了他一个简短的描述，并告诉客户那把枪的"黑历史"。同时，捕捉消费者听到有关枪支故事的描述后表情的变化，将这一过程录制成视频。

2．第二阶段

将枪支购买者的反映剪辑成 3 分钟的视频，通过美国防止枪支暴力协会的 Facebook、Linked – In、Twitter 官方账号进行发布。同时，配合线下店铺开设名为"GWH Gun Shop"的线上虚拟店铺，该店铺除了与线下店铺一样能看到各种造成悲剧的武器，还能观看该枪支造成的悲剧的新闻报道；同时线上商店也可以为准备购买枪支的人进行一次基于他们个人数据的持枪风险评估。

3．第三阶段

美国防止枪支暴力协会在其官方网站上制作了一份请愿书，参与者可以在请愿书上签字代表自己支持强化枪店审查、禁止杀伤性武器和限制大规模弹药库。

效果与评价

- 视频在 YouTube 上点击量突破 400 万，网站和视频的访问量超过 1 300 万，产生了约 1 220 万媒体价值的传播量。
- 对美国防止枪支暴力协会的捐助增长了 3 000%，请愿书的支持人数增长了 1 250%；大约 80% 体验过线下店铺的潜在枪支购买者表示已经决定放弃拥有枪支。
- 美国超过 400 家广播电视、网络和印刷媒体对该活动进行了报道，179 个国家的媒体也对此进行了报道。

分析与反思

赞点

- 精准洞察受众情感需求。本次活动的枪店抓住消费者"希望用枪保护自己"的意识，用各支枪的"黑历史"否定他们的思想观念，打破持枪可以保护自己与他人的传统观念。
- 成功联动线上与线下。配合社交网络、媒体的曝光，创意团队趁热打铁地将受众导向 GWH Gun Shop，引发线上互动和教育，并将受众普遍反应转化为社会动力，最终在请愿书和捐赠上得以体现。

弹点

- 宣传视频过于压抑。宣传视频多数是比较压抑的教育性视频，虽然整个活动十分有趣，但视频效果不佳，且容易给受众带来一种不舒适的心理压迫感，减弱活动效果。
- 线上评估的不客观性。在线上持枪风险评估时，无论用户输入的信息如何，测试结果均向其表明持有枪支是有害的。这样的风险评估设置不仅缺乏理性，而且可能适得其反地激怒测试者。

100 三星
你的青春，是什么色彩?

案例标签：病毒内容、互动展示

案例卡片

案例名称： 三星：你的青春，是什么色彩?
广 告 主： 三星（中国）投资有限公司
代理公司： 凤凰网
获奖情况： 2016 中国广告长城奖—媒介营销奖—金奖
　　　　　　 2016 TMA 移动营销大奖—内容营销类—铜奖

背景与挑战

　　三星平板新品 Galaxy Tab S2 上市，该新品拥有 800 万像素摄像、Super AMOLED 屏等核心卖点。但平板电脑市场已渐趋饱和，市场表现疲态尽显，如何寻找新的突破口，打开新的消费市场是三星需要面对的挑战。

互联网背景下的家庭，孩子大多叛逆、追星、沉迷网络，而父母工作忙碌，没时间陪孩子，亲子缺少互动和陪伴。三星要结合两代人的矛盾性话题推广其平板新品，又是另一种挑战。

目标与洞察

通过具有感染力、传播性的情感沟通，建立起消费者对品牌的认知度与好感度，通过真实体验感受产品的核心优势和品牌个性，引导消费者的购买决策，快速提升品牌知名度，强化品牌的个性展示，凸显其差异化优势。

据调研显示，14 岁左右的少年是社交媒体的重度使用者。40 岁左右的家长则比较看重门户网站等主流网络媒体。这些媒介虽然拉近了我们和外部世界的距离，但当我们沉浸在网络世界时，又往往会忽略身边最亲近的人。

策略与创意

兼顾孩子及家长的习惯，以主流门户网站凤凰网、凤凰新闻客户端为大本营，搭建 PC 端、移动端的活动网站，广泛利用 QQ、微博、微信等社交媒体，通过图文、视频、H5 等形式，最大限度扩大项目的影响力。

利用产品第一卖点"炫丽屏"，结合现代人热衷用拍照记录生活的喜好，确定"色彩少年拍"亲子互动拍照活动，展现少年的"色彩生活"，呼吁父母和公众理解和关注新一代少年。

执行与表现

1. 活动预热

通过选取不同类型的家庭进行同一问题的采访，同时记录整个采访过程。而采访拍摄地点选在色彩斑斓的画室，充分体现"色彩"主题，自然巧妙地植入产品屏幕显示艳丽的卖点。将整个拍摄过程制作成病毒视频《色彩少年家庭采访》，引发受众关注产品。

2. 活动展开

举办亲子摄影大赛——色彩少年拍，但不单纯比拼摄影水平，更看重亲子互动以及对命题的创意性理解。借助微博等社交平台发起摄影大赛的相关话题，用户可以通过专题页面上的微信微博分享功能，分享赛事信息，赢取奖品。

「拍·聚焦」

「拍·Join in」

"三星Galaxy Tab S2 色彩少年拍" 以"增进两代人的沟通，显现我眼中的色彩少年及丰富多彩的少年生活"为活动主旨，父母与孩子同互动，分别拍摄各自眼中的色彩少年。

14岁，记录自己少年时代的色彩；40岁，勾勒眼中少年时代的缤纷。两张照片，讲述不一样的青春生活；两张照片，描绘不一样的色彩 >>点击参赛 >>了解活动详情

「色彩少年秀」

她是《云中歌》中的小云歌，《神雕侠侣》中的小郭芙，她是14岁的蒋依依。。>>详细

今年是14岁的小老外Mark跟随父母从英国来北京的第五年。当初由于语言不通带来的恐惧。。>>详细

「拍·全知道」

- 能拍好照片的平板 三星Tab S2超值购
- 平板也有性格 三星Galaxy Tab S2爱出"色"敢出"彩"
- 当旅行成为生活方式 试试三星Galaxy Tab S2
- F1.9大光圈到底牛在哪？三星Galaxy Tab S2拍摄体验

效果与评价

- 病毒视频播放量 754 312 次，专题曝光 1 839 414 次，品牌总曝光 2.6 亿次。
- 活动实现点击量 605 582 次，参与者共上传 1 276 组照片，引发目标人群社交圈层热议。

分析与反思

赞点

- 精准把握情感痛点，聚焦社会话题。通过展现 14 岁及 40 岁两代人眼中的不同少年形象，展示出两代人之间的冲突。引导对两代人沟通方式的社会讨论和思考，从而将受众注意力最终转移到产品上来。
- 病毒视频感人，巧妙融入产品卖点。通过不同家庭两代人分别对同一问题的问答式拍摄，获取感人的亲子画面，使品牌和活动显得更有人情味。视频中巧妙地强调了色彩主题，突出了产品特色和卖点。

287

- 巧用 KOL 效应。选取 14 岁少年喜欢的并且自身也是 14 岁左右的童星蒋依依等演绎"色彩少年"的主题，同时以在中国生活的 14 岁英国少年 Mark 来展现 KOL 的模范生活，融入产品卖点，引发关注。
- 准确投放媒介平台。针对两代人的使用习惯，选取多样的媒介平台展开推广活动，准确地把活动信息传达给目标用户，为活动宣传力度、参与度提供了有效保障。

弹点

- 对色彩的运用不深入。除了从三星平板新品 Galaxy Tab S2 "炫丽屏"和少年五彩缤纷的生活体现"色彩"主题，还可以运用色彩心理学，再深一层表达"色彩"对少年身心发展的意义，因为不同色彩代表不同的性格或者状态，能让活动更具关注度。